Hanna Schiller

Warum nicht solo?!

Das Buch

Hanna Schiller ist Mitte 30, als sie ihren Kinderwunsch nicht länger aufschieben will. Allerdings lehnt ihr Freund rundweg ab, Papa zu werden. Und weil ein neuer Mr Right nicht in Sicht ist, beschließt sie, die Dinge allein anzugehen. Was viele Fragen aufwirft: sehr konkrete wie zum Beispiel »Wie wird man schwanger ohne Mann?«, persönliche wie »Was werden Eltern und Freunde dazu sagen?« und oft auch überraschende wie »Ab wann sind wir eigentlich eine Familie?«.

Scharfsinnig, emotional und mit viel Witz ermutigt Single Mum by Choice Hanna Schiller dazu, eigene, unkonventionelle Wege zu gehen.

Mit vielen Berichten und Fachinformationen rund um das Thema Ein-Eltern-Familie und Solo-Mutterschaft.

Die Autorin

Hanna Schiller, Jahrgang 1981, wuchs in einer traditionellen Familie mit zwei Geschwistern auf. Nach dem Abi tauschte sie das Dorfleben auf dem niedersächsischen Land gegen ein Studium der Anglistik/Amerikanistik und Romanistik in Berlin ein und arbeitet heute als Projektmanagerin. Nachdem sie Solomutter wurde, gründete Hanna Schiller den Blog »Solomamapluseins« (www.solomamapluseins.de), gab Interviews für Podcasts, Magazine, Zeitungen und Fernsehsender. Mit der Plattform »Solomamawege UG« (www.solomamawege.de), die sie mit ihrer Geschäftspartnerin Katrin Förster betreibt, bietet sie Beratungs- und Dienstleistungen zur Unterstützung von (werdenden) Solomüttern an.

HANNA SCHILLER

Warum nicht solo?!

Mama-Werden geht auch ohne Märchenprinz

Deutsche Erstveröffentlichung bei
Topicus, Amazon Media EU S.à r.l.
38, avenue John F. Kennedy, L-1855 Luxembourg
Januar 2022

Umschlaggestaltung: bürosüd München, www.buerosued.de
Umschlagmotiv: © Tatyana Vyc/Shutterstock
1. Lektorat: Marketa Görgen
2. Lektorat, Korrektorat und Satz:
VLG Verlag & Agentur, Haar bei München, www.vlg.de

Gedruckt durch:
Amazon Distribution GmbH, Amazonstraße 1, 04347 Leipzig /
Canon Deutschland Business Services GmbH,
Ferdinand-Jühlke-Str. 7, 99095 Erfurt /
CPI books GmbH, Birkstraße 10, 25917 Leck

ISBN 978-2-49670-876-9

www.topicus-verlag.de

Inhalt

Vorwort

Die spanische Schauspielerin Mónica Cruz Sánchez, die jüngere Schwester von Penélope Cruz, hat es 2013 getan. Die australisch-britische Singer-Songwriterin Natalie Imbruglia 2019. Irgendwann dazwischen viele andere Frauen – und ich: Wir alle haben als alleinstehende Frauen ein Kind von einem Samenspender bekommen.

Vielleicht bist du auch in einer Situation, in der du darüber nachdenkst, diesen Weg zu gehen. Weil gerade kein Partner an deiner Seite ist, der deinen Wunsch teilt. Oder aber einer, den du dir gar nicht als Vater für dein Kind vorstellen kannst. Möglicherweise bist du auch bereits schwanger oder Mutter durch einen Samenspender. Oder du interessierst dich aus anderen Gründen für dieses Thema. Dann kann dieses Buch das Richtige für dich sein.

Die Kapitel 1, 2, 5, 10 und 11 enthalten viele Informationen, die ich nach bestem Wissen und Gewissen zusammengestellt habe, bei denen aber kein Anspruch auf Vollständigkeit und absolute Aktualität der verwendeten Quellen besteht. In den anderen Kapiteln dominieren meine persönlichen Erfahrungen als heterosexuelle Cis-Frau, die ich so oder so ähnlich auf meinem Weg zur Solomutterschaft gemacht habe. Nicht thematisiert werden die Möglichkeiten der Adoption, der Pflegschaft oder der Leihmutterschaft als Alleinstehende. Auch ist die Solovaterschaft, also wenn Männer bewusst allein Väter werden, in diesem Buch kein Thema.

Mein Buch ersetzt keine medizinische oder fachliche Kinderwunschberatung und auch keine psychosoziale Konsultation. Hierfür gibt es speziell ausgebildete Fachkräfte. Einige hilfreiche Adressen dazu findest du im Anhang. Dort gibt es außerdem eine Auflistung von weiterführenden Quellen, unter anderem eine Liste mit Kinderwunschkliniken in Deutschland, die Singlefrauen behandeln.

Noch ein Hinweis: Beim Lesen des Buches könnten schmerzliche Erinnerungen an emotional schwierige Momente geweckt werden. Falls du den Eindruck hast, dass du mit diesen nicht allein fertig wirst, kann es sinnvoll sein, dir professionelle Hilfe zu suchen.

Alle im Buch auftauchenden Charaktere wurden von mir anonymisiert. Sollten Ähnlichkeiten zu einer tatsächlich existierenden Person bestehen, wäre das reiner Zufall.

Und jetzt wünsche ich dir ganz viel Spaß beim Lesen.

Hanna

Prolog: Wie mich ein Flugzeug zur Mutter macht

Angst. Das Gefühl, das ich mit Anfang dreißig so häufig habe wie kein zweites. Sogar häufiger als Hunger. Ich habe Angst davor, dass ich niemals Mutter werde. Angst davor, mich für den falschen Weg zu entscheiden. Angst davor, meine Entscheidung eines Tages zu bedauern.

Es beginnt mit einer simplen Frage an meinen damaligen Freund, Jonas. Eine, die mich monatelange Überwindung gekostet hat und die ich Jonas während eines Spaziergangs in unserem Spätsommerurlaub stelle. »Ich möchte Kinder und muss wissen, willst du das auch?« Selten hat sich ein Satz so schwer-traurig angefühlt. Selten hatte ich so große Angst vor der Antwort. Und doch muss ich die Worte hören, die ich innerlich bereits ahne. »Nein. Ich will keine Kinder.« Ich fühle mich wie betäubt. Als hätte mir jemand Ohrenschützer aufgesetzt, diese kuscheligen für kalte Wintertage. Nur kann ich sie nicht ablegen.

Ein paar Tage nach Jonas' Antwort steige ich in den Flieger nach Hause. Mir ist klar, dass sich mein Leben ab jetzt ändern wird. Ich will mir noch eine Schonfrist geben. Vielleicht lerne ich ja doch noch jemanden kennen, der eine Familie will. Vielleicht ist doch noch nicht alles verloren. Vielleicht lenke ich mich mit Arbeit ab.

Und dann kommt er, der Moment, in dem ich denke, ich muss sterben. Das Flugzeug rüttelt plötzlich, macht einen Sprung in der Luft, Sauerstoffmasken fallen herunter. Ich bekomme mit einem Mal panische Angst zu sterben. Ohne dass ich jemals Mutter geworden bin.

Es kommt anders. Es sind nur Turbulenzen. Aber plötzlich ist mir klar: Ich verliere keine Zeit mehr. Ich möchte jetzt Mama werden. Und zwar ganz allein.

Kapitel 1: Solo bleiben?!

»Du bist zu kompliziert«

Wir küssen uns auf der Türschwelle des ICE 651.

Ich bin gerade dreiundzwanzig geworden und bereits vier Sommer in Bastian verliebt. Das sage ich ihm erst, als er für sein Architekturstudium an den Rhein zieht. Und ich in Berliner U-Bahnen Skripte über Ernest Hemingway und französische Phonetik durcharbeite. Als ich ihn besuche, schlürfen wir Glühwein aus Pappbechern und schauen Familien beim Eislaufen zu. Und irgendwann endet der Tag, und wir stehen uns am Bahnhof schüchtern gegenüber. Küsst er mich endlich? Er traut sich nicht. Ich schon. Er schmeckt nach gebrannten Mandeln, und mein Herz schlägt Saltos.

»Überraschend, aber schön«, blinkt seine SMS rosarot auf meinem Display, als ich im Abteil von unserer gemeinsamen Zukunft träume. Nach vier Jahren Schmetterlingen im Bauch habe ich diesen tollen Mann endlich an meiner Seite. Mit Bastian will ich mehr als eine Wochenendbeziehung. Ich will mit ihm den Alltag spüren, Pasta mit Kirschtomaten kochen, über Belanglosigkeiten reden, gemeinsam einschlafen und aufwachen. Mit ihm möchte ich dem Getrappel von Kinderfüßen lauschen, wenn sie auf uns zuhüpfen und »Mama, Papa, wir haben euch soooo lieb!« rufen.

Ein Jahr nach unserem Mandelkuss nehme ich meinen Mut zusammen: »Bastian … Ich will mehr sein als ein Termin in deinem Kalender … Lass uns zusammenziehen.«

Am Wochenende darauf löscht Bastian unsere Beziehung mit den Worten: »Du bist zu kompliziert.«

Schlaue Frauen und dumme Männer

Der Comedy-Doktor Eckart von Hirschhausen kommt mit einer ulkigen These um die Ecke: Erfolgreiche Männer würden sich selten für Frauen auf Augenhöhe entscheiden, weil ihnen diese zu anstrengend seien. Stattdessen heirate der Manager seine Sekretärin und der Chefarzt die Pflegedienstleitung. Übrig blieben laut von Hirschhausen »schlaue Frauen und dumme Männer«.[1] Obwohl das Publikum in der WDR-Talkshow, wo er seine Erkenntnis zum Besten gibt, herzlich darüber lacht, finde ich dieses Resümee ziemlich tragisch. Beruflich wagen wir es, eine Karriere hinzulegen, werden unabhängig, verwirklichen uns, machen sogar den ersten Schritt beim Liebesgeständnis. Dabei schaufeln wir uns unwissentlich unser eigenes Partnerschaftsgrab.

Wir sind kein Bausatz

Zu kompliziert? Hätte Bastian mir das auch vorgeworfen, wenn ich ein Puzzle oder eine Bauanleitung wäre? Vermutlich nicht. Da weiß er ja, was am Ende herauskommt. »Endlich ist er fertig, der

---

1 Vgl. *Eckart von Hirschhausen intelligente Frauen.* YouTube.com. https://www.youtube.com/watch?v=quZ5v5T6G88 (abgerufen am 23.05.2021)

6-zylindrige Boxermotor aus dem 911er- Porsche-Modellbausatz.« Bei mir kann er nicht sicher sein, dass sich der Einsatz lohnt. Ob ich mich jemals *entkompliziere.* Auch wenn ich erst Anfang zwanzig bin, geht gerade meine Märchenschloss-Utopie in die Binsen.

Lösung: Singlefrau muss ihre Ansprüche senken

Was, wenn ich niemanden mehr finde wie Bastian, bei dem mein Herz wilde Saltos turnt? Der frühere Elitepartner- und Parship-Chef Arne Kahlke zeichnet ein düsteres Bild. Die Ressource »gebildeter Mann« wird knapp, während die cleveren Frauen aus dem Boden schießen wie Giftpilze.[2] Um die reißt sich allerdings keiner. Viel zu einschüchternd für das andere Geschlecht. Die mehrfach ausgezeichnete Journalistin Anne-Kathrin Gerstlauer nennt dieses Phänomen Gender Dating Gap.[3] Frauen müssen nicht viel in der Birne haben, sollen »nur« unkompliziert und schön sein. Na, wenn's weiter nichts ist. Leider sind das miese Aussichten für anstrengende Karriereluder wie mich. Dabei gibt es für dieses Dilemma eine simple Lösung, wie der Verhaltensforscher Professor Karl Grammer von der Universität Wien im Interview mit der Süddeutschen Zeitung vorschlägt.[4] Ich muss meine Ansprüche nach unten schrauben. Das gelingt ganz einfach, indem sich Frauen wie ich, die keiner will, auf Männer einlassen, die auch keiner will, nämlich männliche

---

2 Wegner, J.: Die Ressource »gebildeter Mann« wird knapp. Zeit Magazin. 28.04.2016. https://www.zeit.de/zeit-magazin/2016-04/partnerboerse-parship-elite-online-digitales-kennenlernen-liebe/komplettansicht (abgerufen am 23.05.2021)

3 Der Gender Dating Gap und die Liebe. https://akgerstlauer.de/?page_id=1509 (abgerufen am 06.07.2021)

4 Vgl. Haas, M.: Einsame Spitze. Süddeutsche Zeitung Magazin 26.03.2009. https://sz-magazin.sueddeutsche.de/gesellschaft-leben/einsame-spitze-76254 (abgerufen am 23.05.2021)

Hartz-IV-Empfänger. Pure Entlastung für den Partnermarkt. Während die gut ausgebildete Frau weiterhin die Karriereleiter hochstolziert, umsorgt er die gemeinsamen Kinder. Und da bekanntlich minus mal minus plus ergibt, sind alle Beteiligten erleichtert über diese praktische Lösung. Wenn wir die Liebe wollen – und die wollen wir alle –, gehört es dazu, uns ihretwegen zu verbiegen.

Niedrigere Erwartungen an einen Partner zu stellen, ist ein guter Anfang. Aber natürlich reicht das nicht. Wir sollten auch uns selbst überdenken, damit wir uns in die richtige Richtung verändern.

Unser schlechter Single-Ruf

Welche Richtung das ist? Das wissen andere besser als ich. Wie an jenem Silvesterabend. Ich bin Ende zwanzig und offenbar in einem Alter, in dem ich bestimmte Ziele – feste Partnerschaft – erreicht haben sollte. Stattdessen bin ich zu dem Zeitpunkt einer von etwa 22 Millionen Singles in Deutschland, worauf ich mir lieber nicht zu viel einbilde. Es ist schließlich keine Leistung, allein durchs Leben zu schlendern, keine Verantwortung für einen anderen zu tragen und niemandem so wichtig zu sein, dass er mit mir zusammen ein Schloss in Herzform ans nächstgelegene Brückengeländer montiert. Trotzdem sind wir Alleinstehenden *ganze Menschen,* was 2021 auch die katholische Kirche in Stuttgart erkannt hat. Zum Valentinstag hat diese den Segnungsgottesdienst »Solozufrieden« ins Leben gerufen, der unter dem Motto steht: »Auch ein Single ist ein ganzer Mensch«.[5] Nur, wenn wir ehrlich

---

5 Vgl. Valentinstag für Singles: Kirche mit eigener Feier. Süddeutsche Zeitung. 14.02.2021. https://www.sueddeutsche.de/panorama/kirche-stuttgart-valentinstag-fuer-singles-kirche-mit-eigener-feier-dpa.urn-newsml-dpa-com-20090101-210214-99-433441 (abgerufen am 01.09.2021)

sind, kann das Singlesein nicht unser Endziel sein. Als Übergangsstatus ist das ganz okay, doch zu zweit ist's einfach schöner, oder?![6] Wir Alleingebliebenen haben leider einen viel zu schlechten Ruf, um unser Single-Label mit stolzgeschwellter Brust zu tragen. Das ist okay, ich muss keine große Sache daraus machen. Bis zu meiner Begegnung mit einem schlaksigen Mann, der stolz ein T-Shirt mit Ernie-und-Bert-Applikation trägt.

»Hey«, werfe ich ihm beiläufig zu, als er neben mir am Silvesterbüfett nach einem Miniwürstchen greift.

»Patrick«, sagt er und zwinkert mir zu. »Gehörst du auch zu den Turteltäubchen?« Er nickt in Richtung Karla und Arthur, ein Paar, mit dem ich seit meinem Umzug nach Berlin befreundet bin.

»Japp.« Ich greife mir ein Weizenbier aus dem Eiskübel und öffne es unbeholfen.

Patrick schwenkt sein aufgespießtes Würstchen vor meiner Nase hin und her. »Darfst leider nicht kosten. Bin schon vom Markt.« Er grinst und beißt herzhaft in sein Stück Fleisch. »Spaaa-haaaß«, wirft er hinterher.

»Äh, danke. Kein Interesse.«

Lösung: Singlefrau muss sich ändern

Während ich anderen Gästen beim Tanzen zuschaue, knufft mich Patrick in die Seite und meint: »Trink weniger, wenn's mit

6 Laut einer 2012 durchgeführten Studie sind 65,1 % der Befragten davon überzeugt, Menschen könnten ausschließlich in einer stabilen und festen romantischen Partnerschaft ihr Glück finden. Vgl. Diabaté, S.: Partnerschaftsleitbilder heute: Zwischen Fusion und Assoziation, in: Schneider, N. u. a. (Hrsg.). *Familienleitbilder in Deutschland. Kulturelle Vorstellungen zu Partnerschaft, Elternschaft und* Familienleben. 2015. https://www.bib.bund.de/Publikation/2015/pdf/Familienleitbilder-in-Deutschland.pdf?__blob=publicationFile&v=3. Bundesinstitut für Bevölkerungsforschung (BiB). S. 81 (abgerufen am 23.05.2021)

den Typen klappen soll.« Im Hintergrund trällert Aretha Franklin gerade »All I'm asking is for a little respect«. Was geht den eigentlich mein Beziehungsstatus an? Noch zehn Minuten bis zum Silvestercountdown, und alles, was ich denken kann ist: Vollidiot! Mein Bier schmeckt jetzt natürlich nicht mehr. Als das grellbunte Lichterchaos am Hauptstadthimmel losgeht und sich Liebespaare in die Arme sinken, sitze ich auf der Rauledercouch, auf der kurz vorher noch die Perserkatze der Gastgeber eingerollt lag, und ärgere mich darüber, dass Patrick einen Nerv bei mir getroffen hat. Ich kenne den Kerl ja nicht einmal, der aussieht wie ein zu groß geratener Dreikäsehoch. Er kennt mich noch viel weniger. Der Beat der Basstöne auf dem Dielenboden übertönt jedes Geräusch, nur nicht die Stimmen in meinem Kopf. Bin ich Single, weil ich nicht ganz »richtig« bin? Eigentlich geht es mir ja gut, so wie es gerade ist. Nur falls ich irgendwann wieder jemanden finden möchte: Sollte ich mich lieber ein wenig verstellen? Im Gegensatz zu Männern fällt es uns Frauen schließlich äußerst leicht, uns zu verändern und den Wünschen anderer anzupassen. Wir sind die perfekten Kümmerer, lernen das so als kleine Mädchen. Obendrein haben wir viele unbrauchbare Eigenschaften und Angewohnheiten, auf die wir und andere getrost verzichten können. Alkoholtrinken zum Beispiel. Hinzu kommen zahlreiche Regieanweisungen, an denen wir uns orientieren sollten. Keinesfalls zu viel Raum einnehmen, nicht auf die eigene Meinung bestehen, nur in Maßen selbstbewusst sein. Uns selbst lieben, aber bitte nicht zu doll, um nicht überheblich zu wirken. Und bei alledem nicht bedürftig rüberkommen.[7] Bei genauerem Hinsehen sind solche Handlungsempfehlungen absurd, weil uns Psychoratgeber und Optimierungsvideos

---

[7] Vgl. 5 überraschende Dinge, die Männer unattraktiv finden. freundin.de. https://www.freundin.de/liebe-dinge-finden-maenner-unattraktiv (abgerufen am 23.05.2021)

gleichzeitig vermitteln: Liebe dich so, wie du bist. Es ist nur etwas blöd, wenn dich andere nicht so lieben, wie du bist.

Partnering und Parenting. Frauen und die Liebe

Wir wachsen in einer Welt auf, in der Liebe uns Frauen als das Ding überhaupt verkauft wird. Gefühle sind unser Fachgebiet, und kein halbwegs seriöser Film endet mit einer Protagonistin, die »endlich Single« ist. Das kann der Anfang eines Films sein, nur bitte nicht das Ende. »Fehlt die Liebe«, schreibt die feministische Journalistin Dr. Gunda Windmüller in ihrem Debattenbuch »Weiblich, ledig, glücklich – sucht nicht«, »leidet das Selbst; der Selbstwert bröckelt, die Identität schwankt.«[8] Klingt gar nicht gut. Deswegen sollten wir uns schleunigst darum kümmern, jemanden zum romantischen Liebhaben zu finden. Jetzt könnte man einwenden: Liebe schenken wir doch auch Freunden, Nachbarn, der Familie. Kann das wirklich nur ein Partner sein, für den wir unser Herz öffnen?

Für altmodische Herrschaften wie den amerikanischen Kolumnisten Neil Steinberg[9] ist klar: »Singles sind krank. Wenn sie normal wären, wären sie mit dreißig Jahren verheiratet. Singles mögen denken, sie hätten Freunde und Verwandte und Menschen, die ihnen wichtig sind, aber alles, was sie wirklich haben,

---

8 Windmüller, G.: Weiblich, ledig, glücklich – sucht nicht. Eine Streitschrift. 2019. S. 92.

9 DePaulo, B.: Singled Out: How Singles Are Stereotyped, Stigmatized, and Ignored, and Still Live Happily Ever After. 2007. S. 356. Eigene Übersetzung.

ist ein soziales Durcheinander, eine Fantasie.« Ganz schön schwere Anschuldigungen. Außerdem ist Steinberg der Ansicht, Singles brauchen einen Partner, damit sie nicht mit vierundzwanzig Katzen enden. Schließlich sollen wir unsere Gefühle mit anderen Erwachsenen teilen, nicht mit haarigen Vierbeinern. Dr. Windmüller kennt die gesellschaftliche Wahrnehmung in Bezug auf alleinstehende Frauen: »Eine Frau ohne Mann ist weniger wert als ein Mann ohne Frau. Eine Frau ohne Mann ist eine einsame Frau. Sie muss es sein.« Zweisamkeit, so auch die feministische Politikwissenschaftlerin und Comiczeichnerin Liv Strömquist in ihrer Graphic Novel »Der Ursprung der Liebe«[10], schenkt uns Frauen dauerhafte Freude und Geborgenheit und befreit uns von jeder Angst. Ist also eine romantische Liebesbeziehung die beste Maßnahme für uns Frauen, wenn wir langfristig glücklich und zufrieden sein wollen? So zumindest wird uns glauben gemacht.

Der richtige Zeitpunkt

Damit genug Zeit bleibt für die Familiengründung sollten wir die Partnerfindung bis zum dreißigsten Lebensjahr – plus minus zwei Jahre – geschafft haben. Denn ultimatives Glück, so geht der Mythos weiter, finden wir Frauen nur, wenn wir neben einem Partner auch ein Kind haben. Partnering und Parenting, also Partnerschaft und Elternsein, gelten als wichtigste Meilensteine im Leben einer Frau. Auch noch im 21. Jahrhundert, wie die 2020 veröffentlichte Singlestudie des deutschen Forschungsinstituts »empirica« zeigt.[11]

---

10 Strömquist, L.: Der Ursprung der Liebe. 2018. https://www.avant-verlag.de/comics/der-ursprung-der-liebe/

11 Künkler, T., Faix, T., Weddingen, J. et al: Forschungsbericht zur Empirica Singlestudie 2020. Lebensweisen christlicher Singles. S. 9. https://www.cvjm-hochschule.de/fileadmin/2_Dokumente/5_FORSCHUNG/empirica/2020_Forschungsbericht_Singlestudie.pdf (abgerufen am 14.07.2021)

Drumherum darf es um Selbstverwirklichung gehen, Weltreisen, Jobhopping und Kurzzeit-Alleinbleiben. Solange wir Ladys wissen, was unsere Hauptaufgabe im Leben ist. Weil ich ebenfalls zu dieser Gesellschaft gehöre, prägt auch mich dieses Bild. Es zeigt sich nicht mit einem Vorschlaghammer oder ertönt durchs Megafon. Es webt sich subtil in Werbeanzeigen, die am vermeintlich erstrebenswerten traditionellen Familienbild festhalten[12] und in Gesetzestexte, die Ehe und Familie unter den besonderen Schutz der staatlichen Ordnung stellen.[13] Es zeigt sich in Belohnungssystemen wie dem Ehegattensplitting, wenn ein Ehepartner deutlich weniger verdient als der andere, und in einseitigen Artikeln über prominente Singlefrauen wie Jennifer Aniston, die in den Medien auf zwei wesentliche Schlagzeilen heruntergebrochen wird: Findet sie endlich ihren Traummann? Und: Wie einsam ist sie ohne Kind? Ihre Erfolge als Schauspielerin, Regisseurin und Unternehmerin spielen hierbei selten eine Rolle. Dem *Today*-Reporter Carson Daly sagt Aniston über das Stigma unverheirateter kinderloser Frauen: »Ich habe keine Checkliste mit Dingen, die erledigt werden müssen, und wenn sie nicht abgehakt sind, habe ich einen Teil meines Frauseins (…), meines Wertes oder meines Wertes als Frau verfehlt. (…)

---

12 Eine YouGov-Studie aus dem Jahr 2017 zeigt, dass Singles in der Werbung kaum eine Rolle spielen und die Unternehmen stattdessen an dem vermeintlich erstrebenswerten traditionellen Familienbild festhalten. (Vgl. Hein, D.: Singles fühlen sich in der Werbung unterrepräsentiert. Horizont. 29.03.2017. https://www.horizont.net/marketing/nachrichten/Yougov-Studie-Singles-fuehlen-sich-in-der-Werbung-unterrepraesentiert-156910 (abgerufen am 14.07.2021))

13 Laut Artikel 6 des Grundgesetzes stehen Ehe und Familie »unter dem besonderen Schutze der staatlichen Ordnung«. (https://www.gesetze-im-internet.de/gg/art_6.html) Selbst wenn man die Grundgesetz-Artikel sicher nicht alle blind aufzählen kann, spiegeln sich die Auswirkungen davon in vielen Bereichen des Lebens wider.

Ich habe kein Kind geboren. Ich habe viele Dinge geboren. Ich war für viele Dinge eine Mutter. Und ich denke, dass es nicht fair ist, einen solchen Druck auf die Menschen auszuüben.«[14]

Die Stimme anderer hat Gewicht in unserer Welt. Die Stimmen der Menschen, die uns beurteilen, uns begutachten, dafür sorgen, dass wir uns gut oder schlecht fühlen. Das gilt besonders dann, wenn es Menschen sind, die uns nahestehen und nur das Beste für uns wollen: Und das bedeutet für einige, dass wir nicht allein sein sollten in dieser großen, unheimlichen Welt.

Hardcore-Dating

Haben wir Pech gehabt, wenn wir mit Mitte dreißig nicht liiert sind, aber ein Kind wollen? Müssen wir mehr aufs Gas treten, damit die Seite im Doppelbett neben uns nicht dauerhaft leer bleibt?

»Untätigkeit lasse ich mir nicht vorwerfen«, stellt Nele klar, mit der ich gemeinsam in einem Abiturjahrgang war. Vor einer Woche haben wir uns für einen Spaziergang am Engelbecken verabredet, da sie nur zwei Parallelstraßen weiter ein Vorstellungsgespräch hat. Nele ist eine von den knapp 32 % Frauen, die auf den Seiten von Partnerbörsen unterwegs sind. Das ist zumindest die Zahl, die das Online-Dating-Vergleichsportal Zu-Zweit.de nennt.[15] Auch sie schleppt den Rucksack voller stiller Erwartungen mit sich herum, der ihr zuflüstert, was man im Leben als Frau erreichen soll. Und da ist die romantische Beziehung unter den Top 3 zu finden. »Manchmal denke ich, Amor hat mich vergessen«, rutscht es Nele wie ein

14 Vgl. *Interview: Jennifer Aniston's Thoughts On Marriage | Today.* YouTube. 27.08.2014. Ab Minute 00:30. https://www.youtube.com/watch?v=bBRrpd7LOpQ (eigene Übersetzung; abgerufen am 01.09.2021)

15 Partnersuche, Strand und Gurken: Profilbild-Studie 2021. Zu-Zweit.de. https://www.zu-zweit.de/studien (abgerufen am 17.07.2021)

Seufzer von den Lippen. Dabei *tindert*, *bumblet* und *lovescoutet* sie sich durch den Dating-Urwald. Damit Amor endlich auf sie aufmerksam wird. Wir setzen uns ins Gras, eine Ameise kriecht an Neles türkis lackiertem Zeh entlang und wandert weiter zu einem Erdhügel.

»Nicht mal die Ameise hält es mit mir aus«, sagt sie schief lächelnd.

Auf dem Singlemarkt herrscht ein Überangebot. Und es fällt schwer, den Einen zu finden, der uns genauso will. Ein Problem: Dating hat keine einfachen Regeln mehr wie früher, analysiert Anne-Kathrin Gerstlauer im »Eine Stunde Liebe«-Podcast von Deutschlandfunk Nova. Früher schien klar: Der Mann fragt die Frau nach einem Date, sie ziert sich, er hakt nach drei Tagen noch mal nach. Und dann endlich sagt sie Ja. Dieser Ablauf ist heute außer Mode. Stattdessen herrschen chaotische Zustände. »Wenn man keine Regeln hat, dann fällt alles ein bisschen schwerer. Weil es eben diese neuen [Dating-]Regeln noch nicht gibt, tun wir uns alle total schwer damit.«[16]

Auch die Psychoanalytikerin Sophie Cadalen bestätigt im Gespräch mit dem französischen Frauenmagazin *marie claire:* »Das große Problem unserer Zeit ist die Wahl.«[17] Doch in einer Welt, in der es immer mehr Singles gibt, falle es schwer, sich auf einen einzigen Menschen einzulassen. Und sich länger auf ihn festzulegen. Es könnte ja jemand Besseres vorbeikommen. In ihrer Pariser Praxis sitzen Cadalen Männer und Frauen gegenüber, die keinen Partner finden, obwohl sie sich einen

---

[16] *Warum ausgerechnet kluge und erfolgreiche Frauen oft Singles sind.* Deutschlandfunk Nova. 25.06.2021. https://www.deutschlandfunknova.de/beitrag/erfolgreich-und-single-warum-maenner-sich-schwer-damit-tun-kluge-frauen-zu-daten (abgerufen am 14.07.2021)

[17] Leduc, A.: Tout pour plaire … et toujours célibataires. marie claire. März 2012. https://www.marieclaire.fr/,femme-cherche-homme-femme-celibataire,20255,458479.asp. (Eigene Übersetzung; abgerufen am 14.07.2021)

wünschen. Oder doch nicht wirklich? »Viele meiner Patienten warten verzweifelt auf die Liebe. Und wenn sie ihnen endlich widerfährt, beschweren sie sich darüber, von ihr überrumpelt zu werden.« Weil wir zu viel vom anderen erwarten?

»Natürlich hab ich auch Ansprüche an meinen Märchenmann«, gibt Nele zu. »Vielleicht unrealistische. Aber soll ich mich deswegen unter Wert verkaufen, damit ich sagen kann ›Endlich hab ich jemanden‹?«, fragt sie nachdenklich. »Dann bleibe ich lieber alleine.«

Anne-Kathrin Gerstlauer ist diesbezüglich vollkommen klar. »Ansprüche [haben], das ist wirklich die Freiheit der Frau heute. Zu sagen (…): Warum sollte ich mit jemandem zusammen sein, den ich (…) langweilig finde, der mir nicht das Wasser reichen kann? Warum soll ich damit meine Zeit verschwenden?«[18]

Nach einer zweistelligen Anzahl von Verabredungen im Akkord hat Nele die Schnauze voll von der Jagd nach ihrem Seelenverwandten, ihrer All-in-one-Lösung, ihrem Allzweckpartner, der bester Freund, Sexpartner, Aufmunterer, Berater, Begleiter und Schweizer Taschenmesser in einem sein soll. Und sie ist wütend, wenn es bei anderen scheinbar problemlos klappt mit einer Liebesbeziehung. »Lächle mal mehr«, rät ihr ein Freund. »Wenn du so grimmig dreinschaust, wird's sicher nichts!«

»Bei Analysen darüber, was an MIR der Fehler ist, werde ich wütend.« Sie verscheucht einen Marienkäfer von ihrem Knie.

Unpassende Gesichtsausdrücke und Gefühle? Schuld ist unser Beziehungsstatus. Als könne der allein erklären, was mit uns los ist.

---

18 *Warum ausgerechnet kluge und erfolgreiche Frauen oft Singles sind.* Deutschlandfunk Nova. 25.06.2021. https://www.deutschlandfunknova.de/beitrag/erfolgreich-und-single-warum-maenner-sich-schwer-damit-tun-kluge-frauen-zu-daten (abgerufen am 14.07.2021)

- Wir fühlen uns einsam? Ein Partner muss her.
- Uns geht's gut? Wir machen uns nur etwas vor.
- Wir sind unzufrieden? Weil unser Plus eins fehlt.
- Und die Wasserkiste allein schleppen müsste man sich auch nicht geben, wenn da jemand Starkes an unserer Seite wäre.

Der moralische Zeigefinger der anderen ist allgegenwärtig. Ist ein Mensch hingegen in einer Partnerschaft wütend, traurig oder einsam, wird das in den seltensten Fällen mit der Beziehung in Verbindung gebracht. »Ich darf nicht mal ungeniert schlecht gelaunt sein, weil mir das dann sofort wieder jemand als Problem meines Singledaseins verkauft.« Nele, ich verstehe dich so gut.

Die Single-Formel

Ich erinnere mich an einen lauen Juniabend. Ich warte gedankenversunken an der Straßenbahnhaltestelle Kastanienallee.

Neben mir hält ein Radfahrer in einer beigefarbenen Chinohose und Mokassins. »Haste mal die Zeit? Ist auch 'n Käffchen für dich drin.«

»Danke. Aber mein Freund wartet«, antworte ich wahrheitsgemäß.

Ihm fehlen kurz die Worte. Dann rückt er sein Baseballcappy zurecht, unter dem seine grauen Schläfen hervorzotteln, und sagt: »Ich dachte, du bist Single. Du sahst so traurig aus.«

Wenn es doch so einfach wäre, Menschen auf eine Gleichung herunterzubrechen. Dann müsste sich niemand mehr Mühe geben, dem anderen schöne Augen zu machen, wenn das Gegenüber zu glücklich aussieht. Eine wahnsinnige Zeitersparnis. Weil ich in meinem Job gerade etliche Excelformeln erstelle, kommt mir die folgende Gleichung für Singles in den Sinn: =WENN(Zielperson »zeigt positive Emotion«;»liiert«;»single«), also: Wenn die

Zielperson eine positive Emotion zeigt, ist sie liiert, ansonsten single. Für den Radler bin ich ein offenes Buch: Da die Nachdenkliche an der Haltestelle traurig schaut, ist sie single.

Nur ist das alles gar nicht so eindeutig mit dem Glücklichsein von Paaren und Singles.

Allein glücklich?!

Wir können auch allein herrlich glücklich sein. Singleforscherin Dr. Bella DePaulo erklärt, dass sie Alleinstehende für wertvolle Menschen hält und sie nicht nach ihrem Beziehungsstatus bewertet. Das zeigt sie Kapitel für Kapitel in ihrem Buch »Singled Out: How Singles Are Stereotyped, Stigmatized, and Ignored, and Still Live Happily Ever After«.[19] Ein gewagtes Manöver. Denn wonach beurteile ich einen Menschen sonst, wenn nicht in erster Linie danach, ob er jemanden an seiner Seite hat oder nicht?

»Happy Ever After«

Neben DePaulo gibt es einen weiteren Verfechter, der sich für Singles stark macht. Mit weißer Hornbrille und Fünftagebart stellte der britische Glücks- und Verhaltensforscher Paul Dolan 2019 auf dem walisischen Hay Festival einige Thesen aus seinem

[19] DePaulo, B.: Singled Out: How Singles Are Stereotyped, Stigmatized, and Ignored, and Still Live Happily Ever After. Griffin. 2007.

Buch »Happy Ever After«[20] vor, in dem er unter anderem behauptet, kinderlose Singlefrauen seien möglicherweise die Glücklichsten in der Gesellschaft und nicht – wie allgemein angenommen – verheiratete Paare. Damit sorgte er für eine Welle der Empörung unter verheirateten Männern. Denen gefiel es gar nicht, dass Dolan das Bild einer »unabhängigen Frau« propagierte. Schließlich bietet eine Partnerschaft in einer Welt, die immer unruhiger wird, einen stabilen Anker. Kommt jemand daher, der gern Single ist und diesen Anker offenbar nicht benötigt, hat er sich von solchen sozialen Konventionen befreit. Das wiederum ist für einige ein Angriff auf bestehende Hierarchien. Paare und Singles werden vermutlich niemals beste Freunde und stehen ganz sicher nicht gleichberechtigt auf einer Stufe.[21]

Kein Wunder, dass sich Frauen wie Nele unter Druck gesetzt fühlen, jemanden für sich zu finden.

Ehepaare sind die besseren Menschen

Eine Partnerschaft bringt Sicherheit. Eine Ehe, so heißt es in der Bis-dass-der-Tod-euch-scheidet-Erzählung, sogar die ultimative Sicherheit. Wie zum Beweis werden Ehepaare mit einer ganzen Reihe Privilegien belohnt. Die bekommen sie fürs Verheiratetsein, egal ob beide in ihrer Ehe zufrieden sind oder nicht. So erbt der Ehepartner ganz ohne Testament des anderen in der Regel einen Großteil von dessen Besitz. Vor Gericht muss er nicht gegen den Partner aussagen. Und arbeitet einer der Ehegatten nicht, darf er

---

20 Vgl. Dolan, P.: Singled out: why can't we believe unmarried, childless women are happy? The Guardian. 04.06.2019. https://www.theguardian.com/lifeandstyle/2019/jun/04/singled-out-why-cant-we-believe-unmarried-childless-women-are-happy (abgerufen am 23.05.2021)

21 Dieses binäre Denken – Paare sind gutmütig und warmherzig, Singles sind kalt und unnahbar – lässt sich mit dem *Stereotype Content Model* erläutern. (Siehe dazu Kapitel 10)

für lau in die Krankenkasse des anderen eintreten. Steinberg geht sogar so weit zu sagen, dass »[v]erheiratete Menschen (...) besser [sind] als alleinstehende Menschen und (...) die Grundlage für die Zivilisation [bilden]. Sie sind moralisch unantastbar. Selbst wenn die Ehe spektakulär schiefgeht, war sie es wert, weil (...) sich [die Verheirateten] zumindest bemüht haben, weil sie ›echt‹ waren.«[22] Man kann es auch ein bisschen übertreiben mit dem Fetisch für die Ehe. Und doch zeigen Untersuchungen aus den USA: Wir Singles stehen nicht unter Artenschutz. Mit uns darf man ruhig härter ins Gericht gehen. Arbeitgeber laden uns seltener zu Bewerbungsgesprächen ein als einen verheirateten Mitbewerber. Wir bekommen mit niedrigerer Wahrscheinlichkeit eine lebensrettende Operation oder Bestrahlung.[23] Und wir dürfen seltener ein Haus kaufen als Paare.[24]

Auf meine Frage, was sie am Heiraten gut findet, sagt meine Mutter zielsicher: »Steuerlich ist es eine enorme Ersparnis.« Wenn selbst meine unabhängige Mutter nicht die Liebe, sondern die finanzielle Belohnung als Hauptvorteil einer Ehe sieht, bestätigt das die Ergebnisse einer mdr-Umfrage. Aus dieser geht hervor, dass zwar 87 % der Befragten

---

22 DePaulo, B.: Singled Out: How Singles Are Stereotyped, Stigmatized, and Ignored, and Still Live Happily Ever After. 2007. S. 356 (eigene Übersetzung).

23 DePaulo, B.: Research Shows Life-Threatening Bias Against Single People. Psychology Today. 07.07.2019. https://www.psychologytoday.com/us/blog/living-single/201907/research-shows-life-threatening-bias-against-single-people (abgerufen am 15.07.2021); University of Delaware. Bias against single people affects their cancer treatment. ScienceDaily. 09.09.2019. https://www.sciencedaily.com/releases/2019/09/190909121243.htm (abgerufen am 15.07.2021)

24 DePaulo, B.: Housing Discrimination Against People Who Are Single: 4 Studies. Psychology Today. 19.10.2010. https://www.psychologytoday.com/us/blog/living-single/201010/housing-discrimination-against-people-who-are-single-4-studies (abgerufen am 15.07.2021)

angeben, aus Liebe geheiratet zu haben. Aber 71 % der Verheirateten möchten ihre Privilegien, die ihnen allein aufgrund der Ehe gewährt werden, gern behalten.[25] Warum sind diese Ehe-Privilegien für fast drei Viertel der Verheirateten so wichtig, wenn doch der Grund für die Heirat angeblich ein romantischer war? Vielleicht, weil auch sie wissen, dass sich Liebe verändert. Und kein Garant für ein Happy End ist. Eine durchschnittliche Ehe dauert in Deutschland im Jahr 2020 kein ganzes Leben lang, sondern laut Statistischem Bundesamt exakt 14,7 Jahre.[26]

»Mit der Überhöhung der Ehe urteilt der Gesetzgeber moralisch über Menschen, über deren Liebe er nichts wissen kann«[27], findet die feministische Journalistin Teresa Bücker und hinterfragt im selben Atemzug den Sinn dieser vermeintlich intimsten und stabilsten Beziehung.

Single Shaming

Vor den Altar zu treten stand zwar noch nie auf meiner *Bucket List.* Aber wie 80 % der alleinstehenden Frauen glaube ich daran, dass das Leben früher oder später in einer festen Beziehung

25 Die Ehe aus Liebe steht hoch im Kurs. mdrfragt. 14.02.2020. https://www.mdr.de/nachrichten/mitmachen/mdrfragt/umfrage-ergebnis-valentinstag-liebe-100.html (abgerufen am 15.07.2021)

26 Maßzahlen zu Eheschließungen 2000 bis 2019. Destatis Statistisches Bundesamt. Stand: 12.08.2021. https://www.destatis.de/DE/Themen/Gesellschaft-Umwelt/Bevoelkerung/Eheschliessungen-Ehescheidungen-Lebenspartnerschaften/Tabellen/masszahlen-ehescheidungen.html (abgerufen am 14.10.2021)

27 Bücker, T.: Ist es radikal, die Ehe abschaffen zu wollen? Süddeutsche Zeitung. 04.12.2019. https://sz-magazin.sueddeutsche.de/freie-radikale-die-ideenkolumne/ehe-abschaffen-buecker-88096 (abgerufen am 15.07.2021)

gelebt wird.[28] Bis es so weit ist, muss ich plausible und nachvollziehbare Gründe nennen, warum ich single bin. Jemand mit festem Partner benötigt hingegen keine Erklärungen für andere. »Stop! Du bist ein klassisches Singlismus-*Opfer*«[29], würden DePaulo und Dolan sogleich einschreitend klarstellen. Ein was, bitte? Du lässt dir eintrichtern, als Single weniger liebenswert zu sein, weil Paare in der öffentlichen Wahrnehmung die besseren, reiferen und verantwortungsbewussteren Menschen sind.[30] »Singlismus« also. Ganz nebenbei ein Fremdwort gelernt, das es sogar ins englische Wörterbuch »Cambridge English Dictionary«[31] geschafft hat. Wir kennen diese Stereotypisierung, Stigmatisierung und Diskriminierung von alleinstehenden Menschen[32] auch unter dem Ausdruck *»Single Shaming«*. Ich denke somit nicht als Einzige, dass ich ein Mängelexemplar bin, das

---

28 Vgl. Künkler, T., Faix, T., Weddingen, J. et al: Forschungsbericht zur Empirica Singlestudie 2020. Lebensweisen christlicher Singles. S. 17. https://www.cvjm-hochschule.de/fileadmin/2_Dokumente/5_Forschung/empirica/2020_Forschungsbericht_Singlestudie.pdf (abgerufen am 14.07.2021)

29 Vgl. DePaulo, B.: Singlism, a Word I Coined, Is in the Dictionary. Psychology Today. 19.12.2020. https://www.psychologytoday.com/us/blog/living-single/202012/singlism-word-i-coined-is-in-the-dictionary (abgerufen am 20.06.2021)

30 Vgl. DePaulo, B.: Singled Out: How Singles Are Stereotyped, Stigmatized, and Ignored, and Still Live Happily Ever After. 2007. S. 23

31 Als Definition steht unter *Singlismus* bzw. *singlism*: »unfair treatment of people who are single (= not married)«. (»unfaire Behandlung von Personen, die alleinstehend sind (= nicht verheiratet)«). https://dictionary.cambridge.org/dictionary/english/singlism?fbclid=IwAR0PB9WbHrec-qQVdquI67aFwiuVAAfk4zcINFgvdzQn_d6Gx2KlBYjs_DA)

32 Vgl. DePaulo, B.: Singlism: How Serious Is It, Really? Psychology Today. 09.09.2018. https://www.psychologytoday.com/us/blog/living-single/201809/singlism-how-serious-is-it-really (abgerufen am 20.06.2021)

menschlich »unvollkommen und irgendwie auch unfähig«[33] zu sein scheint. Da kommt mir die Bezeichnung der Schauspielerin Emma Watson gerade gelegen, die im Interview mit der britischen *Vogue* über sich sagt, sie sei »self-partnered«.[34]

[33] Gronostay, S.: Können Singles auch ohne Partner glücklich sein? Augsburger Allgemeine. 11.11.2019. https://www.augsburger-allgemeine.de/panorama/Koennen-Singles-auch-ohne-Partner-gluecklich-sein-id55910181.html (abgerufen am 15.07.2021)

[34] Lees, P.: From The Archive: Emma Watson On Being Happily »Self-Partnered« At 30. Vogue. 15.04.2020. https://www.vogue.co.uk/news/article/emma-watson-on-fame-activism-little-women (abgerufen am 15.07.2021)

Kapitel 2:

Die Gemeinheit der Biologie

Liebe macht doof

Inzwischen bin ich dreißig und ebenfalls *self-partnered*, also mit mir selbst in einer glücklichen Beziehung. Nach einem Abenteuer mit dem Pariser Filou Guillaume, der mich mit *»Je t'adore«* um den Finger wickelt und parallel zwei weitere »Maitressen« hat, und einer mehrmonatigen Affäre mit einem Kreuzberger Marketingmanager, der mir gesteht, verheiratet zu sein und seine Ehefrau niemals verlassen zu wollen, habe ich mit Mitte zwanzig auch ein längere Beziehung. Mit Franz, der bei einer Impro-Comedy-Veranstaltung neben mir sitzt und ein solch schallendes Lachen hat, dass ich mich mehr über ihn als über die Aufführung amüsiere. Jetzt aber bin ich wieder single Schrägstrich *self-partnered*. Und ziemlich glücklich mit diesem Zustand.

Und dann treffe ich Jonas. Ich treffe ihn *wieder*, müsste ich korrekterweise sagen, denn wir kennen uns durch meinen

Unifreund Liko, der inzwischen eine eigene Fotoagentur betreibt und Jonas ein paar Jobs als Illustrator vermittelt hat. Bei unserem ersten längeren Gespräch auf Likos Grillparty habe ich noch nicht diesen albernen, verliebten Tonfall. Aber als wir uns wenige Wochen darauf am Rand eines knisternden Lagerfeuers eine Campingmatratze teilen, er seine Ukulele hervorholt und »Can't Take My Eyes Off of You« zupft, kribbelt es in meinem Körper, als hätte jemand Millionen Wunderkerzen in mir angezündet. Ich kann nicht mehr richtig sprechen, stottere, sobald ich mit Jonas rede, werde rot und schwitze wie bei meiner mündlichen Abiprüfung, die mit vier Punkten und einem betretenen Schweigen meiner Prüfer endete. Jonas und ich schweigen auch miteinander, aber es fühlt sich wahnsinnig gut an. An diesem Abend küssen wir uns stundenlang, bis mein Kinn und meine Wangen rot gerieben sind von seinem Dreitagebart. Wir tanzen zu Marius Müller-Westernhagen, fangen Regentropfen mit der Zunge auf und halten Händchen wie Teenager.

»Ich liebe dich«, sagt er als Erster von uns beiden. Und für mich sind es die schönsten Worte, die ich seit Langem gehört habe. Es gibt nur noch uns und dieses prickelnde Gefühl von Brausepulver, das mich jedes Mal durchströmt, wenn wir uns sehen. Im Schnitt hält so ein magisches Kribbeln sechs Monate, wie Psychologieprofessorin Heidi Möller von der Universität Kassel im Interview mit der *Hessischen Niedersächsischen Allgemeinen* verrät.[35] Mein Trick: Jonas und ich treffen uns möglichst selten und dehnen unser Verliebtsein maximal aus. Dadurch kommen mir sechs Monate vor wie zwölf, und mein Puls hämmert ein komplettes Jahr lang. Solange wir uns sehnsuchtsvolle

---

[35] Pflüger-Scherb, U.: Kasseler Psychologie-Professorin: »Verliebte sind ein bisschen gaga«. HNA.de. 14.02.2014. https://www.hna.de/kassel/interview-psychologie-professorin-heidi-moeller-kassel-3364519.html (abgerufen am 15.07.2021)

Nachrichten simsen und vor lauter Aufregung über das nächste Wiedersehen nicht schlafen können, halte ich es für unklug, mit ihm über lebensentscheidende Themen zu sprechen. Zum Beispiel darüber, ob er das Gleiche fühlt wie ich, sich mit mir eine Zukunft vorstellen kann. Eine gemeinsame Familie. Als Verliebte, da gibt mir auch der Psychotherapeut Thomas Spielmann recht, bin ich unzurechnungsfähig.[36] Als wäre ich voller Drogen oder im Glücksspielrausch. In diesem Zustand sollte ich keine wichtigen Fragen stellen. Oder kann zumindest keine rationale Antwort erwarten.

Nach etwa einem Jahr mache ich mir ein neues Bild von Jonas, das weniger hormongetränkt ist. Ich bin sicher: Er ist mein Mister Right! Mein Märchenprinz mit Ukulele.

Jetzt kann ich mich an die nächsten Schritte herantasten. Entsinglet bin ich. Fehlt nur noch, dass aus uns zweien bald drei werden. Das klingt doch ziemlich einfach, oder? Wenn da nicht die Sache mit der weiblichen Biologie wäre.

Die Macht der Ignoranz

Ich bin nicht Gianna Nannini, die auf, ähm, vollkommen natürlichem Weg mit 54 Jahren schwanger geworden ist.[37] Meiner biologischen Funktionsfähigkeit sind Grenzen gesetzt. Damit beschäftige ich mich aber lieber nicht. Klar könnte ich durchzählen lassen, wie viele Eizellen mir von meinen

---

36 Bossart, R.: Verliebtheit macht tatsächlich blöd. Tagblatt. 16.09.2014. https://www.tagblatt.ch/panorama/verliebtheit-macht-tatsaechlich-bloed-ld.936734 (abgerufen am 15.07.2021)

37 Ihre Tochter Penelope kam 2010 kerngesund zur Welt.

geschätzten 300 000 noch bleiben.[38] Ich könnte mich ultraschalldurchleuchten lassen, um zu sehen, ob meine Eileiter Richtung Uterus und hin zum Eierstock beschädigt sind. Das wäre ziemlich ärgerlich, weil ich dadurch keine Chancen hätte, auf natürlichem Wege schwanger zu werden. Laut Auswertung des Deutschen IVF-Registers ist die sogenannte Tubenpathologie, also Probleme mit den Eileitern, in knapp 13 % der Fälle Grund für eine künstliche Befruchtung.[39] Reproduktionsmedizinerin Dr. Corinna Mann betont allerdings, dass diese Zahl nicht allgemein übertragen werden könne. »Je nach Studie sind bei circa 30 % aller Frauen die Tuben, also die Eileiter, in die Unfruchtbarkeit involviert.« Ich könnte weitere Anhaltspunkte in meinem Körper suchen lassen, um zu messen, wie lange ich ein Baby bekommen kann. Will ich aber alles nicht. Denn meine Uroma hat zwei ihrer vier Kinder mit über vierzig Jahren geboren, ohne zusätzlichen Hormonschnickschnack. Sicherlich hat sie ihre Superfruchtbarkeit an mich vererbt. Ein Teil der Wahrheit ist einer dänischen Studie aus dem Jahr 2015 zufolge allerdings: Viele Frauen überschätzen die eigene

---

[38] Im Gegensatz zu Männern, die ihre Samenzellen ständig neu produzieren, kommt jedes weibliche Baby mit ein bis zwei Millionen Eizellen auf die Welt. Dieser Vorrat nimmt kontinuierlich ab. Zu Beginn der Pubertät sind nur noch circa 300 000 Eizellen übrig. Aufgrund der Anzahl der Monatszyklen springen von diesen nur etwa 300 bis 400. Ab da verliert jede fruchtbare Frau etwa 1 000 Eizellen monatlich. Um die Anzahl der noch vorhandenen Eizellen ermitteln zu können, kann der AMH-Wert, also der Anti-Müller-Hormon-Wert, bestimmt werden.

[39] Vgl. DIR Jahrbuch 2019 des Deutschen IVF-Registers. Sonderheft 1/2020. https://www.deutsches-ivf-register.de/perch/resources/dir-jahrbuch-2019-de.pdf. S. 40 Indikationsverteilung 2019. IVF (abgerufen am 15.07.2021)

Potenz.[40] Ich vermutlich auch. Ich lebe viel ungesünder als alle vorherigen Generationen, schleppe jede Menge hausgemachten Stress mit mir herum und schließe die ein oder andere Zivilisationskrankheit auch nicht aus. Was mich etwas beruhigt: Die heutige Medizin ist fortgeschritten. Sie stellt verschiedene Geheimwaffen zur Verfügung, mit denen Frauen in Deutschland schwanger werden können: künstliche Befruchtung und Social Freezing, also das Einfrieren von Eizellen. In Ländern wie Dänemark, Finnland und Spanien darf ich mir auch fremde Eizellen einsetzen lassen, wenn ich selbst zu wenige oder zu schlechte habe. Aber hierzulande bekomme ich großen Ärger, wenn ich das mache. Ärztinnen und Ärzte ebenfalls, deswegen geht das nicht. Social Freezing ist mir nicht ganz geheuer, weil es sich bei meinen schockgefrorenen Eizellen eben nicht um Tiefkühlerbsen handelt. Beim Auftauen kann immer etwas schiefgehen. Und können sich das nicht nur sehr gut situierte Frauen leisten? Oder diejenigen, die bei Facebook oder Apple arbeiten? Beide Unternehmen tragen seit 2014 die Kosten für das Einfrieren von Eizellen ihrer Mitarbeiterinnen.[41]

Malou, die als Pharmareferentin in Hamburg arbeitet, hat sich mit 27 für das Einfrieren ihrer Eizellen entschieden. Mit dem optimalen Zeitpunkt für diesen Schritt beschäftigt sich auch Anna-Lena Wennberg in ihrem wissenschaftlichen Artikel »Social freezing of oocytes: a means to take control of your fertility«. Dort schreibt sie, dass die Wahrscheinlichkeit einer

---

40 Petersen et al.: Family intentions and personal considerations on postponing childbearing in childless cohabiting and single women aged 35–43 seeking fertility assessment and counselling, in: Human Reproduction, Vol. 30, No. 11, pp. 2563–2574. 11.11.2015. https://academic.oup.com/humrep/article/30/11/2563/2385311?login=true (abgerufen am 23.05.2021)

41 Vgl. Wisdorff, F.: Das gefährliche Verhätscheln der Mitarbeiter. Welt. 21.10.2014. https://www.welt.de/wirtschaft/article133487093/Das-gefaehrliche-Verhaetscheln-der-Mitarbeiter.html (abgerufen am 15.07.2021)

Lebendgeburt am höchsten ist, wenn das Einfrieren der Eizellen (Kryokonservierung) stattfindet, solange die Frau unter 34 Jahren ist.[42] Und wie viele Eizellen sollten bestenfalls eingefroren werden? Bei einer Frau unter 38 Jahren werden circa 20 Eizellen benötigt, damit sie mit einer Wahrscheinlichkeit von 75 % ein (!) Kind bekommen kann.[43]

»Noch hoffe ich auf den Traumpartner«, gibt sich Malou zuversichtlich. »Aber weil meine Mutter bereits mit Anfang dreißig in den Wechseljahren war, könnte mir das auch blühen. Und für diesen Fall will ich vorbereitet sein.« Malou verdient genug, um sich diese Methode leisten zu können. In Deutschland muss ich mit Ausgaben um die 3 000 Euro pro Zyklus rechnen, damit meine Eizellen gewonnen und eingefroren werden können. Und da sind die Ausgaben für Medikamente in Höhe von 1 500 bis 2 000 Euro und die Lagerkosten von jährlich 300 bis 600 Euro noch gar nicht enthalten.[44] Immerhin tragen seit Juli 2021 die gesetzlichen Krankenkassen diese Ausgaben für Krebspatientinnen, wenn die Frau nicht älter als vierzig Jahre ist.[45] Dennoch ist Social Freezing keine Babygarantie.

---

42 Vgl. Wennberg, A-L.: Social freezing of oocytes: a means to take control of your fertility. ResearchGate. 14.01.2020. https://www.researchgate.net/publication/338583307_Social_freezing_of_oocytes_a_means_to_take_control_of_your_fertility. S. 2 (eigene Übersetzung; abgerufen am 15.07.2021)

43 ebenda

44 Wagner, S.: *Baby, bis später!* Deutschlandfunk. 26.03.2018. https://www.deutschlandfunk.de/social-freezing-baby-bis-spaeter.676.de.html?dram:article_id=413996 (abgerufen am 15.07.2021)

45 Kryokonservierung von Ei- und Samenzellen. Gemeinsamer Bundesausschuss. https://www.g-ba.de/themen/methodenbewertung/ambulant/kryokonservierung-von-ei-und-samenzellen/ (abgerufen am 15.07.2021)

Und künstliche Befruchtung? Das klingt technisch, kalt und weit weg von dem, was ich mir vorstelle. Ich bin jung und habe einen Freund, brauche das selbstverständlich nicht.

Zweieinhalb Jahre nach Jonas' und meinem Lagerfeuerabend tippe ich in die Suchleiste meines 13-Zoll-Notebooks »Wann bin ich zu alt für ein Kind?«, anstatt das Thema zunächst mit Jonas zu bereden.

Tabuthema Kinderwunsch

Mit dreiunddreißig bekomme ich Babysehnsucht. Es durchfährt mich, wenn ich das Neugeborene einer Bekannten in den Armen halte. Kugelbauchige Frauen in Supermärkten und auf der Straße sehe. Oder ein Werbeplakat mit Kindern. Das ist gar nicht ungewöhnlich, wie Gary Brase, Psychologieprofessor der Kansas State University, bestätigt. Er untersucht das Phänomen Babyfieber und BabyGap, also Babylücke, und hält das Verlangen nach einem Baby für einen starken emotionalen und körperlichen Zustand. Manche Menschen fühlen ihn – das wäre dann wohl ich –, andere nicht. Als Auslöser genügt es, ein Baby anzuschauen.[46] Auch verschiedene Wissenschaftler glauben, dass der vermeintlich biologische Drang von uns Frauen, unbedingt ein Kind zu wollen – Stichwort: »biologische Uhr«, um die es später im Kapitel detaillierter geht –, nicht durch die Biologie ausgelöst wird, sondern dass er kulturell bedingt ist. So sagt beispielsweise der Evolutionsbiologe David Barash, dass

---

46 Vgl. Stewart, J.: We Looked Into Whether »Baby Fever« Is a Real Thing. Vice. 02.10.2018. https://www.vice.com/en/article/xwpvb4/psychology-of-baby-fever-is-it-real (abgerufen am 15.07.2021)

es sozial akzeptierter sei, Kinder zu haben als keine, und dass Kinder als Lebensziel definiert werden, weil sie Glück und Zugehörigkeit versprechen. Die Evolution, so Barash weiter, habe Frauen zwar »das Verlangen nach Sex und die Fähigkeit, ein Kind zu bekommen, mit auf den Weg gegeben«.[47] Aber ab hier setze der freie Wille ein.

Und mein freier Wille ist es, ein Kind zu wollen.

Jonas betrachtet keine Babys wie ich. Schwangere sind für ihn unsichtbar. Und ich frage mich, wie ich meinen Kinderwunsch ansprechen kann, ohne Jonas zu vertreiben. Ich sammle Argumente, falls ich ihm diese eines Tages auflisten muss. Ich möchte ein Kind, weil ich mich um ein kleines Wesen kümmern, es pflegen und ihm beim Großwerden zusehen und es an die Hand nehmen möchte. Und, ja, ich möchte Spuren hinterlassen im Leben. Und doch fällt es mir leichter, mit Jonas über Verdauungsprobleme und Lippenherpes zu sprechen als über meinen Kinderwunsch. Wieso ist das so?

Ich glaube, einer der Gründe ist, dass uns der Kinderwunsch unglaublich verletzlich macht. Weil ich mein Innerstes nach außen kehre und mich damit angreifbar mache. Es ist, als würde ich mich in Reizwäsche zeigen, und der andere läuft plötzlich davon. Was, wenn er nicht das will, was ich will? Wie im Fall von Nicola.

Ehemann will doch keine Kinder

Nicola arbeitet als Onkologin und hat einen Mann geheiratet, der ihr vom ersten Date an signalisiert hat, Kinder seien selbstverständlich. Nach ihrem zweiten Hochzeitstag entscheidet er sich anders. »›Du kannst dich auch um mich kümmern‹, sagte er ernsthaft zu mir«, erzählt sie. »Als wäre das dasselbe.«

[47] ebenda

Nicola fühlt sich betrogen. Aber sie bleibt bei ihm, weil es für sie zum Eheversprechen dazugehört, Kompromisse einzugehen. Sogar wenn sie wehtun. Für ihren Mann gilt das offenbar nicht. Ob sie jemals ein Kind bekommen wird? Ungewiss.

Opfer in einer Beziehung bringen

In früheren Studien haben Psychologen angenommen, es sei gut für eine partnerschaftliche Beziehung, Opfer zu bringen, weil es das Vertrauen zueinander stärkt, Zufriedenheit und Wohlbefinden innerhalb der Partnerschaft erhöht. Allerdings – so zeigen neuere Forschungen – entwickeln diejenigen, die in ihrer Beziehung ein großes Opfer für den Partner bringen, negative Emotionen diesem gegenüber. Das führt zu Unzufriedenheit, besonders, wenn der Partner das Opfer nicht wertschätzt.[48]

»I love me more«

Es erfordert einen Haufen Selbstliebe, sich von jemandem zu trennen, den wir sehr lieben, bei dem wir aber nicht bleiben können, weil er uns nicht guttut. Oder weil er einen existenziellen Wunsch nicht mit uns teilt. Denn Kinderwollen hat

---

48 Vgl. Righetti, F.; Impett, E.: Sacrifice in close relationships: Motives, emotions, and relationship outcomes. Soc Personal Psychol Compass. 2017. https://doi.org/10.1111/spc3.12342 (abgerufen am 25.05.2021)

ganz viel mit dem eigenen Dasein auf dieser Welt zu tun. Ein unerfüllter Kinderwunsch kann sich so anfühlen, als hätten wir bereits ein Kind verloren. »Er ist so schlimm wie eine Krebserkrankung. Und ich muss es wissen«, ergänzt Nicola, die auf einer Kinderkrebsstation in Köln arbeitet. Da wünscht man sich doch manchmal, ein bisschen was von Samantha Jones aus »Sex and the City« zu haben, die ihre große Liebe Richard mit den Worten verlässt: »I love you (…). But I love me more.«[49]

Singlefrau will keinen Partner

Was ist, wenn es den anderen, den Partner fürs Leben, gar nicht gibt, der Kinderwunsch aber unaufhaltsam stärker wird? Laut einer Untersuchung des Bundesministeriums für Familie, Senioren, Frauen und Jugend (BMFSFJ) aus dem Jahr 2014 wünschen sich die meisten ungewollt Kinderlosen unabhängig von einer Partnerschaft ein Kind.[50] Dennoch fühlt sich Beatrice, eine Arbeitskollegin meiner Schwester, komisch mit ihrer Sehnsucht danach, allein Mutter zu werden. Nicht komisch im Sinne von »Haha, wie lustig – ein Clown«, sondern eher sonderbar und eigenartig. »Mir war schon immer klar, dass ich eines Tages ein Kind haben werde. Nur kam ein Partner in dieser Überlegung gar nicht vor.« Für Beatrice ist es keine Laune. Sie ist in ihrer Entscheidung ungewöhnlich klar und bleibt sich treu. Später wird sie dank eines Privatspenders Mutter.

---

49 Nachzulesen unter anderem hier: I Love You Carrie But…Samantha Jones is Goals. https://beingbailes.wordpress.com/tag/sex-and-the-city/

50 Vgl. Kinderlose Frauen und Männer. BMFSFJ. https://www.bmfsfj.de/blob/94130/bc0479bf5f54e5d798720b32f9987bf2/kinderlose-frauen-und-maenner-ungewollte-oder-gewollte-kinderlosigkeit-im-lebenslauf-und-nutzung-von-unterstuetzungsangeboten-studie-data.pdf (abgerufen am 15.07.2021)

Kinderwunsch ja, aber nicht miteinander

Manchmal ist auch nicht der passende Partner an der Seite, obwohl zwei Menschen einen Kinderwunsch teilen. Wenn mir Frauen erzählen, dass ihre Freunde ihnen begeistert vorschlagen, den einzigen männlichen Single aus dem entfernten Bekanntenkreis zu nehmen, der auch ein Kind will, erzähle ich manchmal die Geschichte von Franz und mir. Mit ihm bin ich bis Ende zwanzig zusammen, unsere Beziehung ist harmlos und friedlich. Doch irgendwann schaffen wir es, uns aus denselben kindischen Gründen gegenseitig zu verärgern. Beschwere ich mich darüber, dass er mich nicht versteht, sagt er mir, ich ihn noch viel weniger. In seiner Umarmung fühle ich mich bald verloren und alleingelassen. Und als er mir nach vier Jahren Beziehung sagt, er möchte ein Kind mit mir, muss ich mich als Erstes im Bad übergeben. Er will eine Familie gründen, ich auch. Nur nicht mit ihm. Bei ihm springt mein Herz einfach nicht richtig an, und ich beschließe, mich zu trennen. Auch wenn ich nicht sicher bin, wie klug die Entscheidung ist, meine Beziehung mit einem Familiengründungswilligen aufzugeben.

Stattdessen entscheide ich mich für die Wackelbrücke mit Jonas.

Im Schnee

Es gibt da diesen einen Tag im November, der alles hätte ändern können. An dem ich noch aus der Beziehung hätte aussteigen können. Umhüllt von Kaffeebohnenduft wärmen Jonas und ich uns auf lederbezogenen Wohlfühlsesseln in einem Coffeeshop auf. Ich beiße in einen saftigen Brownie, lausche der gleichmäßig dahinplätschernden Popmusik im Hintergrund. Und mich überkommt plötzlich das Verlangen nach mehr. Ich will mehr mit Jonas teilen als nur Zweisamkeit. Ein gemeinsames Kind …Wie es wohl aussehen würde? Hätte es seine Unbeschwertheit und meine dunklen Haare? Seine blauen Augen und meinen Sinn für Humor? Ich träume, wünsche, hoffe. Und plötzlich ist er da, dieser eine Satz. Nicht nur in meinem Kopf, sondern ganz real. »Ich … möchte eines Tages ein Kind … Und … du?«, hauche ich und bin von mir selbst überrascht. Mein Herz setzt ein paar Schläge aus, meine Brust zieht sich zusammen. *Jetzt wird's ernst,* denke ich und mache mich bereit für das, was gleich kommt.

»Willst du noch was?«, fragt Jonas, ohne von seinem doppelten Espresso aufzusehen.

Hat er mich überhaupt gehört?

Am Nachbartisch lacht jemand auf. Von wegen Wohlfühlatmosphäre. Draußen beginnt es zu schneien. Ein paar Minuten später gehen wir stumm nebeneinanderher.

»Hast du gehört, was ich vorhin gesagt habe?« Meine Hände verschwinden in den Jackentaschen. »Weil ich eventuell vielleicht ein Kind haben will, mein ich.« Eine Flut von Adrenalin rauscht durch mich hindurch. Ich blicke auf meine schweren Schritte und die Spuren, die andere hinterlassen haben.

»Du hast da was.« Jonas streicht mir mit dem Zeigefinger die Nase entlang. »Schneeflocke.«

Ich atme tief durch. Kalte Luft strömt in meine Lungen, ich atme Wolken aus. Jonas kickt einen Kieselstein zur Seite. Wortlos gehen wir die Fußgängerzone hinunter. An anderen Tagen hätte er mir seinen Mantel umgelegt.

Dieser eine Tag im November, der alles hätte verändern können. An dem ich ihm hätte sagen können: »Es ist vorbei. Wir wollen nicht dasselbe im Leben.« Doch ich bleibe. Bei ihm, an seiner Seite. Schließlich hat das alles nichts zu bedeuten.

Selbstverarsche

Ein paar Monate später erwartet Eva Mendes ihr erstes Baby, obwohl sie zu dem Zeitpunkt nicht mehr zu den Jüngsten gehört.

Während ich durchrechne, wann ich schwanger werden muss, um vor dem Ende meiner Fruchtbarkeit ein Kind zur Welt zu bringen, ermahne ich mich: Entspann dich! Wenn Eva mit vierzig zum ersten Mal Mutter wird, habe ich mit Anfang dreißig noch Äonen Jahre Zeit. Dreißig ist das neue zwanzig, und in meinen Zwanzigern will ich etwas erleben. Nach Schwerin fahren zum Beispiel, da muss man mal gewesen sein. Das funktioniert mit Kind schlecht. Wenn ich mir vorstelle, dass ich mit vollgekacktem Babyhintern über liegende Fahrräder, Kinderrucksäcke und Teenagerfüße klettere, weil zwei Toiletten im Regionalzug defekt sind, sich dann im einzig freien Behinderten-WC kein ausklappbarer Wickeltisch befindet und ich somit meinem Baby auf dem nasskalten Fußboden die Windel wechseln muss, während zwei Teenagerinnen an die Klotür hämmern und »Wielangedauertdasdennnooooooch?« motzen … Nein. Das brauche ich nicht. Lieber will ich einen Kochkurs belegen und durch einen Halbmarathon hecheln. Alles, um mich nur nicht damit zu befassen, was geschehen könnte, wenn ein weiteres Jahr vergeht und ich noch immer keine Schwangerschaftsklamotten trage.

Babypanik

Durch einen unglücklichen Zufall lese ich in einem Magazin von steil abstürzenden Fruchtbarkeitsklippen pünktlich zum fünfunddreißigsten Geburtstag, die die Chance auf ein Baby auf ein Minimum schrumpfen lassen. Zwei Jahre bleiben mir noch. Was für ein tolles Geschenk von Mutter Natur! Ab vierzig brauche ich gar nicht mehr zu hoffen. Ich bekomme Babypanik. Meine fruchtbare Ära geht in Rente und räumt das Feld für meine Angst, niemals Mutter zu sein. Das macht mich äußerst uncharmant im Umgang mit anderen. Flanieren Schwangere vor mir her, rolle ich mit den Augen und frage mich, warum sie ihre Wassermelone derart zur Schau stellen müssen. Bei quengelnden Babys, die es in dieser Zeit permanent und überall gibt, schüttle ich seufzend den Kopf und rede mir ein, erleichtert zu sein, solche Lümmel nicht in meinem Leben zu haben.

Verwelkender Uterus

In dieser Zeit lerne ich Alexandra kennen, als wir in einem Freiluftkino nebeneinandersitzen – sie auf einer Schaumstoffgymnastikmatte, ich auf einem wackelnden und äußerst unbequemen Hocker.

»Setz dich zu mir«, sagt sie, als sie merkt, dass mir bereits nach dem Vorspann der Hintern wehtut. Sie hält mir selbst gemachte Zitronenlimonade entgegen, und als sich die Luft nach einer halben Stunde Kinovorstellung abkühlt, schlüpfen wir zusammen unter ihre mitgebrachte Wolldecke. Alexandra hat eine zupackende Art, sicherlich begünstigt durch ihren Job als Physiotherapeutin. Sie ist Ende dreißig, und wenn sie redet, tänzeln ihre rotblonden Locken um ihre gesprenkelten Wangen. Sie läuft bereits seit mehreren Jahren ohne Partner durchs Leben, gönnt sich aber regelmäßig Affären. Schon zu dieser Zeit sind Kinder für sie kein Must-have. Sie hat auch ohne ein ziemlich erfülltes Leben. Trotzdem nagt etwas an ihr, das sie ihren »verwelkenden Uterus« nennt. Kurz nach ihrem vierzigsten Geburtstag will sie wissen, ob sie überhaupt dazu in der Lage wäre, Kinder zu bekommen. Wenn sie welche wollte.

»Begleitest du mich? Ist mir lieber, wenn ich nicht allein in diese Klinik muss.«

Im hellen Eingangsbereich der Kinderwunschklinik steuern wir auf einen Tresen zu, der mich an einen Wellness-Massage-Tempel erinnert. Die Empfangsdame ist freundlich-professionell, nimmt Alexandras Daten auf und weist uns den Weg in den Wartebereich.

Wir sind nicht die Einzigen hier, aber die Einzigen, die miteinander plaudern. Einige Paare halten Händchen, einzelne Frauen blättern ziellos in den ausgelegten Fachzeitschriften herum oder starren scheu zu Boden. Obwohl Berlin nicht gerade für seine Freundlichkeit bekannt ist, hat die Stimmung etwas Bedrückendes.

Alexandra stört das nicht. Wir unterhalten uns über ihre Arbeit, über eine schwangere Kollegin und über eine ihrer aktuellen Liebschaften, bis sie aufgerufen und ins Untersuchungszimmer geleitet wird.

Nach zwanzig Minuten kommt sie heraus und ist weiß wie eine Porzellanpuppe. Mit strammem Schritt tritt sie auf die Friedrichstraße zwischen hupende Autos und hastig laufende Passanten. Ich schnaufe hinterher und merke, die Idee mit dem Halbmarathon ist vermutlich doch nicht so gut.

»Ich bin für sie nur eine Zahl gewesen!« Alexandra ist offensichtlich an eine Ärztin geraten, die während ihres Medizinstudiums alle Fachsemester Psychologie geschwänzt hat. Sie erzählt mir, dass diese ein paar lose Fragen gestellt, sie gemustert und bezüglich ihres Alters die Stirn gerunzelt habe. »Puh! Da müssen wir die schweren Geschütze auffahren.« Weil das allein vielleicht nicht genügend Druck aufbaute, appellierte sie: »Beim nächsten Mal bringen Sie Ihren Mann mit.« Ich sehe diese Frau direkt vor mir, wie sie die Schublade »Künstliche Befruchtung« aufreißt und ihren Rezeptblock zückt, um schnellstens loszulegen mit der Behandlung. So weit ist Alexandra aber noch lange nicht.

Stattdessen ist sie wütend darüber, dass ihr von der Psychologieschwänzerin angelastet wird, nicht rechtzeitig nach dem richtigen Mann Ausschau gehalten zu haben. Sie müsse doch wissen, dass ihre Fruchtbarkeit ein Verfallsdatum habe. Und sowieso, heutzutage seien so viele Frauen nur noch auf ihre

Karriere aus und würden sich keine Gedanken machen, wie es den Männern dabei gehe.

Alles in allem sind das semi-optimale Voraussetzungen für Alexandra, die sich im Zeitraffer für oder gegen ein Kind entscheiden muss. Ach ja, einen Mann sollte sie dafür auch noch ratzfatz an Land ziehen. So ganz ohne, das ist ihr nicht geheuer.

Öffentliche Körper von Frauen

Woher wissen andere so genau darüber Bescheid, wie viel Zeit uns Frauen bleibt zum Kinderkriegen? Mir scheint diese Blickdiagnose, also ein Blick aufs Geburtsdatum auf dem Personalausweis, ziemlich gewagt. Andererseits lesen wir in Boulevardmagazinen und Illustrierten viel über uns Frauen, die angeblich einen eingebauten Timer haben – die viel zitierte »biologische Uhr« –, der zu einem bestimmten Zeitpunkt in unserem Leben abläuft und uns Frauen dazu zwingt, ein Kind zu bekommen – egal, ob wir wollen oder nicht. Also muss wohl etwas dran sein. Und so werden in Headlines die Worte »Frau« und »biologische Uhr« munter mit Synonymen von »es wird Zeit« kombiniert, damit wir unsere begrenzte Fruchtbarkeit auf keinen Fall aus den Augen verlieren. Ein paar beliebig herausgegriffene Beispiele: »Frauen mit Torschlusspanik. Wenn die biologische Uhr tickt«, »Vier Anzeichen, dass deine biologische Uhr tickt« und »Frauen im Wettlauf gegen ihre biologische Uhr«.

Die verflixte Sache mit der biologischen Uhr

Nur hat der Begriff der biologischen Uhr, meist innere Uhr genannt, ursprünglich gar nichts mit unserer weiblichen Fruchtbarkeit zu tun. Dabei geht es um den Takt unseres Herzens, den Rhythmus von Tag und Nacht, den Wechsel von Ebbe und Flut. Niemand muss sich davon bedroht fühlen. Bis die feministische

Frauenbewegung in den USA der 1970er ihren Siegeszug startet und sich die Gesellschaft verändert. Wir Frauen sind nicht mehr auf die starken Arme eines Mannes angewiesen, die uns beschützen, durchfüttern und beliebig über uns verfügen. Frauen bekommen mehr Rechte. Wir dürfen unsere eigenen Brötchen verdienen, uns mit Männern vergnügen, ohne gleich zu heiraten und ein Kind in die Welt zu setzen. Siehe da: Die Geburtenrate schrumpft drastisch.

Das geht natürlich nicht! Plötzlich kriechen hartgesottene Traditionalisten aus ihrem Verschlag. Sie werden nervös, weil wir Frauen nicht nur in die gut bezahlte Arbeitswelt der Herren vorpreschen, sondern, als wäre das nicht schon schlimm genug, auch noch unsere sexuelle Unabhängigkeit zelebrieren.

Es ist schon ein erstaunlicher Zufall, dass just in dem Moment, in dem wir mit einem Mal mehr sind als Hausfrauen und Mütter, der amerikanische *Washington Post*-Kolumnist Richard Cohen mit der biologischen Uhr auf der Bühne erscheint. In seinem Artikel »The Clock Is Ticking For the Career Woman«[51] bastelt er das Bild einer Frau zwischen 27 und 35 Jahren. Im Job erfolgreich, privat weniger. Denn sie hat eine große Leerstelle in ihrem Leben: Ihr fehlt ein Kind. Während sie also ihre Unabhängigkeit auskostet, countdownt ihr Körper erbarmungslos runter. Bis er ab einem bestimmten Alter nicht mehr dazu in der Lage ist, schwanger zu werden, geschweige denn ein leibliches Kind zu bekommen. Schuld daran sei die biologische Uhr, eine Metapher, die Cohen als wissenschaftliche Tatsache verkauft. Gleichzeitig beschert er uns Frauen noch ein schlechtes Gewissen, indem er klarmacht, jede Frau trage die alleinige

---

[51] Vgl. Cohen, R.: The Clock Is Ticking For the Career Woman. The Washington Post. 16.03.1978. https://www.washingtonpost.com/archive/local/1978/03/16/the-clock-is-ticking-for-the-career-woman/bd566aa8-fd7d-43da-9be9-ad025759d0a4/ (abgerufen am 15.07.2021)

Verantwortung für die Fortpflanzung, weil sie – ganz simpel – eine Frau ist. Ein wenig kommt es mir vor, als hätten er und Alexandras Ärztin gemeinsame Sache gemacht.

Ungerecht verteilte Fruchtbarkeit

Ganz schöner Stress, mein Leben an einem vorgegebenen Zeitstrahl entlang zu planen, während sich Männer bis ins hohe Alter hin- und herentscheiden können. Kind ja, Kind nein? »Ach, für die nächsten fünf Jahre sage ich Nein. Schauen wir mal, was mit 70 ist. Bei Charlie Chaplin hat's mit 73 geklappt.« Selbst wenn das Risiko für das Downsyndrom und andere Komplikationen bei Kindern älterer Väter deutlich erhöht und die männliche Fruchtbarkeit keineswegs unverwundbar ist, wie der dänische Epidemiologe, Professor Jørn Olsen, bereits 2005 untersucht hat[52], haben sie ein viel weiter gefasstes Zeitfenster für Entscheidungen rund um die Familiengründung. »Die natürliche Ordnung der Fruchtbarkeit beim Menschen ist ungerecht verteilt«[53], findet der Journalist Andreas Bernard. Dem möchte ich nicht widersprechen.

Alter ist relativ

Allerdings gibt es keine allgemeingültige Biologie, die wir per Copy-and-paste auf jede Frau anwenden können. Was sagt beispielsweise ein Fachmann zur weiblichen Fortpflanzungsfähigkeit?

---

52 Vgl. Sample, I.: The biological clock also ticks for fathers. The Guardian. 03.11.2005. https://www.theguardian.com/science/2005/nov/03/genderissues.medicineandhealth (abgerufen am 15.07.2021)

53 Bernard, A.: Kinder machen. Neue Reproduktionstechnologien und die Ordnung der Familie. Samenspender, Leihmütter, künstliche Befruchtung. S. Fischer. 2015. S. 447.

Ich rufe bei Dr. Jörg Puchta an, Reproduktionsmediziner im Münchner Kinderwunschzentrum an der Oper.

»Ich halte nichts davon, Frauen auf ihr Alter zu reduzieren. Da spielen mehrere Faktoren eine Rolle, die einen Einfluss auf die Eizellqualität und letztendlich auf den Erfolg einer Schwangerschaft haben. Genetische zum Beispiel.« Dr. Puchta hat eine feste Stimme, die ihm Autorität verleiht, gerade so viel, dass ich mich nicht eingeschüchtert fühle. »Nehmen wir an, eine Frau produziert in einer Stimulation fünf Eizellen, die andere fünfundzwanzig. Dann wird die Frau mit 25 Eizellen eine höhere Chance haben, auch im höheren Alter schwanger zu werden, weil wir mehr gute Eizellen auswählen können.« Das klingt schlüssig. »Eine Raucherin hat beispielsweise wesentlich schlechtere Eizellen und wird immer früher in die Wechseljahre kommen als eine Frau, die nie zur Zigarette gegriffen hat. Deswegen spielen auch jede Menge Lebensstil-Faktoren eine Rolle dabei, wie lange eine Frau schwanger werden kann.« Ich nicke zustimmend, obwohl er das durchs Telefon nicht sehen kann.

Was ich bei der Gelegenheit ebenfalls erfahre: Viele aktuell zitierte Statistiken, die sich auf das weibliche Fruchtbarkeitsgefälle beziehen, sind nicht mehr zeitgemäß. Stattdessen stützen sie sich auf Zahlen aus dem französischen Geburtenregister von 1670 bis 1830, als es weder Elektrizität noch Antibiotika, geschweige denn Fruchtbarkeitsbehandlungen gab. Dr. Puchta empfiehlt mir, mal einen Blick ins Statistische Jahrbuch zu werfen, in dem Geburten dokumentiert werden. »[I]n der Altersgruppe älter als 45 bis jenseits der 50 gibt es mehrere Tausend Frauen in Deutschland, die auf natürlichem Weg schwanger wurden – ganz ohne Hilfe der Reproduktionsmedizin. Das wissen wir auch von früheren Fällen: schwanger werden, wenn keiner mehr damit rechnet.« Er fährt fort: »Natürlich ist das kein hoher Prozentsatz, aber Fakt ist: Es ist möglich. Das bedeutet: Ich muss mir auch die Frauen in dieser Altersgruppe genau anschauen. Und dann erst kann ich entscheiden: Hat das noch Sinn oder hat es keinen Sinn?«[54]

Angst vor dem, was kommt

Ich halte fest: Jede Frau ist einzigartig, und nur weil ich inzwischen dreiunddreißig bin, ist noch nichts für mich verloren. Trotzdem fühle ich mich so, wie es die Illustrierten vorausgedeutet haben: wie eine tickende Zeitbombe. Je kleiner mein Zeitfenster fürs Kinderkriegen wird, desto größer wird meine Angst, den Zeitpunkt zu verpassen, an dem es noch klappt mit dem eigenen Nachwuchs. Jetzt muss ich Jonas ins Boot holen, denn mein Plan ist ein ganz klassischer: Partner 1 und Partner 2 bekommen ein gemeinsames Kind. Aber was, wenn er nicht möchte?

---

54 Schiller, H.: »Ich halte überhaupt nichts von dem Totschlagargument Alter«. Solomamapluseins. 11.08.2019. https://www.solomamapluseins.de/halte-nichts-vom-totschlagargument-alter-dr-joerg-puchta-kinderwunsch-zentrum-an-der-oper-muenchen/ (abgerufen am 15.07.2021)

Kapitel 3:

Mach's gut, mein Märchenprinz

Vier Jahre meines Lebens

Gäbe es eine Stopptaste für Lebensentscheidungen, hätte ich sie an der Stelle gedrückt, als ich zum ersten Mal ahnte, dass Jonas kein Papa werden wollte. Ich hätte mehr Zeit gehabt, mich auf jemand Neuen einzulassen, hätte unverfänglicher Ausschau halten können. Stattdessen habe ich jetzt viele Fantasien. Und zwar nicht davon, wie zwei Höckerschwäne in einem Süßwassersee ihre Hälse vor der sinkenden Abendsonne ineinanderschlingen, während Jonas und ich uns liebevoll voneinander und unserer Beziehung verabschieden. Sondern davon, wie ich mit meinem Haustürschlüssel seinen auf Hochglanz polierten Audi A3 aufkratze. Oder vor einem wichtigen Kundengespräch seine Oberteile zerschneide. Bis auf das viel zu enge mit der Aufschrift »You Fuckers«. Ein Mann, der mit fast vierzig noch keine Verantwortung für ein Kind übernehmen will? Absolut unverständlich.

Alltagsprüfungen

Dabei sagt Jonas mir bereits zwei Jahre nach unserem Beziehungsstart: »Vielleicht möchte ich ein Kind mit dir. Irgendwann.« Anfangs ist dieses Irgendwann eine gute Begründung für Freunde und Familie, wenn sie nachhaken, ob ich nicht langsam eine eigene Familie gründen will. Nach und nach werde ich selbst traurig bei diesem Irgendwann, weil sich so gar nichts ändert und Freundinnen mit ihrer Familiengründung an mir vorbeiziehen. Scheinbar sind sie angekommen. Ich bleibe ratlos und ein bisschen neidisch zurück. Jemand mit gesundem Menschenverstand würde sagen: »Lauf!« Aber wenn ich jemanden gefunden habe, der mein Herz zum Trommeln bringt, will ich ihn festhalten. Und daran glauben, dass wir genau dasselbe wollen. Auch wenn das bedeutet, meine ganze Hoffnung in ein Irgendwann zu legen. Spätestens als Jonas allerdings sagt: »Zu zweit ist es doch schön«, bekomme ich meine Zweifel nicht mehr in den Griff. Ich zweifle nicht daran, dass ich Kinder mit Jonas will, sondern daran, dass er das mit mir genauso will. Ich erwische mich dabei, wie ich in unseren Alltag kleine Prüfungen einbaue, damit ich ungefiltert miterleben kann, wie er auf das Thema Familiengründung reagiert. Einer unserer Stadtbummel in der Fußgängerzone läuft so ab:

»Ooooooch, was für ein niedliches kleines Jäckchen.« Ich deute auf ein Schaufenster, in dem eine ganze Familienkollektion mit maritimen Kleidungsstücken aushängt.

»Per-fekt! … Auch noch marineblau. Wart mal eben. Ich probier die an.«

»…«

Weg ist er. Minuten später kommt er mit leuchtenden Augen aus dem Laden und posiert lässig in einer – offenbar – marineblauen Herrenjacke. »Ich dachte, die gibt's nicht mehr. Sieht super aus!«

Er drückt mir einen Kuss auf, und ich drehe mich ein letztes Mal zum Babyjäckchen um. *Er ist noch nicht so weit.*

Zu dem Zeitpunkt ist meine weibliche Intuition bereits auf der richtigen Spur. Sie hat die Informationen allerdings nicht korrekt ans Gehirn weitergeleitet. Weil mein Kopf randvoll mit Gedanken ist, die sich übereinanderstapeln. »Habe ich den Ofen ausgeschaltet?«, »Wann ist das wichtige Meeting?«, »Geburtstagsgeschenk nachher nicht vergessen …«, »Ach, herrje, Steuererklärung ist auch noch dran.« Dadurch wird es schwierig, die Botschaft richtig herauszuhören. Schon klingt ein »Kapier's doch, er will kein Kind« nach »Dieses Lächeln, als er die Kinderjäckchen angesehen hat. Er will ein Kind. Vermutlich.«

Und so ziehe ich ein paar Jahre die Hoffnung, bald eine Familie mit Jonas zu haben, hinter mir her wie den Schweif eines aufsteigenden Drachens. Ich klammere mich an seine Liebesschwüre, seine warmen Küsse auf meiner Stirn. Ich sammle Indizien für seinen Kinderwunsch, den er nur noch nicht ausdrücken kann. Wenn er über seine Nichte sagt, sie sei »ganz niedlich«, und wenn er seinen Kopf an meinen lehnt und die Frage in den Raum schiebt, wie unser gemeinsames Baby wohl aussehen würde, wünsche ich mir, dass er endlich bereit ist. Aber je intensiver ich das Bedürfnis verspüre, über »unser baldiges Kind« zu sprechen, desto mehr graut es mir vor seiner Antwort. Es ist, als würde ich auf einem Fünfer im Freibad stehen und immer weichere Knie bekommen, je länger ich hinunterblicke. Ich habe Angst vor dem Absprung, dem Ungewissen, dem nächsten Schritt, der alles ändern wird. Als wir im Spätsommerurlaub sind, drängt es schließlich aus mir heraus: »Ich möchte Kinder und muss wissen, willst du das auch?«

Er räuspert sich, wie immer, wenn er aufgeregt ist. Dann steht er vor mir, mit festem Blick und einer Ernsthaftigkeit, die ich bisher nicht von ihm kenne: »Nein. Ich will keine Kinder.«

Ein Nein, so beneidenswert klar, dass ich überhaupt nicht versuche, ihn zu einem »Vielleicht« zurückzudrängen. *Warum habe ich vier Jahre meines Lebens mit dir verschwendet?,* möchte ich ihn anschreien. Und bleibe doch stumm und lächle, obwohl ich am liebsten weinen will. Ich könnte betteln, ihn beschimpfen, ihm eine scheuern. Doch ich will keine hässlichen Worte sagen, die alles, was wir bisher hatten, ruinieren.

»Ich liebe dich«, sagt er. Er zieht mich sanft zu sich heran und nimmt meinen Kopf in seine Hände. »Aber ich will auch, dass du glücklich bist.« Er küsst mir einen salzigen Wassertropfen weg. Von all den Worten, die mir in diesem Augenblick einfallen, sage ich nur »Ich liebe dich auch«. Und dann halten wir uns fest im Arm und kleben aneinander wie zwei ungleiche Magnetpole.

Warum nur sind manche Gegensätze so gewaltig, dass sie Menschen voneinander trennen, anstatt sie zu verbinden?

Ein paar Tage später steige ich in den Flieger nach Hause.

Reset

In diesem Moment, in dem Jonas »Nein« sagt, gabelt sich der Weg in zwei Richtungen. Eine, der ich bisher bereitwillig und gern gefolgt bin, der ich auch weiter folgen möchte. Die mich aber in eine Sackgasse leitet. Nehme ich diese Abzweigung zu einem Leben mit Jonas, werde ich niemals ein Kind haben. Mein Herz erschrickt bei diesem Gedanken.

Und dann ist da dieser zweite Weg, den ich nie betreten wollte. Der mir unheimlich und surreal erscheint. Der mir aber das Versprechen gibt, dass ich auf diesem Weg alles ausprobieren, noch mal neu starten kann. Später. Wenn ich gelandet bin. Wenn ich mich vielleicht doch noch einmal umgeschaut habe, ob es jemanden gibt, der mit mir eine Familie gründen möchte. Wenn ich den Abschied von Jonas verarbeitet habe. Alles zigfach durchgeplant habe. Mir jeden Schritt genau überlegt, alle Pros und Kontras gegeneinander abgewogen und mir monatelang Zeit genommen habe, um die richtige Entscheidung zu treffen. Später.

Über mir ist der Himmel tiefblau und makellos. Unter mir erstreckt sich eine Decke aus Wolken, die aussehen wie Zuckerwatte. Mein Sitznachbar katscht Pfefferminzkaugummi. Ich stülpe mir Reisekopfhörer über und fummle an den Knöpfen der Armlehne herum, bis die Klänge von »I'm Walking on Sunshine« ertönen. Wie passend.

Als ich das nächste Mal aus dem Flugzeugfenster blicke, schleudern Gewitterwolken Funken aus dem grauklumpigen Himmel. Wir stürzen mit einem Satz nach unten. Einen Meter? Vier? Vielleicht zehn? Mehrstimmiges Kreischen. Über meinem Kopf klappert es. Scheppert. Ein Gepäckfach springt auf. Es fällt etwas heraus, was für mich aussieht wie ein Teddybär. Sofort wirft sich eine Sauerstoffmaske vor mein Gesichtsfeld. Ich reiße sie zu mir heran, hechle ein und aus. *Ich werde sterben. Ich werde sterben.*

Ich presse mich fester in die harte Polsterung meines Sitzes. Ein Brei aus Babygeschrei, Schluchzen und Jammern. »Hier spricht Ihr Kapitän.« Rauschen. Rascheln. Ich höre es nicht richtig, kann nicht verstehen, was er über das dumpfe Dröhnen der Triebwerke hinweg sagt. Meine Ohren sind verstopft. *Atmen. Atmen.* Augen zusammenkneifen. Nicht sehen müssen, wie es zu Ende geht mit mir. *Ich will jetzt noch nicht sterben.*

Meine schweißnasse Hand greift in etwas Fleischiges.

»Alles in Ordnung?«, fragt der Pfefferminzmann neben mir und drückt behutsam meine Schweißhand, die sich in seinen Unterarm gekrallt hat.

Auch wenn das Stimmengewirr allmählich verhallt. Und das Flugzeug wieder gleitet, als wäre nie etwas gewesen, ist für mich nichts wie vorher. Ich traue mich nicht, die Augen zu öffnen. Ich will nicht sehen, was ich verpasst habe im Leben. Was ich verpassen werde, wenn ich meinen bisherigen Weg in der gleichen Richtung weitergehe. Ich will nicht, dass mein Leben so endet. *Ich will noch Mama werden.*

Und endlich öffne ich auch wieder die Augen.

Kapitel 4:

Jenseits der Mainstream-Familie

Musterwelten

»Vielleicht war es schon kein gutes Zeichen, dass alles so perfekt war zwischen uns.« Ich lehne am knarrenden Türrahmen in Alexandras Altbauküche, wärme meine Hände an einer dampfenden Teetasse.

»Sorry, aber an so etwas glaube ich nicht.« Alexandra sitzt mit angewinkelten Beinen auf ihrem Loungesessel aus Kunstfell. »Wäre es wirklich perfekt gewesen, würdet ihr beide jetzt im Bett liegen und für euer erstes Kind üben.« Sie beugt sich zum Beistelltisch und lässt ein Stück Kandiszucker in ihren Ingwertee plumpsen. Das klackernde Geräusch beim Umrühren ihres Tees nervt mich.

Ich starre mit glasigen Augen in die Stille der Nacht. Durch das angelehnte Fenster strömt ein süßlicher Cannabisgeruch. Alexandra nickt in Richtung des stumm geschalteten

Fernsehers, in dem gerade ein Werbespot für Schokoriegel läuft. Oder für Joghurt? Oder Pizza? Im Grunde ist es egal, die Spots sehen alle ähnlich aus. Ein Kind spielt oder macht sich dreckig und will etwas zu essen haben. Die Werbemama stürmt mit vollgepackten Einkaufstütchen in die wollweiß gestrichene Wohnung und platziert das Werbeprodukt auf einem Eichenholztisch, neben dem es sich der Werbevater und das dazu passende Kind auf Rattanstühlen bequem machen. Das sanfte Licht der Deckenbeleuchtung umhüllt die Musterfamilie, während sie glückstrunken das Werbeprodukt schlemmen. Abblende.

»Von *so* einer Welt träumen wir doch *alle.*« Alexandra kann sich einen ironischen Unterton nicht verkneifen.

Vielleicht, überlege ich, *tun wir das wirklich.* Vielleicht sehnen wir uns nach einem Ort, der uns in unserem chaotischen Leben Geborgenheit, Harmonie und Zugehörigkeit verspricht. Das funktioniert am besten mit dem konservativen Familienbild, wie der Medienwissenschaftler Professor Andreas Baetzgen erklärt, nachdem er mehrere Hundert Werbespots aus den Jahren 1994 und 2015 und die dort vermittelten Rollenbilder untersucht hat.[55] Dabei sind solche Mainstream-Figuren schon längst keine Garantie mehr für Erfüllung und Glückseligkeit im Leben, sind es vielleicht nie gewesen.

---

55 Baetzgen kommt zu dem Schluss, dass Werbung »nicht progressiv, sondern wertkonservativ« ist (»Klassische Familie Wunschbild Nummer eins«. Pro. Das christliche Medienmagazin. https://www.pro-medienmagazin.de/klassische-familie-wunschbild-nummer-eins/), »weil sie immer mehrheitsfähig sein will« (*Das Männerbild in der Werbung wandelt sich.* swr2. https://www.swr.de/swr2/wissen/article-swr-17990.html), weshalb dort nach wie vor klassische Rollenbilder vermittelt werden. (abgerufen am 07.06.2021)

Sandkastenväter

Am letzten Augustwochenende schlendere ich durch einen kleinen Park, der an einen Spielplatz grenzt. Ich höre schon von Weitem das laute Lachen und fröhliche Quietschen der kleinen Menschen, die sich an diesem warmen Sommertag draußen vergnügen. »Noch höher, Papa«, kreischt ein Blondschopf voller Euphorie, während er auf einer grün bemalten Holzschaukel hoch- und runterschwingt. Auf dem staubigen Sandweg des Spielplatzes laufen Kinder in geringelten Strickpullovern und hochgekrempelten Jeans umher, die aus der Ferne aussehen wie umherspringende Lollis. »Meine rasende Prinzessin«, feuert ein Vater seine Tochter an, die gerade eine steile Metallrutsche hinuntersaust. Ein anderer steht am Klettergerüst und ermutigt seine Fast-Schulkinder, sich höher zu hangeln und von ganz oben hinabzuspringen. »Ich kann nicht mehr, Papa«, ruft der jüngere Sohn, der mit seinen kleinen Händen eine Sprosse umklammert und ansonsten frei nach unten hängt. »Lass dich fallen. Ich fang dich!« Ein paar Schritte daneben baut ein weiterer Vater mit Hingabe seiner etwa vierjährigen Tochter ein imposantes Sandschloss. Auf einen der beiden Türme setzt er behutsam eine Kunststofffigur mit rosafarbenem Petticoat und glitzernden Schuhen. Seine Tochter betrachtet das Meisterwerk voller Stolz. Sie winkt das Mädchen von der Rutsche herbei, dessen Vater dem Schlossbauer anerkennend zunickt.

Beim Anblick dieser Musterpapas fühle ich mich grausam unzulänglich. Es gibt sie also, die Männer, die Kinder haben und diese vermutlich auch wollten. Die gern ihre Zeit mit ihrem Nachwuchs teilen, ihren Söhnen und Töchtern beibringen, mutig zu sein, Vertrauen zu haben, und die sich bemühen, ein bisschen Glitzer in ihr Leben zu bringen. Und ich? Ich entscheide mich ausgerechnet für einen jener Männer, bei denen Familiengründung gar nicht auf der Agenda steht. Ein

Psychologe hätte seine reine Freude dabei, mein Seelenleben zu deuten: »Wieso haben Sie Jonas nicht schon früher die Frage nach einer gemeinsamen Familie gestellt? Was ist in Ihrer Kindheit schiefgelaufen?«

»Mach dich nicht so fertig«, sagt Alexandra, als ich ihr erzähle, was für einen Stich mir der Spielplatztag versetzt hat. »Ruf hier mal an.« Sie überreicht mir eine Visitenkarte, die an den Rändern schon ganz aufgeweicht ist.

Darauf steht: »Dr. Florian Winter. Psychologischer Psychotherapeut«. Vielleicht ist es gar nicht so schlecht, meine Situation mit einem männlichen Experten zu besprechen. Wer weiß, welchen neuen Blickwinkel er mir aufzeigen kann.

Nicht normal

Mit vierunddreißig sitze ich zum ersten Mal bei einem Psychologen und schniefe in ein viel zu dünnes Papiertaschentuch, das ich mir aus der jadegrün und zimtorange betupften Pappschachtel gegriffen habe, die Dr. Winter während eines Yoga-Retreats angefertigt hat. Ich mag den Raum, in dem unsere Sitzungen stattfinden. Er ist lichtdurchflutet und alles hat seinen Platz. Ganz anders als das Chaos in meinem Kopf.

»Sie haben mir erzählt, Ihr sehnlichster Wunsch ist es, Mutter zu werden. Sie nehmen gerade Abschied von Jonas und dem Familienbild, das Sie bisher als das einzig mögliche angesehen haben. Und überlegen, ob Sie allein ein Kind bekommen wollen.« Dr. Winter blickt mir fest in die Augen.

Ich spüre den zunehmenden Druck meiner Tränen.

»Es ist vollkommen verständlich, wenn Sie jetzt durcheinander sind. Sie wollen das, was Sie für das Normale halten.«

Ich nehme einen Schluck aus dem Wasserglas, in dem eine appetitliche Orangenscheibe treibt. Hat er recht damit? Was bedeutet überhaupt »normal«?

»Normalsein ist einfach. Dadurch gehören wir automatisch zu einer Gruppe dazu. Einer ›Gang‹, wenn Sie so wollen. Wir werden akzeptiert.« Dr. Winter schlägt ein Bein über das andere. »Deswegen verharren manche Menschen in einem Leben, obwohl sie es sich nicht selbst ausgewählt haben. Von dem sie aber denken, es muss so gelebt werden. Normal bedeutet ja nicht zwangsläufig auch glücklich. Und das sage ich Ihnen aus der Sicht von jemandem, der schon viele solcher ›normalen‹ Menschen kennengelernt hat.« Und er ergänzt: »Die echte Herausforderung ist doch die: Wir müssen etwas für uns finden, was wir mit vollem Herzen bejahen. Von dem wir sagen können: ›Genau das will ich. Und zwar, weil *ich* es will. Nicht weil jemand anders es für mich will.‹«

Ich muss etwas länger über diese Worte nachdenken.

»Sie werden überrascht sein, wenn Sie merken, was für ein erhebendes Gefühl es ist, sich ganz aktiv auf die Suche nach diesem ›Ja, das will ich in meinem Leben‹ zu begeben. Natürlich macht es Angst, etwas Neues zu wagen, anders zu sein, etwas auszuprobieren und vielleicht auch ein Risiko einzugehen. Aber, wie viele Leben haben wir denn? Und wie wollen wir uns später von der Welt verabschieden? Mit dem Gefühl, ein normales, aber fremdes Leben gelebt zu haben, weil es uns als einziges keine Angst gemacht hat? Oder eines, das zwar auf den ersten Blick etwas unbequem wirkt, uns aber langfristig glücklich macht?«

Möchte ich mit Jonas eine Familie gründen, weil ich das als Krönung unserer Liebe ansehe? Oder hat Dr. Winter recht, und ich möchte einfach dazugehören zu einer »Gang«, Teil von etwas sein, was in den Augen vieler Sicherheit bedeutet. Vielleicht sogar Schutz. Niemand würde auf die Idee kommen, mein

Motiv für ein Kind zu hinterfragen, wenn ich es gemeinsam mit meinem Partner bekommen möchte. Aber sehr wohl, wenn ich mich allein dafür entscheide.

»Normalsein hat auch viel damit zu tun, was man damit vermeidet«, erklärt Dr. Winter weiter. »Scham beispielsweise. Oder Traurigkeit und Angst. Wenn ich weiß, andere machen es genauso, gründen zu zweit eine Familie, dann ist es deswegen moralisch absolut einwandfrei.«

Sich bewusst gegen diese Normalität zu stellen, kann einsam machen. Weil es etwas Neues ist. Und das Dogma – »Mann und Frau bekommen gemeinsam ein Kind« = normal und richtig – infrage stellt.

»Zweifeln Sie bitte nicht daran, dass Ihr Weg ein anderer sein darf. Lassen Sie sich nicht von Ihrer Angst einschüchtern, keine Musterfamilie zu haben. Nur weil Sie momentan nicht mit Partner diesen Schritt gehen. Sehen Sie das Leben als das an, was es ist: ein Blumenstrauß voller Möglichkeiten. Ich sag immer ganz gern: Krisen machen erfinderisch. Und Sie haben jetzt die Chance, sich komplett neu auszurichten.«

Mein Gehirn ist ein fauler Sack

Möglich, dass es stimmt, was Dr. Winter sagt. Das Streben nach einer traditionellen Familie ist für mich der Weg des geringsten Widerstandes. Es ist wie Trinken auf einer Party, ein Massenphänomen, das ich nicht hinterfrage. Obwohl es nicht für jede Person gleich gut geeignet ist. Aber es ist unauffällig und gut planbar, mit dem Strom zu schwimmen. Und weil mein Gehirn ein ziemlich fauler Sack ist – wie übrigens die meisten Menschenhirne –, greift es unbewusst auf bewährte Muster zurück. Schublade auf: Familie ist Mutter, Vater, Kind. Schublade zu. Und schon hat mein Gehirn freie Kapazitäten, um sich mit anderen Informationen zu beschäftigen, die etwas mehr

Denkleistung erfordern. Sudoku zum Beispiel. Solange mich nichts zum Innehalten zwingt, folge ich diesem Mainstream wie ein Zombie. Ich sehe es in meinem Freundeskreis und in meiner Familie. Die machen das alle, also muss es gut sein. Außerdem kann zu viel Auswahl überfordern, wie Nele bei ihrer Suche nach einem geeigneten Partner festgestellt hat. Auch ich halte lange an Bewährtem, der Beziehung mit Jonas, fest. Weil es äußerst bequem ist. Und wäre ich mit vierunddreißig nicht zufällig in dieses Flugzeug gestiegen, in dem ich einen Moment lang um mein Leben fürchtete und erkannte, es gibt nirgendwo die ultimative Sicherheit, würde ich vermutlich noch immer in meiner Komfortzonen-Beziehung stecken. Doch das Leben ist endlich, und ich kann mir den Luxus leisten, mein Leben so zu gestalten, wie ich es möchte, und nicht, wie es jemand oder etwas von mir verlangt.

Vielleicht nehme ich mir lieber ein realistischeres Vorbild als die Werbefamilien und Sandkastenväter. Denn sollte es nicht viel mehr darauf ankommen, sich in der eigenen Familie geborgen und zu Hause zu fühlen, als Familie nur darauf aufzubauen, wie sie zusammengesetzt ist? »Kann man ohne Geborgenheit von Familie sprechen?«, fragt sich das Forscherteam der Universität Bielefeld in einer Achtsamkeitsstudie aus dem Jahr 2017.[56] Und wirft damit eine wichtige Frage auf: Was ist Familie?

---

[56] Die Studie »Achtsamkeit in Deutschland: Kommen unsere Kinder zu kurz?« der Universität Bielefeld aus dem Jahr 2017 zeigt, dass sich 80 % der Kinder Alleinerziehender von ihrer Mutter bzw. ihrem Vater beachtet fühlen. Bei Kindern aus Nicht-Alleinerziehenden-Familien trifft dies nur auf 71 % zu. Hierbei ist es unerheblich, aus welchem sozialen Milieu die jeweilige Familie stammt. Das zeigt auch, dass Achtsamkeit und Aufmerksamkeit für die eigenen Kinder selbst »unter ungünstigen Bedingungen möglich« sind. (https://www.bepanthen.de/sites/g/files/vrxlpx36091/files/2021-01/achtsamkeitsstudie_2017_pk.pdf) (abgerufen am 07.06.2021)

Ab wann bin ich eine Familie?

»Wir gehören zusammen, das ist, was Familie für mich ausmacht.« Für meine Freundin Karla ist die Sache klar. Ihr langjähriger Freund Arthur und sie sind eine Familie, ganz ohne Kind und Klunker am Finger.

Das sieht das Statistische Bundesamt anders. Es unterscheidet nur zwischen drei Familientypen: den Ehepaaren, den Lebensgemeinschaften und den Alleinerziehenden – jeweils mit Kindern.[57] Seitdem sich in den 1950er und 1960er Jahren das bürgerliche Familienmodell »Vater, Mutter, Kind(er), verheiratet« als Norm durchgesetzt hat (»Golden Age of Marriage«), wird es als Blaupause genommen, um »heutige Familienformen zu beurteilen«.[58] In der Regel schneiden abweichende Varianten dabei nicht so gut ab.

Typischerweise starten zwei Erwachsene gemeinsam mit ihrer Familiengründung. Das ist die Position, in der wir das Projekt Familie beginnen und bestenfalls ziemlich lange beibehalten. Erst wenn dieses Nuklearfamilien-Modell auseinanderbricht, suchen wir nach Alternativen zu dieser vermeintlichen Best-of-Familienform. Partnerlos eine Familie zu gründen, klingt wie eine bittere Pille, die man schluckt. Es muss halt sein, wenn's nicht anders geht. Freiwillig alleinerziehend werden? Das können sich die wenigsten vorstellen.

---

57 Vgl. Familienformen. Destatis. https://www.destatis.de/DE/Themen/Gesellschaft-Umwelt/Bevoelkerung/Haushalte-Familien/Glossar/familienformen.html (abgerufen am 07.06.2021)

58 Steinbach, A.: Mutter, Vater, Kind: Was heißt Familie heute? Bundeszentrale für politische Bildung. 21.07.2017. https://www.bpb.de/apuz/252649/mutter-vater-kind-was-heisst-familie-heute?p=all (abgerufen am 15.07.2021)

Ich auch nicht so recht. Denn ich habe das Gefühl, dass ich die Einzige bin, die sich allein ihren Kinderwunsch erfüllen möchte, die anders und nicht ganz normal ist. Das macht mir Angst. Und es hindert mich daran, den nächsten Schritt zu planen, von dem ich noch gar nicht genau weiß, wie er aussieht. Dabei gibt es neben den »klassischen« Familienformen noch andere: Patchworkfamilien, Stieffamilien, Adoptionsfamilien, Regenbogenfamilien, Inseminationsfamilien.[59] Nur bleiben diese in Statistiken unsichtbar. Dadurch kann leicht der Eindruck entstehen, sie seien unbedeutend und zu exotisch, um erwähnt zu werden.

Milchreis mit Bratwurst

Allerdings ist es nicht so, dass das traditionelle Familienmodell per se das wünschenswerteste ist. Wie im Fall von meiner Großtante Lieselotte. Mit sechsundzwanzig ist sie bereits Witwe und versorgt drei kleine Kinder. Eine Weile nach dem Tod ihres Mannes lernt sie einen Lebemann kennen, charmant, betucht und gut zu ihr. Lieselotte und er beschließen, zusammenzuziehen, aus einer Alleinerziehenden »endlich« wieder eine »normale« Familie zu machen. Also packt Lieselotte für sich und ihre Kinder ein paar Koffer, bezieht frohen Mutes ein Zimmerchen im Haus des Lebemannes. Und kehrt zwei Tage später zurück in ihre Wohnung. Weil er plötzlich nicht mehr gut zu ihr ist. Seitdem ist sie alleinerziehend und hat keinen Mann mehr länger als unbedingt nötig in ihr Leben gelassen. Das Längste war der Handwerker, der ihr das defekte Abflussrohr repariert hat. Auch heute, mit über 80 Jahren, ist Lieselotte eine der wenigen Frauen, die stets so zufrieden wirken, als kämen sie gerade von einem mehrwöchigen Kluburlaub auf den Malediven. Anfangs war das Alleinerziehendsein für sie wie Milchreis mit Bratwurst,

---

59 ebenda

ziemlich gewöhnungsbedürftig und ganz sicher nicht die erste Wahl. Aber je länger sie es immer wieder probiert und sich daran gewöhnt hat, desto angenehmer ist es für sie geworden.

Allein ein Kind großzuziehen, kann also klappen. Und sich sogar ziemlich gut anfühlen. Nach meiner letzten Sitzung bei Dr. Winter fühle ich mich gestärkt und bereit, mich mit diesem für mich völlig neuen Familienmodell zu beschäftigen.

Aber erst mal besorge ich mir einen Kaffee.

Sohnvater

»Hoppla«, sagt der Mann mit der schweren Umhängetasche, als er im Eckcafé versehentlich meinen Latte to go vom Tresen stößt. »Das war echt nicht cool von mir.« Er zuppelt seinen gelben Strickschal zurecht, der ihm lässig um den Hals hängt.

Ich tupfe ein paar bräunliche Flecken von meiner Cordjeans. »Schon okay.« *Jetzt werde ich ganz sicher zu spät zur Teambesprechung kommen.*

»Nein, wirklich. Lass mich das wiedergutmachen ... Weinbar? Heute Abend? Wie wär's?«

Am Abend sitzen der Strickschalträger namens Bruno und ich uns an einem wackeligen Bistrotisch aus Akazienholz gegenüber, ich mit einem Glas Pinot Grigio, er mit seinem zweiten Shiraz, und teilen uns Kartoffelchips aus einer Plastikschale. Meine sonst zu einem praktischen Zopf gebundenen Haare trage ich offen und habe pfirsichfarbenen Lippenstift aufgelegt. *Nur für mich,* rede ich mir ein. In Wirklichkeit fühle ich mich geschmeichelt von Brunos Einladung.

»Hoffe, es stört dich nicht ...« Er zündet sich eine Gauloise an und nimmt einen kräftigen Zug.

»Nein, wir sitzen ja draußen.«

»... aber ich habe einen Sohn.« Der Zigarettenrauch kräuselt sich um seine Hand.

»Ah.« Ich nippe am halb vollen Glas und hinterlasse einen pfirsichfarbenen Halbmond.

»Sechs. Er kommt im Sommer zur Schule.«

Obwohl ich nicht recht weiß, was ich von diesem Treffen erwartet habe, überrascht mich diese Nachricht. Alles, was ich herausbringen kann ist: »Bestimmt ein spannendes Alter.«

Bruno nimmt einen weiteren Zug und stößt den Rauch mit einem lauten Pfff wieder aus. »Er ist in Therapie. Wir leben getrennt, meine Ex und ich. Läuft nicht so gut.« Seine mottenbraunen Augen blicken mich an, und er sagt mit einem bitteren Klang: »Überleg dir gut, mit wem du ein Kind zeugst.«

Sollte ich einem Fremden davon erzählen, dass ich genau darüber gerade nachdenke? Oder ist das zu viel Intimität für diese erstmalige Begegnung? Ich betrachte die kleinen Abdrücke meiner nervösen Finger auf dem Weinglas. Habe ja nichts zu verlieren. »Ich denke über einen Samenspender nach«, sage ich mit trockenem Mund.

Bruno lacht kurz auf.

»Nicht dich, keine Sorge«, schiebe ich eilig hinterher.

»Was? Ernsthaft?« Er zieht seine buschigen schwarzen Augenbrauen zusammen. »Wie soll das gehen?«, fragt er in mein Schweigen hinein. »Dir ist schon klar, dass jedes Kind einen Vater braucht, oder?« Er schürzt die Lippen. Bevor ich etwas entgegnen kann, übernimmt er wieder das Ruder. »Du bist doch noch nicht so alt. 30? 31? Da wird sich doch irgendjemand finden lassen.«

»Vierunddreißig. Und ›irgendjemand‹ reicht mir nicht«, entgegne ich und beiße energisch in einen Kartoffelchip.

Bruno rutscht auf seinem Stuhl hin und her. Die Fältchen um seinen Mund, der von hastigen Shiraz-Schlucken violett gefärbt ist, wirken jetzt noch tiefer. »Wer bringt deinem Kind denn Fahrradfahren bei? Und wer pumpt Fußbälle auf?« Seine Stimme klingt heiser. »Wie willst du das überhaupt finanziell machen? Lässt du dich vom Staat aushalten?«

Ein Blick auf meinen Kalender: schon 2015. Trotzdem stopft mich dieser unglücklich getrennt lebende Sohnvater ins Bühnenbild der 1950er-Jahre, als eine Frau nur zwei Lebensfragen hatte: Was soll ich anziehen? Was soll ich kochen?

»Ich gehe arbeiten.« Es klingt wie ein Befehl aus meinem Mund. Deswegen bemühe ich mich, die Verabschiedung etwas vorsichtiger zu formulieren: »Muss jetzt auch los. Ist kalt geworden.« Ich knöpfe meinen Fleecemantel zu und bedanke mich mit einem angedeuteten Lächeln für die Einladung.

Schade um den restlichen Wein.

Und jetzt? Möglicherweise war es nicht der beste Einfall meines Lebens, mit meinem exotischen Kinderwunschplan hausieren zu gehen. Aber trotzdem bin ich seltsam erleichtert darüber, es ausgesprochen zu haben. *Samenspender.* Ich drehe das Wort in meinem Kopf hin und her. Ist das wirklich eine Option für mich? Ein Kind von einem fremden Mann bekommen? Wenn Jonas bei seinem Nein bleibt – warum sollte er sich auch umentscheiden? –, welcher andere Mann hilft mir freiwillig dabei, schwanger zu werden? Und wie soll das Ganze funktionieren?

»Blumenstrauß voller Möglichkeiten«, hallen die Worte von Dr. Winter in mir nach. Und ich glaube, mein Leben wird ab sofort etwas aufregender werden, wenn ich mich auf den nächsten großen Schritt stürze: allein schwanger werden.

Kapitel 5:

Eine kleine Samenspende, bitte

One-Night-Stand

»Ich sag ihm einfach nicht, dass ich schwanger werden will. Ich sehe ihn eh nie wieder!« Das scheint sich die fünfundzwanzigjährige Britin Lara Carter zu denken. Sie ist bekennende »Spermajägerin« und schläft innerhalb eines Jahres mit zwanzig fremden Männern. Ihr einziges Ziel: schwanger werden, ohne dafür mehrere Hundert Pfund hinzublättern. Das Geld für Spendersamen von einer Samenbank hat sie nicht, wie sie *The Scottish Sun* verrät. Laras Methode geht so: Während ihrer fruchtbaren Tage trifft sie sich herausgeputzt mit ahnungslosen potenziellen Samenspendern und hat Sex mit ihnen. Glaubt man Lara, so finden es die meisten Männer völlig in Ordnung, ohne Verhütung mit ihr zu schlafen. Anderen jubelt sie durchstochene Kondome unter, um ihrem

Wunsch, Mutter zu werden, näherzukommen.[60] Fair ist dieses Vorgehen sicher nicht.

Anders Tilda: Strategische One-Night-Stands kämen ihr niemals in den Sinn. Ich lerne sie über meinen guten Freund Paul kennen, mit dem ich Dorf an Dorf aufgewachsen bin. Wie oft müsste sich Tilda auf ein solches Abenteuer einlassen? Statistisch gesehen könnte sie mit ihren zweiunddreißig Jahren innerhalb eines Jahres schwanger werden.[61] Hierfür braucht sie allerdings einen fruchtbaren Mann und daher auch etwas Glück bei ihrer Suche. Schließlich kann sie nicht einfach ein Spermiogramm von dem potenziellen Eine-Nacht-Mann anfordern. Sie hat einen Kinderwunsch, aber nicht um jeden Preis, und nicht über den Kopf eines anderen hinweg. Was würde sie sonst ihrem Kind erzählen, wenn es nach dem Papa fragt?

Was sich für Lara wie die perfekte Lösung anhört, klingt in Tildas Ohren auf allen denkbaren Ebenen falsch.

---

60 Vgl. Pearce, D.: I'm so desperate for a baby I grab strangers for sex on nights when I am most fertile. The Scottish Sun. 26.10.2016. https://www.thescottishsun.co.uk/archives/news/39539/im-so-desperate-for-a-baby-i-grab-strangers-for-sex-on-nights-when-i-am-most-fertile/ (abgerufen am 31.05.2021)

61 Wie lange dauert die durchschnittliche Übungszeit, bis die Schwangerschaft eintritt? https://schwangerschaftswochen.ch/wie-lange-dauert-die-durchschnittliche-uebungszeit-bis-die-schwangerschaft-eintritt/ (abgerufen am 27.05.2021)

Andere Möglichkeiten der Befruchtung

Welche Optionen gibt es sonst noch, um schwanger zu werden? Hier eine Auswahl von Methoden der Samenspendenbehandlung (auch: donogene oder heterologe Insemination):

IVI: Intravaginale Insemination (auch: Heiminsemination)

Die intravaginale Insemination ist eine sehr einfache Technik: Männliches Ejakulat wird mit einer Spritze aufgesaugt und in die Vagina eingespritzt. Diese Methode erkläre ich später ausführlicher.

IUI: Intrauterine Insemination (Übertragung von Samenzellen in die Gebärmutter)

Ziel dieser Methode ist es, möglichst viele aufbereitete Samenzellen zum richtigen Zeitpunkt gen Eizelle zu befördern. Hierfür füllt der Arzt die Spermien, die mittels eines speziellen Verfahrens von der Samenflüssigkeit getrennt wurden, vorsichtig in einen Katheter und injiziert sie direkt in die Gebärmutter (Uterus). Auf diese Weise müssen die Spermien sich nicht mühsam durch den dickflüssigen Gebärmutterhalsschleim (Zervixschleim) kämpfen. Die eifrigen Schwimmer bahnen sich ihren Weg durch den Eileiter, wo ihnen die Eizelle langsam entgegenkommt, um befruchtet zu werden. Dank eines perfekten Timings durch die Auslösung des Eisprungs (Ovulation), guten Samenzellen (kein Ejakulat) und des direkt im Uterus platzierten Samens ist die Wahrscheinlichkeit einer erfolgreichen Befruchtung etwas höher als bei der Heiminsemination.

IVF: In-vitro-Fertilisation (Befruchtung im Reagenzglas)

Nachdem einer Frau befruchtungsfähige Eizellen entnommen wurden, werden diese in einer Nährlösung mit aufbereiteter Samenflüssigkeit zusammengebracht. Im Brutschrank (Inkubator) soll es dann zu einer spontanen Befruchtung kommen. Wenn dies gelingt, werden ein bis drei Embryonen in die Gebärmutter übertragen. Eine IVF ist zumeist mit einer Hormontherapie der Frau verbunden.

ICSI: Intrazytoplasmatische Spermieninjektion

Die ICSI ist eine spezielle Form der IVF-Therapie. Sie wird angewandt bei eingeschränkter Samenqualität beziehungsweise wenn bei der IVF-Behandlung keine Befruchtung erfolgt ist. Sie unterscheidet sich von der »normalen« IVF durch einen zusätzlichen Schritt: Mit einer feinen Nadel wird ein Spermium unter dem Mikroskop direkt in eine Eizelle injiziert, was eine sicherere Befruchtung der Eizelle verspricht. Das ist einer der Gründe, weshalb Ärzte bei wenigen Eizellen eher den Weg der ICSI empfehlen als den einer IVF. Wie die IVF ist auch eine ICSI mit einer Hormontherapie der Frau verbunden.

Inzwischen ist die ICSI in Deutschland die häufigste Methode der künstlichen Befruchtung.[62]

Da ich keinen Mann zur Hand habe, ist für mich die nächste Überlegung: Wie komme ich an passenden Samen?

Ich verabrede mich mit Liko zu einem S-Bahn-Shooting, bei dem ich ihm assistiere.

---

62 Anzahl der In-vitro-Fertilisationen in Deutschland nach Art der Behandlung in den Jahren von 2002 bis 2019. Statista. 19.02.2021. https://de.statista.com/statistik/daten/studie/656455/umfrage/in-vitro-fertilisationen-in-deutschland-nach-art-der-behandlung (abgerufen am 27.05.2021)

Privatspender

Ein Bekannter als Privatspender

»Hä?! Is' was?!«

Liko knipst gerade die ein- und ausfahrenden S-Bahn-Züge für seine Fotostrecke, als er aus dem Augenwinkel merkt, dass ich ihn beobachte.

»Nö.« Ich beiße mir auf die Lippe und schaue schnell wieder auf die Gleise. Er und ich haben einige Vorlesungen an der Uni zusammen belegt und sind seitdem, also seit gut zwölf Jahren, lose befreundet. Als er gerade ein Weitwinkelobjektiv auf seine Spiegelreflexkamera schraubt, bleibt ihm nicht verborgen, wie ich ihn von seinen besneakerten Fußsohlen, den o-förmigen Giraffenbeinen, über das olivfarbene Poloshirt, das sich straff über sein breites Schwimmerkreuz spannt, bis hin zu seiner getönten Ray-Ban-Sonnenbrille »abchecke«, wie er es nennt.

An diesem Abchecken ist er nicht ganz unschuldig. Schließlich war er es, der diesen – vielleicht damals nicht ganz ernst gemeinten – Vorschlag gemacht hat: »Wir zeugen eines Tages unser eigenes Baby. Und dann können die uns alle mal!« Damals war ich frisch getrennt von Bastian, und Likos On-Off-Liebe – »der Mistkerl« – hatte »schon wieder« den gemeinsamen Wochenend-Trip zu seinen Eltern verschoben. Ich weiß noch, wie ich auf Likos Vorschlag mit einem Augenrollen reagierte: »Mal den Teufel doch nicht an die Wand.«

Ja, und jetzt ist dieser Teufel plötzlich ganz real geworden und wirkt auch gar nicht mehr so unheimlich. Als wir nebeneinander auf der Fachwerkbrücke stehen und zwischen den Stahlpfosten hindurch auf die ockerfarbenen und bordeauxroten Züge blicken, stelle ich mir ernsthaft die Frage: Wäre Liko ein möglicher Samenspender?

Es gäbe viele Vorteile. Unser gemeinsames Kind würde seinen Vater früh kennenlernen, könnte eine Beziehung zu ihm aufbauen und wüsste, wo 50 % seiner Wurzeln liegen. Außerdem duftet Liko nach Bergamotte und Sandelholz, und vermutlich riecht er sogar ohne Parfum ganz gut. Das könnte ich von einem Mann aus dem Onlinekatalog nicht sagen.

Ein Unbekannter als Privatspender

Jetzt hat natürlich nicht jede Frau einen guten Freund, den sie fragen kann, ob er bereit wäre, sein Sperma zu spenden. Dafür gibt es aber Plattformen wie wunschkind4you.com, spermaspender.org, co-eltern.de oder familyship.de, auf denen Interessierte einen solchen privaten Samenspender suchen können. Das hat zum Beispiel Tilda so gemacht. Bisher hat sie sich viele Frösche angeschaut, allerdings noch niemanden gefunden, mit dem es menschlich passt.

Parallel zur Online-Spendersuche erzählt sie anonym auf ihrem Social-Media-Kanal, dass sie nach einem Samenspender Ausschau hält. In der Hoffnung, dadurch eine größere Auswahl an Kandidaten zu bekommen. Seitdem landen immer wieder Nachrichten von spendewilligen Männern in ihrem Posteingang. So wie diese hier: »Ich würde dir gern auf natürliche Weise helfen, ein Baby zu machen.« Heißt: durch ungeschützten Geschlechtsverkehr. Ein anderer Interessent kommt ebenfalls direkt zum Punkt: »Ich möchte dir meinen Samen spenden. Bin 27 Jahre, sportlich, topfit, kein Brillenträger, dunkelblonde Haare, grüne Augen. PS: Ich produziere sehr viel.« Tilda weiß nicht so recht, wie ernst sie diese Angebote nehmen kann.

Vielversprechender läuft es für die neunundzwanzigjährige Britin Ellie Ellison. Sie verliebt sich in den fünfzigjährigen Samenspender mit dem Künstlernamen Joe Donor, von dem sie ein Kind erwartet. Joe hat laut der britischen *Daily Mail* eine beachtliche, aber auch etwas zweifelhafte Anzahl von über 150 Kindern gezeugt (Stand: 2021) und möchte nach der möglichen Hochzeit mit Ellie weiterhin seinen Samen spenden.[63] Eine durchaus ungewöhnliche Liebesgeschichte.

Die Autorin Mikki Morrissette, die dank eines Samenspenders im Alter von 37 Jahren zunächst ihre Tochter und fünf Jahre später ihren Sohn bekommen hat, zitiert in ihrem Ratgeber »Choosing Single Motherhood« einen Privatspender folgendermaßen: »Mein Rat an jede, die einen Spender auswählt, ist, nach jemandem zu suchen, der verdammt rational ist. Vielleicht jemand im Vertrieb oder in der Wirtschaft, der es gewohnt ist, Geschäfte zu verhandeln, ohne Emotionen einfließen zu lassen. Nicht jemand, der ein übermächtiger, dominanter Typ ist, der die ganze Zeit seinen Willen durchsetzen muss. Kein Kontrollfreak. (…) Er muss vor allem lösungsorientiert sein.«[64] Klingt für mich in etwa so aufwendig, wie einen passenden Partner zu finden.

Für Beatrice aus Kapitel 2 ist alles gut gegangen. Sie hat sich für einen Privatspender aus ihrem erweiterten Freundeskreis entschieden, weil ihr Kind mit dem Wissen aufwachsen soll, wer sein Vater ist. Und es sich für sie merkwürdig angefühlt hätte, sich mit dem Samen eines völlig fremden Mannes befruchten zu lassen. »Außerdem finde ich es wichtig, dass wirklich alle Rechte bei mir liegen. Der Mann aber umgekehrt keinerlei Verpflichtungen uns gegenüber hat. Da vertraue ich meinem Spender total. Natürlich darf er trotzdem so viel Kontakt zu seiner

---

63 Carroll, H.: I slept with a stranger for his sperm … now we're engaged! Daily Mail. 26.06.2021. https://www.dailymail.co.uk/femail/article-9727049/HELEN-CARROLL-Hes-fathered-150-children-hired-pregnant.html (eigene Übersetzung; abgerufen am 15.07.2021)

64 Morrissette, M.: Choosing Single Motherhood: The Thinking Woman's Guide. S. 165.

Tochter haben, wie er möchte. Wenn es für sie auch in Ordnung ist.« Ansonsten hält er sich aus der Erziehung heraus und muss nicht für Unterhalt aufkommen. Und wie geht es ihrer Tochter damit? »Sie mag ihn unwahrscheinlich gern und tollt mit ihm herum, wenn er uns besucht. Dann kuscheln sie und spielen mit Barbiepuppen. Bestimmt nicht sein liebstes Hobby, aber mit ihr macht ihm das richtig Spaß«, freut sich Beatrice.

Mögliche Risiken bei Privatspendern

Ob es bei Liko und mir auch so harmonisch zugehen würde? Ich denke da beispielsweise an sein schmollendes Schweigen, das in eine überschwängliche Albernheit überging, nachdem ich eine Kinoverabredung mit dem Argument verschoben hatte, dass ich mich nicht wohl dabei gefühlt hätte, 90 Minuten neben ihm in einem grobmaschigen Polstersessel zu lehnen, während er mich mit seinen spitzen Niesern und röchelnden Hustern »ganz eventuell« mit einer Erkältung angesteckt hätte.

»Pollenallergie!«, ist seine empörte Erklärung. »Du bist echt 'ne Mimose, Hanna Banana.«

Das sagt der Mann, der seinen Eltern bis heute nicht verzeihen kann, dass sie ihm den Vornamen Liebfried-Konrad verpasst haben, die Namen seiner Großväter. Auch noch mit Bindestrich. Damit sich bloß keiner aus seiner Familie benachteiligt fühlt.

Jedenfalls wurde er nach meiner Absage unseres Kinoabends nicht müde, mir nach jedem Augenreiben oder Räuspern mitzuteilen, ob es sich um eine allergische Reaktion oder lediglich um Müdigkeit oder zu viel Alkohol am Tag zuvor handelte. Das ging etwa zwei Monate so, und so lange wagte ich es nicht, eine Verabredung mit ihm ausfallen zu lassen.

Ich kenne mich zu wenig in Vererbungslehre aus, wie meine ehemalige Biologielehrerin Frau Riemann bestätigen dürfte, aber die Chance, dass das gemeinsame Kind von Liko und mir ein klitzekleines bisschen von unseren Macken abbekommt, ist ja nicht von der Hand zu weisen. Und könnte ich mit Likos vererbten Macken tatsächlich leben?

Eine andere Sache beschäftigt mich genauso. Falls er bereit wäre, Samenspender für mich zu werden, was würde geschehen, wenn sich bei ihm eines Tages Vatergefühle breitmachen und er plötzlich die Idee super findet, sich das Sorgerecht mit mir zu teilen? Dann darf er das. Denn auch 2021 gibt es keine Möglichkeit, »rechtssicher die spendende Person von der Vaterschaft auszuschließen. [Und zwar] von allen Seiten, also Mutter, Kind und (…) Vater«.[65] Das sagt die Rechtswissenschaftlerin Theresa Richarz im März 2021 in der Gesprächsreihe »Recht, und gerecht?« der Grünenpolitikerin und Rechtsanwältin Canan Bayram. Solche Risiken entstehen, wenn Gesetze sich nicht an geänderte Lebensbedingungen anpassen. Mit den Worten von Marianne Burkert-Eulitz, Rechtsanwältin für Kinder-, Jugend- und Familienrecht: »Die ganze Vielfalt an (…) sich ändernden Lebenssituationen, die gibt unser Recht[ssystem] nicht wieder.«[66]

In der benachbarten Schweiz sieht's auch nicht besser aus. Es fängt schon damit an, dass Samenspendenbehandlungen für Singlefrauen dort illegal sind. In der Gesetzeswelt der Schweizer gibt es lange nur ein einziges Familienmodell: das heterosexuelle Ehepaar mit mindestens einem leiblichen Kind. Auch wenn eine deutliche Mehrheit der Schweizerinnen und Schweizer

---

65 *Single Moms by Choice – freiwillig alleinerziehend. Gesprächsreihe »Recht, und gerecht?«* YouTube. 04.03.2021. Ab Minute 52:55. https://www.youtube.com/watch?v=MDo8pSRcYEo (abgerufen am 02.06.2021)

66 *Single Moms by Choice – freiwillig alleinerziehend. Gesprächsreihe »Recht, und gerecht?«* YouTube. 04.03.2021. Ab Minute 43:20. https://www.youtube.com/watch?v=MDo8pSRcYEo (abgerufen am 02.06.2021)

im September 2021 per Volksentscheid für die Ehe für alle gestimmt hat, wodurch lesbische Paare Zugang zu Samenspenden haben und beide Frauen von Geburt an als rechtliche Mütter anerkannt werden – so weit ist Deutschland noch nicht –, wird es sicherlich noch eine Weile dauern, bis Singlefrauen die Behandlung mit Spendersamen ebenfalls zugestanden wird.[67] Somit bleibt für viele alleinstehende Schweizerinnen mit Kinderwunsch nur die Möglichkeit, sich im Ausland behandeln zu lassen oder sich einen Privatspender im eigenen Land zu suchen. So wie Marina Belobrovaja, die über einen privaten Massenspender Mutter geworden ist. Die private Samenspende basiere allerdings »ausschließlich auf gegenseitigem Vertrauen und somit auch gegenseitiger Abhängigkeit«, erklärt Marina. »Der Samenspender könnte meinem Kind die Möglichkeit des Kennenlernens entziehen, und ich könnte ihn an die Behörden verpfeifen«, erzählt sie weiter. »Also stützen wir uns gegenseitig und halten an der ursprünglichen – ausschließlich mündlichen – Abmachung fest.«[68]

Und was geschieht, wenn sich Entscheidungen und Lebenswege ändern? Dann erweisen sich auch in Deutschland schriftliche Vereinbarungen mit einem Privatspender als wertlos. So kann es passieren, dass dem privaten Samenspender das gemeinsame Sorgerecht zugesprochen wird, wie im Falle von Elena und Claudia. Das Paar entschied sich für einen Bekannten als Samenspender, der sich bereit erklärt hatte, eine Onkelfunktion für das gemeinsame Kind zu übernehmen. Vertraglich sicherte er der

---

67 Vgl. Romy, K.: Ehe für alle: Die Schweiz überholt ihre Nachbarn. 27.09.2021. https://www.swissinfo.ch/ger/schweiz-abstimmung-ehe-fuer-alle-presseschau-internationale-medien/46982674 (abgerufen am 11.10.2021)

68 Sutholt, J.: *Menschenskind!* Ein Film über alternative Familienmodelle. https://planningmathilda.com/menschenskind-ein-film-ueber-alternative-familienmodelle/ (abgerufen am 05.06.2021)

biologischen Mutter, Elena, das alleinige Sorgerecht zu. Sobald allerdings die gemeinsame Tochter auf der Welt war, erklagte sich der Spender erfolgreich das Sorgerecht und das erweiterte Umgangsrecht, das er sich seitdem mit Elena teilt. Co-Mutter Claudia hat keinerlei Rechte an ihrer Tochter.

Leider kein Einzelfall, wie eine Juristin des Lesben- und Schwulenverbands Berlin-Brandenburg bestätigt. Sie hält es für eine übliche Praxis von Samenspendern, »getroffene Vereinbarungen nach der Geburt einfach zu widerrufen«.[69] Frauen und (lesbische) Paare mit Privatspender sind in solchen Fällen nicht geschützt. Ein schwules Paar, das sich für eine Leihmutterschaft im Ausland entschieden hat, vermutlich genauso wenig. Ein Privatspender darf außerdem verlangen, regelmäßig über die persönlichen Verhältnisse seines gezeugten Kindes informiert zu werden. Selbst wenn er die biologische Mutter mit »vulgäre[n] und die Grenze einer Strafbarkeit überschreitende[n] beleidigende[n] Äußerungen«[70] belästigt. Dass der leibliche Vater nicht vom Kontakt zu seinem Kind ausgeschlossen werden darf, geht auf die Initiative des Europäischen Gerichtshofs für Menschenrechte (EGMR) zurück, der sich auf Artikel 8 der Europäischen Menschenrechtskonvention beruft. In diesem steht, dass es ein Recht auf Achtung des Familienlebens gibt. Den Kontakt zwischen dem biologischen Vater und

---

[69] Vgl. Lochte, P.: Samenspender klagt erfolgreich Sorgerecht ein. L.Mag. 27.02.2018. https://www.l-mag.de/news-1010/samenspender-klagt-erfolgreich-sorgerecht-ein.html (abgerufen am 12.06.2021)

[70] Samenspende und Vaterrechte: Mütter sind biologischem Vater gegenüber zur Auskunft über persönliche Verhältnisse des gemeinsamen Kindes verpflichtet. 07.03.2014. https://www.kostenlose-urteile.de/OLG-Hamm_13-WF-2214_Samenspende-und-Vaterrechte-Muetter-sind-biologischem-Vater-gegenueber-zur-Auskunft-ueber-persoenliche-Verhaelt-nisse-des-gemeinsamen-Kindes-verpflichtet.news18217.htm (abgerufen am 18.07.2021)

seinem Nachwuchs zu unterbinden, »verstoße gegen dieses Recht auf Familie«.[71] Seit Juni 2013 haben biologische Väter laut Paragraf 1686a des BGB grundsätzlich Umgangsrecht mit ihren Kindern, sofern es dem Kindswohl dient.[72] Allerdings ist dieses Umgangsrecht nur einseitig. Falls sich der leibliche Vater beispielsweise nach einer Weile dazu entschließt, keinen weiteren Kontakt zu seinem Kind zu pflegen, kann er nicht dazu gezwungen werden. Selbst dann nicht, wenn sein Kind inzwischen eine Beziehung zu ihm aufgebaut hat.

In einem aktuelleren Urteil vom 16.06.2021 spricht der Bundesgerichtshof einem Privatspender das Umgangsrecht mit seinem gezeugten Kind zu, obwohl die Lebenspartnerin der biologischen Mutter dieses Kind bereits adoptiert hat.[73] Eine Konstellation, die für Singlefrauen mit Privatspender ähnlich ausgehen könnte, sobald sie eine neue Partnerschaft eingehen. Im Hildesheimer Forschungsprojekt »Macht und Ohnmacht der Mutterschaft« aus dem Jahr 2020 bestätigt Professorin Dr. Kirsten Scheiwe, dass »leibliche, nicht rechtliche Väter [in Deutschland]

---

71 Springer, A.: Der väterliche Kontakt zum Kuckuckskind. Deutschlandfunk. 18.01.2014. https://www.deutschlandfunk.de/umgangs-und-sorgerecht-der-vaeterliche-kontakt-zum.724.de.html?dram:article_id=274955 (abgerufen am 13.10.2021)

72 Bürgerliches Gesetzbuch (BGB). §1686a Rechte des leiblichen, nicht rechtlichen Vaters. https://www.gesetze-im-internet.de/bgb/__1686a.html (abgerufen am 13.10.2021)

73 Umgangsrecht des leiblichen Vaters nach Adoption des Kindes. 19.07.2021. https://www.bundesgerichtshof.de/SharedDocs/Pressemitteilungen/DE/2021/2021134.html (abgerufen am 16.06.2021)

deutlich erweiterte Befugnisse erhalten haben«.[74] Jeder Mann könne die Vaterschaft für ein Kind überprüfen und anfechten. Das bringe Bindungsstrukturen und die Lebenssituation der Kinder aus dem Gleichgewicht. Die Rechte betroffener Mütter werden in der heutigen Zeit an den Rand gedrängt.

Noch so ein schwieriges Thema: Unterhalt. Ich kann natürlich nicht erwarten, dass Liko mir welchen zahlt, falls er mir seinen Samen ohne weitere Ansprüche oder Verpflichtungen überlassen sollte. Aber für den Fall, dass er als aktiver Vater miteinbezogen werden möchte, obwohl wir es anders vereinbart haben, ist es sehr wahrscheinlich, dass ich mich ebenso wenig an mein Versprechen halte, keine finanziellen Forderungen zu stellen, sondern stattdessen Unterhalt von ihm verlange. Für unser Kind bis zum Ende seiner Ausbildung und natürlich auch für mich, bis unser Kind drei Jahre alt ist. Im Jahr 2021 beträgt der Mindestunterhalt für ein Kind bis zum fünften Lebensjahr 393 Euro. Nur habe ich keinerlei Garantie, dass er diesen zahlt. Vielleicht wäre Liko einer der 50 % Unterhaltspflichtigen, die – so drückt es der ehemalige *SZ*-Kolumnist Prof. Dr. Heribert Prantl aus – »keinen Cent, keinen Euro, keinen Knopf an Unterhalt«[75] zahlen, obwohl sie es sich leisten könnten. Und ich somit nur den deutlich geringeren

---

74 In der Einleitung der Studie heißt es außerdem: »In der rechtlichen Entwicklung der vergangenen Jahre ist in Deutschland (…) eine Tendenz zur Biologisierung von Elternschaft zu beobachten.« (Scheiwe, Prof. Dr. Kirsten und verschiedene Fachkolleg*innen. *Macht und Ohnmacht der Mutterschaft. Die geschlechterdifferente Regulierung von Elternschaft im Recht, ihre Legitimation und Kritik aus gendertheoretischer Sicht,* https://www.uni-hildesheim.de/media/fb1/sozialpaedagogik/Forschung/MOM/Projektbeschreibung_MOM_Kurzfassung.pdf (abgerufen am 23.05.2021). Mehr dazu auch hier: https://www.uni-hildesheim.de/mom-projekt/)

75 Prantl, H.: *Unterhaltsforderungen. Wie der Staat säumige Väter entwischen lässt.* Videokolumne Süddeutsche Zeitung. 2019. https://www.sueddeutsche.de/politik/unterhalt-kinder-vaeter-zahlen-nicht-1.4337514 (abgerufen am 23.08.2021)

Unterhaltsvorschuss von 174 Euro erhalte (gilt für ein Kind bis zu dessen fünftem Lebensjahr; Stand 2021). Unterhaltspflichtverletzung nennt sich das und ist eine Straftat. Wie die Rechtsanwältin Dr. Doris Kloster-Harz im *tz*-Interview beklagt, muss allerdings kaum ein Unterhaltsverweigerer rechtliche Konsequenzen fürchten. Er kann mit einem Porsche vor der Tür prahlen, anstatt für die eigenen Kinder Alimente zu zahlen.[76] Einer der Gründe, warum das Nichtzahlen so gut funktioniert: Das Jugendamt ist für das Eintreiben eines bereits geleisteten Unterhaltsvorschusses zuständig, oft steht hier aber – richtigerweise – das psychische und körperliche Wohl von Kindern und Jugendlichen in der Priorität vor der Verfolgung von etwaigen säumigen Schuldnern. Die Jugendämter haben schlicht keine Kapazitäten dafür, sich mit solchen finanziellen Belangen herumzuärgern. Nur in zwei Bundesländern läuft's anders: Sowohl in Bayern als auch in Nordrhein-Westfalen (seit dem 1. Juli 2019) kümmert sich das Landesamt für Finanzen (LfF bzw. LaFin) um den ausbleibenden Unterhalt.[77] So wurden im Jahr 2020 zumindest in Bayern bereits 22 % der nicht gezahlten Alimente von Unterhaltspflichtigen zurückgeholt. Schlusslicht bildet mit nur 9 % Rückgriffsquote das Bundesland Bremen. Im Bundesdurchschnitt sind knapp 17 % der Rückgriffe auf den Unterhaltsschuldner erfolgreich.[78]

---

[76] Vgl. Wimmer, B.: Porsche statt Unterhalt.tz.Interview. 18.07.2018. https://www.kloster-harz.de/2012/wp-content/uploads/2019/01/porsche_statt_unterhalt.tz-interview-18-07-18.pdf (abgerufen am 31.05.2021)

[77] Vgl. Schriftliche Anfrage des Abgeordneten Thomas Mütze. Bayerischer Landtag. 10.10.2017. http://www1.bayern.landtag.de/www/ElanTextAblage_WP17/Drucksachen/Schriftliche%20Anfragen/17_0017677.pdf (abgerufen am 16.07.2021)

[78] Daten stammen von dieser Seite: Unterhaltsvorschussgesetz (UVG) – Einnahmen, Ausgaben und Rückgriffsquoten. https://www.daten.bmfsfj.de/daten/daten/unterhaltsvorschussgesetz-uvg-einnahmen-ausgaben-und-rueckgriffsquoten--134716 (abgerufen am 13.10.2021)

Wie wäre das bei Liko und mir, wenn es mal nicht mehr glatt läuft zwischen uns? Würden wir uns über die Erziehung unseres Kindes, ums gemeinsame Sorgerecht und um Geld streiten? Ich kann es nicht mit Sicherheit sagen.

Tilda kommen noch weitere Bedenken: »Was, wenn ich mir das Sorgerecht mit einem Menschen teilen muss, der ganz nach seinem Gutdünken mit unserem Kind umgehen und auch über das Kind mitbestimmen darf? Ich könnte nie sicher sein, dass dieser Mensch es wirklich gut mit unserem gemeinsamen Kind meint.«

Für mich steht jetzt fest, dass Liko und ich kein Kind zusammen bekommen werden. Deswegen gibt es für mich nur eine Möglichkeit: Ich suche mir einen Samenspender bei einer Samenbank.

Spender von der Samenbank

Woher weiß ich, welche Samenbank seriös und für mich geeignet ist? Die meisten Samenbanken werben damit, besonders viele medizinische Tests mit den angebotenen Spendern vorzunehmen. Spender einer Samenbank dürfen beispielsweise nicht Träger von Infektionskrankheiten (z. B. HIV, Hepatitis, Chlamydien) sein oder schwerwiegende genetische Erkrankungen (z. B. Muskelerkrankungen, Stoffwechselstörungen) haben. Das ist einer der Gründe, weshalb nur etwa 3 bis 5 % der Männer, die sich als Samenspender bewerben, zugelassen werden. Bei dieser niedrigen Wahrscheinlichkeit würde Liko vermutlich durchs Raster purzeln.

Einige Samenbanken bieten zusätzliche Leistungen wie einen vorab durchzuführenden Gentest an, um zu überprüfen, ob

Samenspender und Empfängerin zusammenpassen. Oder ein Fotomatching. Hierfür könnte ich das Foto eines Hollywoodstars, eines Ex-Freundes oder eines Familienmitglieds in mein persönliches Profil von der Samenbank laden, je nachdem, wem das Kind als Erwachsener besonders ähnlich sehen soll. Und schon spuckt mir das System Vorschläge von Spendern aus, die mit ihrer äußeren Erscheinung der Person auf meinem eingereichten Foto am nächsten kommen.

Diese vielen Möglichkeiten gibt es allerdings erst seit wenigen Jahren. Zu meiner Zeit bin ich froh, überhaupt eine Samenbank zu finden, bei der ich mich kostenfrei anmelden und umschauen kann.

Spendersuche

Bei Cryos International lege ich mir ein Profil an. Nach eigenen Angaben hat diese Samenbank die weltweit größte Auswahl an Samenspendern. Da sollte ich doch fündig werden.

Zahlen zu Singlefrauen mit Kinderwunsch

Im Jahr 2020 sind laut Cryos 54 % der Kunden Singlefrauen mit Kinderwunsch; davon lassen sich 61 % die Samenproben für eine Insemination (IUI) an eine Kinderwunschklinik liefern. 52 % dieser Frauen sind bei der Bestellung des Spermas zwischen 36 und 40 Jahre alt, 26 % zwischen 41 und 45 Jahre, 17 % zwischen 31 und 35 Jahre, 3 % zwischen 25 und 30 Jahre und 2 % zwischen 46 und 50 Jahre. 11 % der Singlefrauen haben bereits ein Kind, wenn sie sich an die Samenbank wenden, und kennen die Herausforderungen als alleinerziehende Mutter.[79] Die Berliner Samenbank (BSB) sieht die Verteilung der Empfänger der Spendersamen folgendermaßen: ungefähr 50 % lesbische Paare, 30 % heterosexuelle Paare und 20 % alleinstehende Frauen.[80]

Schon von der Startseite blicken mir propere Baby- und Kleinkindgesichter entgegen, die seltsame Fantasienamen tragen. Ich scrolle mich durch Begriffe wie »Basic« und »Extended«, »Non-ID-Release«, »ID-Release«. Was bedeutet das alles?

- **Basic**

Basisprofil eines Spenders. Neben der Herkunft und Ethnizität des Spenders, seinen optischen Merkmalen, seinem Bildungsstand und dem Beruf sehe ich auch, ob es vom Spender bereits Kinder gibt. In der Regel erfahre ich nichts über die medizinische Geschichte seiner Familie.

- **Extended**

Erweitertes Spenderprofil. Hier bekomme ich, ergänzend zu den Basis-Angaben, eine Sprachaufnahme des Spenders. Es gibt

[79] 7 Fakten zu freiwillig alleinerziehenden Müttern. 22.02.2021. https://www.cryosinternational.com/de-de/dk-shop/privatpersonen/blog/7-fakten-zu-freiwillig-alleinerziehenden-muttern/ (abgerufen am 16.08.2021)

[80] »Es war nie verboten, alleinstehende Frauen in Deutschland zu behandeln.« Solomamapluseins. 10.03.2020. https://www.solomamapluseins.de/samenspende-spenderkinder-berliner-samenbank-bsb-ann-kathrin-klym/ (abgerufen am 16.08.2021)

eine handschriftliche Nachricht, die meistens an die werdenden Eltern oder das künftige Kind gerichtet ist. Darüber hinaus kann ich mir einen vom Spender ausgefüllten Fragebogen zu seinen Hobbys und prägenden Lebenserfahrungen durchlesen. Auch das Ergebnis eines Persönlichkeitstests des Spenders ist enthalten. Gelegentlich gibt es auch Aussagen von Mitarbeitern über ihn und Ähnlichkeitsvergleiche mit Prominenten.

- **Non-ID-Release (auch: No-Spender/ No-ID-Freigabe/Non-contact)**

Hierbei handelt es sich um einen anonymen Samenspender, dessen Identität weder meinem Kind noch mir jemals bekannt gegeben wird. Ein solcher Spendertyp darf bei einer Kinderwunschbehandlung in Deutschland nicht verwendet werden. Laut Cryos International wird dieser Spendertyp am häufigsten »von Singles oder Paaren ausgewählt, die den Wunsch haben, ihre eigene ›Traumfamilie‹ aufzubauen, und nur das Sperma benötigen, um dies zu verwirklichen.«[81]

- **ID-Release (auch: Yes-Spender/ID-Spender/Open)**

Hierbei handelt es sich um einen »offenen« Spender, den das Spenderkind mit 16 beziehungsweise 18 Jahren kontaktieren darf. Spenderkind Sunny, die als Zehnjährige erfahren hat, dass ihr sozialer Vater nicht ihr biologischer Vater ist, rät dazu, einen offenen Samenspender zu wählen. Denn es ist »nicht die Aufgabe der Wunscheltern, darüber zu entscheiden, ob das

---

81 The decision between a Non-ID Release and an ID Release Sperm Donor. 28.02.2018. https://www.cryosinternational.com/en-gb/dk-shop/private/blog/choosing-non-id-release-id-release-sperm-donor/ (abgerufen am 30.05.2021)

Spenderkind seinen biologischen Vater beziehungsweise den Spender eines Tages kennenlernen kann oder nicht. Es ist einzig und allein die Entscheidung des Kindes selbst, das über eine Samenspende entstanden ist.«[82]

Wie das Sperma ins Röhrchen kam

Sperma wird in Halmen oder Straws geliefert. Auf die Idee, den Samen so zu verpacken, kommt der dänische Tierarzt Dr. Sorensen 1956 auf der Geburtstagsparty seiner Tochter, als er sieht, wie die Gäste Punsch aus Strohhalmen schlürfen. In so einem länglichen Halm könnte man doch gefrorenen Samen lagern. Das löst auch das Problem, dass die Glasampullen, in die das Sperma sonst gefüllt wird, beim Einfrieren und Auftauen immer wieder zerbrechen. 1963 bastelt Robert Cassou an einer verbesserten Variante des Halms herum, die heute weltweit bekannt ist. Seine Plastikhalme, auch »französische Halme« oder »paillettes« genannt, können verschlossen werden und das Sperma mechanisch abfeuern, sobald der Arzt den Auslöser drückt.[83]

---

[82] Schiller, H.: 7 Dinge, über die du nachdenken solltest, bevor du dich für einen Samenspender entscheidest. Solomamapluseins. 23.08.2018. https://www.solomamapluseins.de/privater-samenspender-oder-spender-von-samenbank/ (abgerufen am 30.05.2021)

[83] Foote, R. H.: 1808 PD: The history of artificial insemination. 09.12.2008. https://www.progressivedairy.com/topics/a-i-breeding/1808-pd-the-history-of-artificial-insemination (abgerufen am 30.05.2021)

Nach heutigem Stand kostet Samen eines anonymen Spenders, den ich bei einer Behandlung in Dänemark, aber nicht in Deutschland nutzen dürfte, je nach Samenbank zwischen 300 und 1 000 Euro weniger als der eines »offenen« Spenders. Das gilt für eine einzige Samenprobe.

Deutsche Samenbanken

Tilda hat sich nach ihren unbefriedigenden Erfahrungen mit Privatspendern nun doch für eine Samenbank entschieden. Allerdings ist sie schon beim Scrollen durch den Onlinekatalog einer dänischen Samenbank überfordert von den seitenlangen Angaben über die Spender, die sie an ein polizeiliches Führungszeugnis erinnern. Und so fällt ihre Wahl auf eine deutsche Samenbank. Hier gibt sie nur ein paar Wunschmerkmale an und überlässt den Angestellten der Samenbank die Entscheidung. Constanze Bleichrodt, Geschäftsführerin der Cryobank München, weiß: Viele Frauen, die zu ihr kommen, schätzen die persönliche Beratung. Dort wählt ein Frauenteam der Samenbank »gemeinsam einen für die jeweilige Frau passenden Spender [aus]. Natürlich gemäß ihren Angaben und Vorgaben beziehungsweise Vorstellungen.« Viele Frauen, so Bleichrodt weiter, schätzen es, wenn »eine außenstehende Person, der sie vertrauen und der sie eine sehr sorgfältige Wahl zutrauen, diese Entscheidung für sie trifft.«[84]

Und wann macht es Klick bei einem Spender? Ann-Kathrin Klym, Laborleiterin bei der Berliner Samenbank (BSB), sagt über die Spenderauswahl: »[Es] ist immer eine Mischung aus Kopf- und

[84] Schiller, H.: Der Bedarf und der Mut, als Singlefrau alleine eine Familie zu gründen, steigen rapide. Solomamapluseins. 09.03.2019. https://www.solomamapluseins.de/interview-constanze-bleichrodt-cryobank-muenchen-bedarf-als-singlefrau-familie-zu-gruenden-steigt-rapide/ (abgerufen am 12.06.2021)

Bauchgefühl. Manchmal schließt man einen Spender aus, weiß gar nicht, warum, aber irgendwie passt er einfach nicht.«[85]

Recht auf Kenntnis der eigenen Abstammung

1989 hat das deutsche Bundesverfassungsgericht entschieden, dass jeder Mensch das Recht auf Kenntnis der eigenen Abstammung hat.[86] Das gilt sowohl für Adoptivkinder als auch für sogenannte »Kuckuckskinder« und Kinder von Samenspendern. Vor dieser Entscheidung hatten etliche Kliniken Wunscheltern vertraglich zugesichert, dass der Spender für das Kind auf ewig anonym bleiben werde. Wie auf der Vereinsseite von spenderkinder.de nachzulesen ist, waren anonyme Samenspenden in Deutschland allerdings zu keinem Zeitpunkt erlaubt. Auch nicht vor dem 1989er Urteil. Dadurch ist auch eine Vereinbarung zwischen Klinik und Wunscheltern wirkungslos.[87] Das Oberlandesgericht Hamm bekräftigt das durch sein Urteil vom 2. Februar 2013. Dieses besagt, dass das Interesse von Menschen, die über eine Samenspende gezeugt wurden und mehr über ihre biologische Herkunft erfahren wollen, höher zu bewerten ist als das Recht des Samenspenders auf Anonymität.[88] Somit haben alle Kinder, die mithilfe einer

---

85 Es war nie verboten, alleinstehende Frauen in Deutschland zu behandeln. https://www.solomamapluseins.de/samenspende-spenderkinder-berliner-samenbank-bsb-ann-kathrin-klym/ (abgerufen am 12.06.2021)

86 Das Recht auf Kenntnis der eigenen Abstammung. 10.03.2017. https://www.bpb.de/gesellschaft/digitales/persoenlichkeitsrechte/244846/das-recht-auf-kenntnis-der-eigenen-abstammung (abgerufen am 12.06.2021)

87 Die Rechtliche Situation. Was genau ist das Recht auf Kenntnis der eigenen Abstammung? https://www.spenderkinder.de/infos/dierechtlichesituation/ (abgerufen am 03.06.2021)

88 Urteil Oberlandesgericht Hamm, I-14 U 7/12. https://www.justiz.nrw.de/nrwe/olgs/hamm/j2013/I_14_U_7_12_Urteil_20130206.html (abgerufen am 10.06.2021)

anonymen Samenspende gezeugt wurden, Anspruch auf die Herausgabe der Daten des Samenspenders. Das haben unter anderem der Bundesgerichtshof (28.01.2015), das Amtsgericht Hannover (17.10.2016) und das Amtsgericht Wedding (27.04.2017) in unterschiedlichen Fällen entschieden. In einer der Urteilsbegründungen heißt es, der Samenspender habe sich bewusst dafür entschieden, menschliches Leben zu zeugen. Somit trage er eine soziale und ethische Verantwortung.[89]

Spenderkinder, die bis zum 30. Juni 2018 in Deutschland über eine Samenspendenbehandlung entstanden sind, können sich mit Vollendung des 18. Lebensjahres an die Klinik oder Samenbank wenden, in der sie gezeugt wurden, falls sie mehr über ihren biologischen Vater erfahren möchten. Seit dem 1. Juli 2018 gibt es für in Deutschland gezeugte Spenderkinder das zentrale Samenspenderregister, das zunächst beim Deutschen Institut für Medizinische Dokumentation und Information (DIMDI) geführt wurde. Seit dessen Auflösung am 26. Mai 2020 führt das Bundesinstitut für Arzneimittel und Medizinprodukte (BfArM) dieses Samenspenderregister weiter und speichert personenbezogene Daten des Spenders und der biologischen Mutter für 110 Jahre.

Ein Spenderkind, das ab dem 1. Juli 2018 gezeugt wurde, kann diese Daten nach Vollendung des 16. Lebensjahres anfordern – auch wenn es nur glaubt, durch eine Samenspende entstanden

---

[89] Vgl. https://www.kostenlose-urteile.de/BGH_XII-ZR-20113_Kinder-haben-Anspruch-auf-Auskunft-ueber-Identitaet-des-anonymen-Samenspenders.news20537.htm; https://www.kostenlose-urteile.de/AG-Hannover_432-C-764015_Reproduktionsklinik-muss-einem-durch-Samenspende-gezeugten-Kind-Namen-des-biologischen-Vaters-nennen.news23303.htm; https://www.kostenlose-urteile.de/AG-Wedding_13-C-25916_Samenbank-muss-minderjaehrigem-Kind-Auskunft-ueber-Daten-des-Samenspenders-erteilen.news24212.htm

zu sein. Vor dem 16. Geburtstag des Spenderkindes können die gesetzlichen Vertreter (meistens die Eltern) diese Daten erfragen.[90]

Durch das Samenspenderregistergesetz (SaRegG) vom 17.07.2017 werden Samenspender und sozialer Vater komplett voneinander getrennt. Der biologische Vater, der über eine Samenbank seinen Samen spendet, muss also nicht befürchten, jemals Unterhalt für seine Spenderkinder zahlen oder ihnen etwas vererben zu müssen. Durch diese BGB-Ergänzung hat er allerdings auch keinerlei Anspruch auf das Sorgerecht für seinen entstandenen Nachwuchs. Ein zusätzlicher Passus im Bürgerlichen Gesetzbuch (BGB) macht es möglich.

Suche nach dem biologischen Vater

In Deutschland gibt es schätzungsweise mehr als 100 000 Kinder, die über eine Samenspende entstanden sind. Unklar ist, wie viele von ihrer Entstehung wissen, da die meisten mit zwei Elternteilen aufwachsen und kein offensichtlicher Anlass für das Kind besteht, an seiner biologischen Herkunft zu zweifeln. Der Verein Spenderkinder »repräsentiert die Sicht der entstandenen Kinder auf ›Samenspende‹ und andere Formen der Familiengründung mit Samen oder Eizellen einer dritten Person«. Mit ihrer Suchkampagne »Wer bist du?« möchten die Vereinsmitglieder die Männer erreichen, durch deren Samenspende sie entstanden

90 Vgl. Fragen und Antworten – Samenspenderregistergesetz. https://www.bundesgesundheitsministerium.de/service/begriffe-von-a-z/s/samenspender-register/faqs-samenspenderregistergesetz.html (abgerufen am 04.07.2021)

sind. Weil diese ein »Puzzleteil [ihres] Lebens und [ihrer] Identität sind«.[91] Die Paar- und Familientherapeutin Dr. Petra Thorn erklärt: »Wir fühlen uns nur komplett, wenn wir wissen, wo unsere biologischen Ursprünge sind. Einige sagen, es gibt (…) eine Leerstelle in unserer Biografie, die wollen wir füllen. Das ist offensichtlich ein menschliches Urbedürfnis.« Dr. Peter G. Kühn, der zum Thema »genealogische Wurzeln« forscht, ergänzt: »Es ist wichtig zu wissen, wo die eigenen Wurzeln sind. (…) Ich glaube, nur wenn man einen festen Standort hat, (…) kann man sich weit aus dem Fenster lehnen. (…) Wenn man das Gefühl hat, da ist eine Unsicherheit, da ist was schwammig, da ist vielleicht ein Loch (…), das macht den Menschen psychisch eher unsicher.«[92]

Probleme mit Spendern von Samenbanken

Was ich damals nicht wahrhaben möchte: Samenbanken sind nicht unfehlbar. Es kann passieren, dass ein Spender trotz aller sorgfältigen Untersuchungen Erbkrankheiten an seine Nachkommen verteilt oder ein Privatspender als Massenspender tätig ist und parallel in mehreren Samenbanken spendet.[93] Genauso

---

[91] Unsere Suchkampagne. https://www.spenderkinder.de/unsere-suchkampagne/ (abgerufen am 14.07.2021)

[92] *Ich mach mir ein Kind – Mutterglück ohne Sex.* https://vimeo.com/160536176 (abgerufen am 14.07.2021)

[93] Vgl. Mroz, J.: The Case of the Serial Sperm Donor. The New York Times. 01.02.2021. https://www.nytimes.com/2021/02/01/health/sperm-donor-fertility-meijer.html (abgerufen am 14.07.2021)

gibt es Männer, die bei der eigenen Lebensgeschichte flunkern, sich ein paar IQ-Punkte schlauer rechnen und eine kriminelle Vergangenheit verschweigen. So geschehen bei einem amerikanischen Samenspender, der im Lebenslauf nicht nur seine Schizophrenie unter den Teppich kehrte, sondern sich vom Kellner mit Berufswunsch Schlagzeuger zum Doktoranden der Neurowissenschaften mit IQ 160 beförderte.[94] Mindestens genauso sprachlos machen die Fruchtbarkeitsbetrügereien (»fertility fraud«) von Kinderwunschärzten, die ohne das Wissen der Wunschmutter oder der Wunscheltern als Samenspender eingesprungen sind, um etwaige Engpässe zu kaschieren.[95] Der inzwischen verstorbene niederländische Gynäkologe Dr. Jan Karbaat wurde durch diesen Akt heimlicher Vater von mindestens 200 Kindern.[96] Auch der Essener Reproduktionsmediziner Thomas Katzorke sprang als Samenspender ein und zeugte eine unbekannte Anzahl an Kindern. Das berichtet unter anderem der *Tagesspiegel*.[97]

Viele solcher Fälle kommen ans Licht, weil erwachsene Spenderkinder mithilfe von DNA-Datenbanken wie ancestry.de,

---

94 Vgl. Griffith, K.: Ex-con sperm donor with schizophrenia. Daily Mail. 11.09.2020. https://www.dailymail.co.uk/news/article-8723761/Prolific-sperm-donor-Chris-Aggeles-lied-schizophrenia-speaks-Donor-9623-podcast.html (abgerufen am 23.05.2021)

95 Vgl. Mroz, Jacqueline (21.08.2019). Their Mothers Chose Donor Sperm. The Doctors Used Their Own. The New York Times. https://www.nytimes.com/2019/08/21/health/sperm-donors-fraud-doctors.html (abgerufen am 23.05.2021)

96 Vgl. Moorhead, J.: The man who may have secretly fathered 200 children. The Guardian. 15.07.2017. https://www.theguardian.com/lifeandstyle/2017/jul/15/the-man-who-may-have-secretly-fathered-200-children (abgerufen am 23.05.2021)

97 Vgl. Bachner, F.: Frauen eigenes Sperma injiziert. Wenn Ärzte Vertrauen missbrauchen. Der Tagesspiegel. 14.09.2020. https://www.tagesspiegel.de/politik/frauen-eigenes-sperma-injiziert-wenn-aerzte-vertrauen-missbrauchen/26183324.html (abgerufen am 29.05.2021)

familytreedna.com, 23andme.com oder myheritage.de nach ihren genetischen Verwandten suchen. Was heutzutage beruhigen dürfte: Laut Arbeitskreis Donogene Insemination[98] sind solche ethisch fragwürdigen Methoden mittlerweile weitestgehend ausgeschlossen. Einerseits, weil das Sperma über sechs Monate in Quarantäne lagern muss und es somit klar zurückverfolgt werden kann. Andererseits, weil heute viel mehr Menschen in den gesamten Ablauf einer Kinderwunschbehandlung eingebunden werden, als es noch in den 1980er-Jahren der Fall war. Ein Arzt kann deswegen nicht mehr unbeobachtet sein eigenes Sperma für die Behandlung verwenden.[99]

Heiminsemination

Wie machen es Singlefrauen mit Kinderwunsch, die weniger Geld zur Verfügung haben? Die ihren Job verloren haben oder keiner festen Arbeit nachgehen können? Haben sie kein Recht auf ein Kind, weil ihnen das nötige Kleingeld für die Kinderwunschbehandlung fehlt? Verheiratete dürfen immerhin auf die Unterstützung ihrer Krankenkasse hoffen, die je nach Versicherung zwischen 50 und 100 % der Kosten für bis zu drei Versuche

---

98 Hinter dem Arbeitskreis verbirgt sich eine »Vereinigung von kompetenten Ärztinnen und Ärzten, Samenbanken, psychosozialen Beratungsfachkräften, Wissenschaftlern und Wissenschaftlerinnen und Laborfachkräften für die Behandlungen mit Spermaproben aus Samenspenden«. https://www.donogene-insemination.de

99 Vgl. Bachner, F.: Frauen eigenes Sperma injiziert. Wenn Ärzte Vertrauen missbrauchen. Der Tagesspiegel. 14.09.2020. https://www.tagesspiegel.de/politik/frauen-eigenes-sperma-injiziert-wenn-aerzte-vertrauen-missbrauchen/26183324.html (abgerufen am 29.05.2021)

einer Kinderwunschbehandlung übernimmt.[100] Vorausgesetzt, das Paar ist aus medizinischen Gründen kinderlos. Und es gibt ein weiteres Hilfspaket für heterosexuelle Paare. In elf Bundesländern (Stand 2021) können sie ihre Kinderwunschbehandlung durch Bund und Länder bezuschussen lassen.[101] Rheinland-Pfalz und Berlin fördern auch lesbische Paare mit Kinderwunsch.[102] In jeder dieser Konstellationen gibt es zwei Menschen, die bestenfalls beide ein Einkommen haben und weniger auf finanzielle Unterstützung angewiesen sind als Solofrauen.

Vielleicht wäre für alleinstehende Frauen mit Kinderwunsch die Heiminsemination, auch Selbstinsemination, eine Möglichkeit.

Sofern keine Fruchtbarkeitsprobleme vorliegen, kann ich mir bei dieser Methode die Kosten von etwa 300 bis 600 Euro für die Insemination in einer Klinik sparen. Hierfür werden nur eine stumpfe Einwegspritze, ein sauberer Becher, spermienfreundliches Gleitgel (optional) und natürlich Sperma benötigt. In den eigenen vier Wänden hinlegen, Sperma mit der Spritze aus dem Becher aufziehen, die Spritzenöffnung möglichst nah am Gebärmutterhals platzieren und alles mit einem kräftigen Schwung in

---

100 Künstliche Befruchtung. Kosten – Methoden – Beste Krankenkassen. https://www.krankenkassen.de/gesetzliche-krankenkassen/leistungen-gesetzliche-krankenkassen/geburt-kinder/kuenstliche-befruchtung/ (abgerufen am 29.05.2021)

101 Unterstützung von Bund und Ländern für Paare mit unerfülltem Kinderwunsch. https://www.informationsportal-kinderwunsch.de/kiwu/finanzielle-foerderung/finanzielle-unterstuetzung (abgerufen am 29.05.2021)

102 Berlin unterstützt lesbische Paare bei Kinderwunsch. 02.07.2021. https://www.rnd.de/politik/berlin-unterstuetzt-lesbische-paare-bei-kinderwunsch-UON4RZQVVDLWUV7W6C2AEJXCEY.html; Rheinland-Pfalz fördert Kinderwunsch-Behandlung. 26.02.2021. https://www.aerztezeitung.de/Nachrichten/Rheinland-Pfalz-foerdert-Kinderwunsch-Behandlung-417493.html (abgerufen am 29.08.2021)

mich hineindrücken erscheint mir gar nicht so schwer. Co-Mama Jennifer bezeichnet diese Bechermethode auf ihrem Blog planningmathilda.com als die »einfachste und billigste Methode, ein Kind zu zeugen. Wenn man es nicht wie Adam und Eva machen möchte«.[103] Diese Methode nennt sich wie an anderer Stelle beschrieben auch Intravaginale Insemination (IVI) oder, noch unsexier, *Turkey Baster*-Methode. Bevor es Spritzen für Selbstinseminationen gab, haben sich Frauen mit einer Bratenspritze beholfen, die üblicherweise dafür benutzt wird, Bratensaft aufzusaugen und über die Weihnachtsgans zu tröpfeln.[104]

Für mich ist diese Methode keine Option. Ich kann nicht mal eine Schablone an der gestrichelten Linie ausschneiden. Wie treffe ich mit einer kleinen Spritze den Ort, auf den es ankommt? Die Heiminsemination streiche ich von meiner Eventuell-Liste.

Spendersamen von einer Samenbank für die Heiminsemination?

Während es in Deutschland zu keinem Zeitpunkt erlaubt war, sich Spendersamen einer deutschen Samenbank nach Hause liefern zu lassen, war das für Spendersamen von dänischen Samenbanken

---

[103] Auf Jennifers Blog *Planningmathilda* erläutert sie detailliert die Methode der Heiminsemination und der Bechermethode, durch die sie selbst schwanger geworden ist. https://planningmathilda.com/die-kunst-der-heiminsemination/; https://planningmathilda.com/making-mathilda/ (abgerufen am 27.05.2021)

[104] The Turkey Baster Method 101: Making A Baby. https://mosiebaby.com/blogs/conception-101/the-turkey-baster-method-101-making-a-baby (abgerufen am 27.05.2021)

bis zum 30. Juni 2018 problemlos möglich. Seit dem 1. Juli 2018 darf allerdings auch aus Dänemark kein Spendersamen mehr an Privathaushalte innerhalb der EU verschickt werden. Dadurch sind die Möglichkeiten, im häuslichen Umfeld mit Spendersamen von einer Samenbank schwanger zu werden, eingeschränkter. Zwar dürfen lizenzierte medizinische Fachkräfte, zum Beispiel Hebammen, Krankenschwestern oder zertifizierte Ärzte, Spendersamen in Empfang nehmen. Sie müssen aber auch gewährleisten, dass der Spendersamen zur »richtigen« Frau gelangt (Rückverfolgbarkeit). Darüber hinaus sind die Fachkräfte verpflichtet, die Geburt eines Kindes, welches mithilfe einer Samenspende gezeugt wurde, ans BfArM zu melden.[105]

Dänische Hebammen-Kliniken

Wo finde ich eine Klinik, die mich behandelt? Google zeigt mir Dänemark als Ziel meiner Träume an. Im zweitglücklichsten Land Europas darf ich mir als Alleinstehende ein Kind machen lassen. Deutschland taucht bei meiner damaligen Recherche

[105] Vgl. Interview Line, Minute 18:14 (https://anchor.fm/solomamapluseins/episodes/006--Im-Gesprch-mit-Line-Oetzmann-von-der-Samenbank-SellmerDiers-eehrq3). Seit dem 15. Oktober 2021 liefert SellmerDiers nicht mehr an Privatadressen in Deutschland.

an keiner Stelle auf. Als ich mich auf den Seiten verschiedener Kinderwunschkliniken umschaue, lese ich nur Einschränkungen wie »dürfen keine Alleinstehenden behandeln« und »nur heterosexuelle Paare«. Auch in Dänemark ist es nicht immer so gewesen, dass Singlefrauen mit offenen Armen empfangen wurden. Bis zum Jahr 1997 ist es eine rechtliche Grauzone für die Ärzteschaft, alleinstehende Frauen und lesbische Paare dabei zu unterstützen, schwanger zu werden. Durch ein neues dänisches Fruchtbarkeitsgesetz *(befrugtningsloven)* vom Juni 1997 wird die Grauzone zur Verbotszone.[106] Jeder Arzt macht sich ab sofort strafbar, wenn er nicht-heterosexuellen Paaren oder Alleinstehenden zu einer Schwangerschaft verhilft.

Das kam für die Hebamme Nina Stork sehr ungelegen. Sie und ihre Partnerin Inger versuchten seit Monaten mithilfe einer Kinderwunschklinik, Eltern zu werden. Weil Nina verschlossene Eileiter hat, war sie auf eine medizinische Behandlung angewiesen, welche ihr mit dem neuen Gesetz verwehrt wurde. Ein Schock. Und eine schreiende Ungerechtigkeit, wie sie fand. Denn als Hebamme schien sie gut genug zu sein, anderen Frauen bei der Geburt zu helfen. Nur selbst Mutter werden sollte sie nicht. Doch Nina fand ein Schlupfloch im System. Das Gesetz galt lediglich für Ärztinnen und Ärzte. Nicht für Hebammen. Und so gründete Nina 1999 die private StorkKlinik. Ein Ort, an dem Frauen, unabhängig von ihrem Beziehungsstand und ihrer sexuellen Orientierung, behandelt werden dürfen. Nina hat sich seitdem auf die Fahnen geschrieben, dass keine Frau mit Kinderwunsch so leiden

106 Lov om kunstig befrugtning i forbindelse med lægelig behandling, diagnostik og forskning m.v. https://www.retsinformation.dk/eli/lta/1997/460 (abgerufen am 27.05.2021)

soll wie sie.[107] Nach und nach folgten weitere Privatkliniken Nina Storks Beispiel. Auch weil es ein lukratives Geschäftsmodell ist, mit dem sich gutes Geld verdienen lässt. Dank Ninas Öffentlichkeitsarbeit und ihrem politischen Engagement passte das dänische Parlament sein Fruchtbarkeitsgesetz erneut an. Seit Januar 2007 dürfen Ärzte in Dänemark nun ganz offiziell Frauen ohne Partner und lesbischen Paaren zur Mutterschaft verhelfen.[108]

Als ich mich über Kliniken informiere, mit deren Hilfe ich schwanger werden kann, ist Dänemark bereits acht Jahre singlefreundlich. Es ist dort so selbstverständlich für Frauen geworden, allein Mutter zu werden, dass ihnen genauso wie Paaren die ersten drei Versuche einer Kinderwunschbehandlung durch die Krankenkasse finanziert werden. Und für die Kinder einer *solomor,* der dänischen Bezeichnung für Solomutter, also einer alleinstehenden Frau, die mithilfe eines Samenspenders Mutter wird, gibt es finanzielle Leistungen on top: Kinder- und Jugendgeld (gestaffelt nach Alter), Kinderzulagen für Alleinerziehende und staatliche Unterhaltsleistungen, wenn der Vater unbekannt, zum Beispiel ein Samenspender ist. 2021 kommt dadurch für eine *solomor* pro Quartal eine Summe von 11 985 Dänischen Kronen zusammen. Das sind etwa 1 611 Euro, also knapp 403 Euro pro Monat.[109] Davon kann ich in Deutschland nur träumen.

---

107 Vgl. Wendt Jensen, C.; Størum Kragh, M.: Fruchtbarkeitsklinik. Nina Stork hat über 4 000 Kindern von Singles und Lesben auf die Welt geholfen. 16.03.2015. (Originaltitel: Nina Stork har hjulpet over 4.000 børn af enlige og lesbiske til verden.) https://www.alt.dk/artikler/nina-stork-forst-kvinde-bag-privat-fertilitetsklinik-der-hjalper-enlige-og-lesbiske (abgerufen am 30.05.2021)

108 Vgl. Haarhoff, H.: Die Kinder-Frau. Taz Archiv. 16.11.2006. https://taz.de/Die-Kinder-Frau/!351711/ (abgerufen am 30.05.2021)

109 Child allowance in Denmark. https://lifeindenmark.borger.dk/family-and-children/family-benefits/child-allowance (abgerufen am 30.05.2021)

Praxen oder Kliniken zu finden, die mich behandeln würden, ist in Dänemark also kein Problem. Mich für eine Einrichtung zu entscheiden aber schon, denn viele werben aktiv um Frauen aus Deutschland. Einige bieten für den Zeitraum der Behandlung Rabatte auf Hotelbuchungen an. Deutsch sprechen fast alle Anbieter, denn für die Dänen sind wir gute Kundinnen. Laut Statistiken der dänischen Gesundheitsbehörden behandeln ihre Kliniken jährlich etwa 1 500 Frauen aus Deutschland (Stand: 2017).[110] 2016 gehöre auch ich dazu.

Ich vergleiche ein knappes Dutzend Praxen miteinander. Meine Kriterien:

- Welche Klinik ist preiswert?
- Wie transparent werden die Preise kommuniziert?
- Bei welcher benötige ich die wenigsten Voruntersuchungen?
- Hat die Klinik flexible Sprechzeiten?
- Gibt es längere Zeiträume, in denen die Klinik geschlossen ist und mich nicht behandeln könnte?
- Wie gut werde ich über die Behandlungsmöglichkeiten und die Risiken aufgeklärt?
- Welche Mitarbeiter gehen empathisch auf meine Fragen ein?
- Wo komme ich am einfachsten hin?

Meine Entscheidung fällt auf die Sellmer Klinik am Rande von Kopenhagen, die von Berlin aus gut zu erreichen ist. Was meine Hemmschwelle ebenfalls senkt: Viele der Mitarbeiterinnen sind selbst über eine Samenspende Mutter geworden. So auch

---

[110] German singles flocking to Denmark…to get pregnant. 01.06.2017. https://www.thelocal.de/20170601/german-singles-coming-to-denmark-to-get-pregnant/ (abgerufen am 30.05.2021)

die Hebamme Mia, mit der ich mein erstes Skype-Vorgespräch führe. Sie kann gut nachvollziehen, dass dieser Schritt für mich ein aufregendes Abenteuer ist.

Fruchtbarkeitstouristin und Voruntersuchungen

Kurz nach meinem fünfunddreißigsten Geburtstag spendiere ich mir eine Flugreise in die dänische Hauptstadt. Ich werde Fruchtbarkeitstouristin.[111] Mit im Gepäck habe ich eine ganze Reihe von Untersuchungsergebnissen, ohne die ich nicht loslegen darf mit der Behandlung:

- negativer HIV-Test
- negativer Hepatitis-B- und -C-Test
- aufgefrischte Masern-Mumps-Röteln-Impfung. Die ist der einzige Wermutstropfen, weil ich nach dieser Impfung drei Monate warten muss bis zum Start der Behandlung. »Nur zur Sicherheit. Weil es sich um eine Lebendimpfung handelt und das Ungeborene keinem unnötigen Risiko ausgesetzt werden soll«, erklärt mir Mia in perfektem Deutsch.

Um die Wartezeit zu überbrücken, lasse ich meine Schilddrüsenwerte durchchecken. Viel zu hoch und »chronisch entzündet«,

[111] Einige Experten sprechen lieber von »reproduktivem Exil«, weil »Tourismus« Reisen aus Freude bedeute und dadurch Fruchtbarkeitsprobleme verharmlose. (Was ist Reproduktionstourismus? Kosten, Nutzen und Länder. https://www.invitra.de/reproduktionstourismus/)

stellt mein Endokrinologe fest. »Bekommen wir aber in den Griff«, beruhigt er mich, als er mein erschrockenes Gesicht sieht. Er verschreibt mir Medikamente, und tatsächlich: Nach sechs Wochen ist es, als hätte ich nie Hashimoto-Thyreoiditis gehabt. »Bitte alle drei Monate kontrollieren lassen«, bekomme ich als Anweisung mit auf den Weg.

Wie das Deutsche Schilddrüsenzentrum berichtet, »sind etwa 10 % der ungewollt kinderlosen Frauen von einer Schilddrüsenstörung betroffen«.[112] Es lohnt sich immer, diese Hormonwerte abzuklären, wenn frau schwanger werden will.

Ich nehme außerdem seit vier Wochen Folsäure ein, um das Risiko für Fehlbildungen bei meinem zukünftigen Kind zu reduzieren. Jetzt fehlen noch ein Kontrolltermin und eine professionelle Zahnreinigung bei meiner Zahnärztin. Weil ich als Schwangere besonders anfällig bin für Karies, Parodontitis (bakterielle Entzündung des Zahnbettes) und Zahnfleischentzündungen, möchte ich mir und meinem künftigen Ungeborenen so wenige Eingriffe wie möglich zumuten, die medizinisch nicht notwendig sind.[113]

Und gibt's sonst etwas zu beachten? »Du solltest erst einen Spender auswählen, wenn du weißt, ob du CMV-positiv oder CMV-negativ bist«, rät Mia. Noch mehr Kinderwunsch-Latein. CMV bedeutet Zytomegalie-Virus, eine Form des Herpes-Virus. CMV-positiv heißt demnach, ich trage das Virus in mir, das Schätzungen zufolge bei 50 % der europäischen Bevölkerung vorkommt. Stecke ich mich allerdings während meiner Schwangerschaft damit an, kann diese akute CMV-Infektion in

112 Schilddrüse und Kinderwunsch. https://www.deutsches-schilddruesenzentrum.de/wissenswertes/schilddruese-und-kinderwunsch/ (abgerufen am 30.05.2021)

113 Vgl. Schwanger zum Zahnarzt. 05.03.2020. https://www.zahn.de/zahn/web.nsf/id/pa_schwanger_zum_zahnarzt.html (abgerufen am 12.10.2021)

der Frühschwangerschaft zu einer Fehlgeburt oder zu massiven Behinderungen des Kindes führen.[114] Deswegen der Tipp von Mia: Bin ich CMV-negativ, sollte ich ebenfalls einen CMV-negativen Spender nehmen. Der Bluttest bei meinem Hausarzt verrät erfreulicherweise, dass ich bereits infiziert war und dadurch eine deutlich größere Auswahl an Kandidaten zur Verfügung habe, die sowohl CMV-negativ als auch CMV-positiv sein dürfen.

Auf Mias Empfehlung hin esse ich ein paar Wochen vor meinem Termin in der Hebammenpraxis weniger fetthaltige Lebensmittel und trinke ein bis zwei Tassen Kaffee pro Tag. Gemäß einer 2019 durchgeführten dänischen Studie haben Frauen mit einem täglichen Kaffeekonsum von bis zu fünf Tassen – im Gegensatz zu Nie-Kaffee-Trinkerinnen – eine 1,5-fach höhere Wahrscheinlichkeit, bei einer Insemination schwanger zu werden und ein Kind lebend zu gebären.[115] Ein paar Tage vor der Abreise messe ich wie eine Irre meine Temperatur, um meinen Eisprung richtig einzuschätzen.

Ganz schön viel Vorarbeit, um ein Kind zu bekommen.

---

[114] Zytomegalie. https://www.leading-medicine-guide.de/erkrankungen/infektionen/zytomegalie; Meyer, A.: Zytomegalie in der Schwangerschaft. »Ich hätte Ihnen das wirklich gern erspart.« Deutschlandfunk. 13.03.2020. https://www.deutschlandfunk.de/zytomegalie-in-der-schwangerschaft-ich-haette-ihnen-das.740.de.html?dram:article_id=474065 (abgerufen am 27.05.2021)

[115] Impact of female daily coffee consumption on successful fertility treatment: a Danish cohort study. 28.04.2019. https://www.fertstert.org/article/S0015-0282(19)30287-0/fulltext (abgerufen am 31.05.2021)

Erster Versuch

Endlich ist es dann so weit.

Mit einem Rollkoffer checke ich in einem Motel ein, das an einen quadratischen Kasten erinnert. Als ich dem Mann an der Rezeption den Rabattcode meiner Praxis nenne, legt er mir den Schlüssel auf den Tresen. »Your keys. Second floor.« Mit einer knappen Handbewegung zeigt er in Richtung Fahrstuhl. Schnell rein ins Zimmer. Mit meiner Leinenhose und den Turnschuhen passe ich nicht so recht in dieses schicke Ambiente. Aber ist ja nur für zwei Nächte.

Bereits am folgenden Morgen geht es los. In der Praxis plaudere ich zunächst ein wenig mit der Hebamme Mia, die ich bereits von unseren Skype-Gesprächen kenne. Ich schaue mir die an der Wand hängenden Babybilder an, und Mia erzählt mir davon, wie viele Frauen sie auf dem Weg zur Schwangerschaft begleitet hat. Und dass sie auch ein Spenderkind hat. Ich fühle mich sehr gut aufgehoben und verstanden. Dann fülle ich Unterlagen aus, in denen unter anderem steht, dass es keine Garantie für eine Schwangerschaft gibt. Mia macht einen Ultraschall und beschließt, dass der heutige Tag der richtige für die Behandlung ist. Auf der Behandlungsliege führt sie mir sachte und in meditativer Atmosphäre mit einer Kanüle das Sperma ein. Es zwickt ein bisschen wie bei einem PAP-Abstrich beim Frauenarzt. Vermutlich harmlos verglichen mit einer Geburt. Ich darf entscheiden: Lasse ich mich nur einmal oder zwei Tage hintereinander inseminieren? Die Doppelinsemination kostet allerdings auch doppelt so viel. Und der Nutzen ist umstritten. 1998 waren sich Forscher sicher: Wird eine Frau an zwei Tagen hintereinander inseminiert, wird sie mit einer größeren Wahrscheinlichkeit schwanger, als wenn sie sich nur ein Mal pro Zyklus inseminieren lässt.[116] Seitdem hat sich einiges getan. Neuere Untersuchungen, unter anderem aus den Jahren 2014 und 2019, sehen keinen Unterschied zwischen einer Insemination pro Zyklus und einer Mehrfach-Insemination.[117] Ist der Zeitpunkt für die IUI richtig gewählt, besteht also kein Grund, sich doppelt oder dreimal pro Zyklus inseminieren zu lassen.

Ich bleibe bei einem Versuch. Schließlich habe ich meinen Rückflug nach Berlin bereits für den Folgetag gebucht.

Mia wünscht mir alles Gute.

An diesem Nachmittag bin ich eine der glücklichsten deutschen Frauen in Dänemark. Sofort rufe ich meine Schwester und danach Alexandra an, um ihnen von meinem ersten Versuch zu berichten. »Dachte ich mir schon, dass du dein Baby planst«, sagt Alexandra. »Ich drücke dir ganz fest die Daumen, dass es klappt.«

Zweifel

Zwölf Tage lang rede ich mit dem kleinen Punkt in meinem Inneren, damit er es sich gemütlich macht in mir. Ich sehne den ersten Ultraschall herbei, denke mir Namen für mein Baby aus und glaube zu spüren, wie sich in meinem Körper neues Leben einnistet. Ich genieße das flaue Gefühl im Magen einige Tage, nachdem ich aus Kopenhagen zurück bin. Wie

[116] Two-day IUI treatment cycles are more successful than one-day IUI cycles when using frozen-thawed donor sperm. https://www.ncbi.nlm.nih.gov/m/pubmed/9796621/ (abgerufen am 01.06.2021)

[117] Single and double donor sperm intrauterine insemination cycles: Does double IUI increase clinical pregnancy rates? https://www.ncbi.nlm.nih.gov/pmc/articles/PMC4149942/. 2014; Double intrauterine insemination (IUI) of no benefit over single IUI among lesbian and single women seeking to conceive. https://pubmed.ncbi.nlm.nih.gov/31410635/. 2019 (abgerufen am 01.06.2021)

empfindlich ich auf Berührungen reagiere. Und wie meine Laune von übersprudelnder Freude zu tiefer Melancholie hin und her springt.

Am dreizehnten Tag verabrede ich mich mit Alexandra bei unserem Stammitaliener. Als ich mich gerade an unseren Tisch setze, ziept es in meinem Unterleib so heftig, dass ich auf die Restauranttoilette verschwinden muss. Ich zittere, als ich mit einem Stück Toilettenpapier etwas Schmieriges abwische. Minutenlang starre ich auf den Fleck auf dem Papier. Hellbraun und unscheinbar. Aber ich ahne, was er bedeutet. Ich versuche zu weinen. Bekomme aber nichts weiter raus als ein trockenes Wimmern. Was habe ich falsch gemacht? Zu wenig Rohkost gegessen. Dafür zu viele Gummibärchen. Ich habe mich auch zu selten bewegt. Oder sogar zu viel? Immerhin sprinte ich morgens dreiundvierzig Treppenstufen die S-Bahn-Station hoch. Drei Mal habe ich vergessen, Folsäure einzunehmen. Ich habe zu viel gelacht und zu oft gezweifelt. Wie hätte sich mein kleiner Zwerg in einer solchen Chaosmutter wohlfühlen können?!

Ich spritze mir kaltes Leitungswasser auf meine glühenden Wangen und rede mir ein, dass nichts Besonderes passiert sei. Während ich mich wieder zu Alexandra setze, versuche ich, beiläufig zu klingen: »Hat nicht geklappt.«

Sie blickt von der Speisekarte auf, die sie gerade studiert, und sagt nach einem kurzen Augenblick der schmerzhaften Stille: »Das tut mir so leid.«

Ich zucke mit den Schultern, schlucke stumm und unterdrücke die aufsteigenden Tränen. In der Öffentlichkeit weinen ist das Letzte, was ich jetzt gebrauchen kann.

Zum Nachtisch bestelle ich mir ein mit Likör getränktes Tiramisu. Jetzt ist doch sowieso alles egal.

Alles auf Anfang?

Ganze 168 Stunden verkrieche ich mich in meiner 60 Quadratmeter großen Zweizimmerwohnung und lasse die mandarinenfarbenen Plissees sogar tagsüber geschlossen. Bestelle Thunfischpizza, trinke Baldriantee und Leitungswasser, schaue zweimal »… und dann kam Polly« und »Alles steht Kopf«. Höre Chansons von Benjamin Biolay rauf und runter. Ich drücke Anrufe weg und umarme stundenlang meine Daunendecke, als wäre sie die Einzige, die mich wirklich versteht.

Sollte es nicht ein riesiger Spaß sein, ein Kind zu zeugen? In Wahrheit ist es irrsinnig viel Arbeit. Und kostet. So. Viel. Energie. Die Reise nach Kopenhagen auf meinen Eisprung abzustimmen. Den geeigneten Flug rauszusuchen. Ein Hotel zu buchen. Urlaub einzureichen, darauf zu hoffen, dass er genehmigt wird. Und wie lange reicht mein Erspartes für diesen Weg zu meinem Wunschkind aus? 1 300 Euro habe ich bis jetzt ausgegeben. Nicht eingerechnet die emotionale Investition. Die Euphorie, das Hoffen und Bangen bis zum Urteil »schwanger« oder »nicht schwanger«. Dann die totale Enttäuschung und Ernüchterung. Schaffe ich das ein zweites Mal? Während ich dabei wieder ganz auf mich allein gestellt bin? *Du bist nicht allein,* fegt es mir durch den Kopf. Du tust nur einiges dafür, andere nicht an dich heranzulassen.

Nach 168 Stunden freiwilliger Selbstisolation ist es an der Zeit, wieder Licht in mein Universum zu lassen. Als ich die Lamellen meines Plissees zusammenschiebe, wirft die Sonne einen Blick auf mich.

Zeit, mit jemandem aus meiner Familie über meine Pläne zu sprechen, damit ich nicht alles mit mir allein ausmachen muss.

Oleanderstaub

Es gibt Gespräche, die sich schon vor den ersten Sätzen unbequem anfühlen. Einige Tage nachdem mir auch ein Bluttest bescheinigt hat, dass ich nicht schwanger bin, besuche ich für ein solches Gespräch meine Eltern.

Papa ist gerade dabei, einen Pfannkuchen mit Gänseblümchen, Brennnesseln und Sauerampfer zuzubereiten. »Ganz frisch aus dem Garten. Ist gleich fertig«, flötet er, während er die gusseiserne Pfanne auf dem Induktionsherd hin und her schiebt. Dann mahlt er bunte Pfefferkörner über den knusprigbraunen Crêpe.

»Ich sag Mama Bescheid.«

Zwischen Sommerflieder und Kirschlorbeeren schneidet Mama einen struppig wilden Brombeerstrauch zurecht und wirft die abgetrennten, mit Dornen besetzten Triebe in eine verzinkte Schubkarre.

»Na«, sage ich in ihre Richtung, während ich auf einem wackeligen Trittstein stehe. Der zitronige Duft von Trompetenlilien steigt mir in die Nase.

»Und? Alles okay?« Es ist der Tonfall einer Mutter, die erkennt, dass natürlich nicht alles okay ist. Weil ich nicht viereinhalb Stunden von der Hektik des Großstadtgetöses in die ländliche Einöde fahre, nur um bei der Gartenpflege zuzuschauen.

»Geht so. Ich hab versucht, schwanger zu werden. Aber es hat nicht geklappt«, stolpert es aus mir heraus. Ich fahre schnell fort, damit mich auf der Hälfte der Strecke nicht der Mut verlässt. »Waren nicht einfach, die ersten Tage. Aber jetzt geht's wieder.« Mama wischt sich mit einer braunerdigen Hand über die Stirn. »Ach so«, ergänze ich, um das Thema abzuschließen. »Übrigens nicht mit Jonas. Sondern mit einem Samenspender von einer Samenbank.«

Mama stemmt ihre Hände in die Seiten und blickt mich sekundenlang an, wie sie mich immer anblickt, wenn sie über die passenden Worte nachdenkt.

Hinter dem grün bemalten Holzzaun, der das Grundstück meiner Eltern von der asphaltierten Spielstraße trennt, rattert ein Nachbar mit seinem 90 Dezibel lauten Elektro-Sitzrasenmäher über das Gras seines Vorgartens, damit es zu den ordentlich aneinandergereihten Hyazinthen und den streng organisierten Buchsbäumchen der umliegenden Grundstücke passt. Was sollen sonst die Leute denken?!

»Ich finde es unverantwortlich und egoistisch, dass du deinem Kind keinen Vater bietest«, »Du weißt doch, wie schwer es sein kann als Alleinerziehende«, »Bist du dir sicher, dass du das Richtige tust?«, »Was sollen denn die Leute denken?« Nichts davon würde meine Mutter sagen. Bei ihrem Nachbarn wäre ich mir nicht sicher. Ihre Worte kann ich trotzdem nicht erahnen.

»Aha … Okay«, sagt sie und tritt neben der Hauswand ein Häufchen aufgeworfene Gartenerde fest. »Schwanger-Werden geht nicht immer so schnell, wie man sich das oft vorstellt. Wär' zumindest ungewöhnlich.« Sie hebt einen Terrakotta-Kübel an, in den sie einen violett schimmernden Oleanderstrauch gepflanzt hat, und setzt ihn auf die festgetretene Erde. Pollen fliegen umher wie Feenstaub, den der Wind verteilt. »Es ist ja nicht, wie den Knopf eines Kassettenrekorders zu drücken.«

Kassettenrekorder, denke ich schmunzelnd. Manchmal, wenn sie solche Begriffe bringt, merkt man ihr gar nicht an, dass sie eine moderne Lebenseinstellung hat. Mit der roten Plastikgießkanne schüttet sie Regenwasser in den Oleanderkübel.

»Das ist doch wirklich etwas ganz Besonderes«, sagt meine Mutter und wischt sich ihre schwieligen Hände an der Bluejeans ab. Und ich ahne, dass sie gerade nicht nur den Oleander meint.

Mit dem gestärkten Gefühl, dass meine Familie hinter mir steht, plane ich meinen zweiten Versuch.

Kritische Reaktionen aus dem Umfeld

Nicht alle Menschen aus dem näheren Umfeld gehen sensibel damit um, wenn ihre Tochter, Freundin oder Bekannte ihnen mitteilt, dass sie plant, allein Mutter zu werden. Möglicherweise reagiert sogar die eigene Familie verhalten oder kritisch, was verunsichern und auch verletzen kann. Familienforscherin Christina Mundlos sagt hierzu, dass es auch Eltern mit mangelndem Mitgefühl gibt, die sich überlegen in ihren bisherigen Erfahrungen als Eltern fühlen und ihren Töchtern mitgeben wollen: Wir können deinen Kinderwunsch nachvollziehen, wissen aber auch, wie die Realität aussieht. Deswegen können wir »den Happyness-Faktor, der vom Eltern-Dasein ausgeht, viel besser einschätzen als du als kinderlose Frau«.[118] Was außerdem ein wichtiger Punkt ist: Jede Frau, die sich überlegt, diesen Weg zu gehen, trifft ihre Entscheidung nicht aus einer Laune heraus. Diejenigen, die zum allerersten Mal davon hören, dass jemand den Wunsch verspürt, allein Mutter zu werden, sind vermutlich im ersten Moment irritiert oder sogar schockiert. Sie haben aber auch

---

118 Mundlos, C.: Dann mache ich es halt allein. Wenn Singlefrauen sich für ein Kind entscheiden und so ihr Glück selbst in die Hand nehmen. mvgverlag. 2017. S. 199 f.

nicht die Zeit gehabt, sich so lange damit auseinanderzusetzen wie die Frau, die es direkt betrifft. Deswegen werden einige Reaktionen viel ungefilterter ausfallen, als man es sich wünschen würde. Das bedeutet jedoch nicht, dass die Einstellung der kritischen Menschen immer so bleibt.

Befruchtung in deutscher Klinik

»Wir behandeln hier Alleinstehende.« Als die dunkelhaarige Ärztin diese Worte zu mir sagt, zieht sie gerade einen Katheter aus meinem Gebärmutterhalskanal. »Beide Eileiter sind durchlässig«, stellt sie mechanisch fest, während sie mit ihrem Drehstuhl zurück hinter den Schreibtisch rollt.

»Ich dachte, in Deutschland darf ich mich nicht behandeln lassen.« Ich fummle mein T-Shirt zurück in die Hose.

»Das hören wir oft. Aber bei uns ist das möglich.« Sie notiert etwas auf einen Zettel. »HIV, Hepatitis … alles noch aktuelle Ergebnisse, sehe ich. Temperaturkurven haben Sie auch brav notiert.« Sie klickt einige Male auf ihrer Computermaus herum. »Blutwerte sehen ebenfalls ordentlich aus. Wir könnten in zweieinhalb Wochen loslegen. Müssten sich dann noch flott Spendersamen besorgen.«

Wow. Dass jetzt alles so rasant geht, damit habe ich nicht gerechnet. Ich wollte nur von einer Kinderwunschklinik abklären lassen, ob meine Eileiter in Ordnung sind. Oder ob es möglicherweise an ihnen liegt, dass es beim ersten Versuch nicht geklappt hat mit dem Schwanger-Werden. Auch möchte ich wissen, wie lange es bis zum nächsten Eisprung dauert, damit ich rechtzeitig meine zweite Kopenhagenreise buchen kann. Meinen Ovulationstests, die ich zu Hause durchführe, vertraue ich nicht hundertprozentig. Und jetzt sitze ich einer Ärztin gegenüber, die mir wie selbstverständlich eine Kinderwunschbehandlung für Singles anbietet. Zwanzig Minuten von meiner Wohnung entfernt.

»Mit diesen Samenbanken arbeiten wir zusammen.« Sie überreicht mir einen Zettel. Darauf stehen in ordentlicher Handschrift, wie ich sie von einer Ärztin nicht gewöhnt bin, zwei Namen: Berliner Samenbank (BSB) und European Sperm Bank (ESB), damals noch Nordic Cryobank. »Die Wahl liegt bei Ihnen.« Die Ärztin verschreibt mir ein Medikament, das die Reifung meiner Eizellen unterstützt, und ein anderes, um den Eisprung zum richtigen Zeitpunkt auszulösen und die Einnistung zu fördern. »Wenn Sie Fragen haben, rufen Sie durch. Ansonsten sehen wir uns zur Insemination.«

Jetzt muss ich mir ganz schnell einen neuen Samenspender suchen. Dieses Mal bekomme ich eine klare Vorgabe von der Klinik: Es darf nur ein »offener« Spender, kein anonymer sein. Da fallen schon mal einige Hundert weg.

Spendersuche für meinen zweiten Versuch in Deutschland

Ein bisschen mulmig ist mir bei der Vorstellung zumute, einen Samenspender aus Deutschland zu nehmen. Besonders wenn ich weiß, dass er ebenfalls in Berlin leben könnte. Wie ich mich kenne, würde ich mich bei jedem Mann, der nur halbwegs diesem Samenspender gleicht, fragen: Ist er das? Sollte ich ihn darauf ansprechen?

Aus diesem Grund entscheide ich mich für eine dänische Samenbank. Das Prinzip bei der European Sperm Bank funktioniert ähnlich wie das bei Cryos International. Ich kreuze Kriterien an, die mir besonders wichtig sind, und eine lange Liste von Spendern taucht auf. Ich darf dem Spender sogar eine persönliche Nachricht hinterlassen, nachdem mein Kind auf die Welt gekommen ist. Diese hinterlegt die Spenderkoordinatorin in dessen Mappe. Und wenn der Spender möchte, kann er sie einsehen.[119] Eine Garantie, dass das geschieht, habe ich zwar nicht, aber ich freue mich trotzdem über diese Möglichkeit.

Eingeloggt mit dem optimistischen Pseudonym »Baldmama« scanne ich alle blonden und blauäugigen Männer zwischen 1,70 und 1,80 m, was meinem Beuteschema unter normalen Partnerwunsch-Umständen entspricht. Schnell wird klar: Keiner meiner Favoriten ist so gesund, wie ich es gern hätte. Irgendwo in der Familiengeschichte taucht immer eine Krankheit auf, die auch in meinem eigenen Familienstammbaum gehäuft vorkommt.

Deswegen beschließe ich: Gesundheit vor Schönheit. Denn Gene sind unberechenbar, und ich möchte zumindest die Wahrscheinlichkeit erhöhen, dass meinem zukünftigen Kind gewisse Anlagen des biologischen Vaters mitgegeben oder eben erspart werden.

Ein passender Spender ist dennoch bald gefunden. Nicht zu groß, nicht zu klein. Seine Nachricht klingt sympathisch, seine Stimme wärmt mich, er ist sportlich und weltoffen. Alles in allem würden wir wohl perfekt zueinanderpassen.

Trotzdem habe ich Angst, mich festzulegen und auf diese Weise vielleicht jemand Besseren zu verpassen. Was, wenn ich die falsche Wahl treffe? Wenn sich herausstellt, dieser Spender passt doch nicht zu mir? Mein Zögern rächt sich. Am nächsten Morgen ist mein Wunschspender verschwunden. *Not in stock.* Vergriffen. Ich verliere ihn an eine Frau, die kein Problem damit hatte, sich zu entscheiden.

---

[119] Schiller, H.: Es ist wichtig klarzustellen, dass man Samenspender ist und kein Vaterersatz. https://www.solomamapluseins.de/interview-european-sperm-bank-samenspender-kein-vaterersatz/ (abgerufen am 01.06.2021)

Immerhin gibt mir das die Gelegenheit, meine Kriterien für einen Samenspender noch einmal zu überdenken. Meine erste Wahl hatte einen entscheidenden Nachteil: eine niedrige Spermiendichte. Spermienqualität wird unter anderem anhand von Motilität (Beweglichkeit der Spermien) gemessen. Aufgrund dieses »Sperma-TÜVs« weiß ich, wie viele aktive Spermien pro Milliliter herumschwimmen. Optimal für eine Insemination wäre eine Motilität von 20 Millionen, um schneller schwanger zu werden. Meine erste Wahl hatte lediglich 10 Millionen. Zum Vergleich: Die Chance, beim ersten Versuch schwanger zu werden, beträgt mit MOT20-Sperma etwa 26,4 % und mit MOT10-Sperma 12,5 %. Bei einer höheren Motilität als 20 Millionen gibt es keinen nennenswerten Anstieg der Schwangerschaftswahrscheinlichkeit.[120]

Also auf ein Neues. Zunächst greife ich mir zufällig ausgewählte Spender und scanne ihre handschriftlichen Notizen. Ich brauche das Gefühl, dass der Mann hinter dem Profil, hinter dem Sperma, das ich kaufen will, ein echter Mensch ist. Jemand, mit dem ich mich auf einen Kaffee treffen könnte, der charmante Schwächen hat und ähnliche Werte vertritt wie ich. Von dem ich glaube, mit ihm könnte ich mich auf einem gewissen Niveau unterhalten, würden wir uns zufällig begegnen. Übrigens tendieren gut ausgebildete Frauen dazu, sich einen Partner auszuwählen, der ihnen in Bezug auf Bildung, Beruf und die soziale Klasse überlegen ist – sozialwissenschaftlich nennt man das Hypergamie –, während Männer sich für Frauen erwärmen, die ihnen geistig und sozial unterlegen sind (Hypogamie). Das haben wir in ähnlicher Form bereits im ersten Kapitel durch Dr. Eckart von Hirschhausen erfahren. Auch wenn es in der

[120] Vgl. Home Insemination: Why does Cryos recommend two MOT10 sperm straws? 18.09.2018. https://blog.cryosinternational.com/usa/cryos-recommended-mot-levels-home-insemination/ (abgerufen am 12.10.2021)

heutigen Zeit einen Trend zugunsten von gleichberechtigten Beziehungen gibt und das Bildungsgefälle zwischen Männern und Frauen weniger stark ausgeprägt ist als in der Vergangenheit, achte ich bei der Auswahl meines Spenders darauf, dass er klug wirkt.

Außerdem ist mir Folgendes wichtig:

- Er sollte bereits Kinder haben. Weil ich dann weiß, dass es schon bei mindestens einer Frau geklappt hat.
- Ich wünsche mir jemanden mit einem positiven, optimistischen Charakter.
- Damit ich die Wahrscheinlichkeit erhöhe, dass mein Kind mir später nicht vollkommen fremd erscheint, sollte der Spender außerdem eine optische Ähnlichkeit mit jemandem aus meiner Familie haben.

Es dauert ein paar Stunden, bis ich einen zweiten passenden Spender gefunden habe. Und es tröstet mich enorm, dass es offenbar nicht nur den Einen gibt, der für mich infrage kommt. Sondern dass auch die zweite Wahl nicht die schlechteste sein muss.

Ich lege drei Halme meines neuen Wunschspenders in den Warenkorb. Und … ich zögere. Bin plötzlich gar nicht mehr so entschlossen, mir Samen von einem vollkommen Fremden zu bestellen. Um ein Kind zu bekommen. Habe Zweifel, mich für diesen Weg zu entscheiden. Diese Zweifel sind gut und wichtig, rede ich mir zu. Sie zeigen, dass du dir Gedanken über etwas machst und nicht blind in etwas reingerätst, was du nicht kontrollieren kannst.

Ich tu es jetzt einfach. Was habe ich zu verlieren?! Nach dem Absenden der Bestellung überkommt mich eine totale Erleichterung. Ich habe die Kontrolle darüber übernommen, wie mein Leben ab sofort weitergeht. Und ich werde es ganz allein schaffen.

Jetzt muss ich nur noch schwanger werden.

Behandlungen für Singlefrauen in Deutschland

Die Ärzte in meiner Berliner Klinik halten mir keine Moralpredigt, weil ich allein ein Kind bekommen möchte. Das ist nicht selbstverständlich, denn mit ihren Regelungen zur assistierten Reproduktion bilden die einzelnen Bundesländer zusammengenommen einen wahren Flickenteppich. Selbst innerhalb einer einzigen Klinik empfängt eine Ärztin begeistert Singlefrauen, während die andere sie wortkarg vor die Tür setzt. Eine Klinik aus NRW schreibt mir: »Zum Wohle des Kindes behandeln wir keine Alleinstehenden. Wir empfehlen Ihnen einen Partner.« Klingt, als könnten sie mir ein Rezept für einen Partner ausstellen: »Nehmen Sie monatlich, während Ihrer fruchtbaren Tage, eine Dosis Partner.« Auf diese Weise entscheiden fremde Menschen darüber, ob ich Mutter werden darf oder nicht. Was ist mit denen, die ihre große Liebe durch ein Unglück oder eine ungewollte Trennung verlieren und dennoch gern Mutter geworden wären? Dürfen Frauen, die ihr Herz nicht mehr für einen neuen Partner öffnen möchten oder können, keine Kinder bekommen? Was ist mit den Frauen, die asexuell oder aromantisch sind, die also gar kein Interesse an einer romantischen Beziehung haben? Müssen sie sich zwingen, eine Partnerschaft einzugehen, damit sie schwanger werden dürfen? Und ich frage mich auch, wie es für eine Frau ist, die vielleicht sogar frauenfeindliche Erfahrungen gemacht hat. Soll sie nicht die Chance bekommen, ein Kind großzuziehen, nur weil sie die intime Nähe eines Mannes nicht mehr möchte?

In dem Aufklärungsbogen, den die Ärzte des Berliner CERES Kinderwunschzentrums ihren Patientinnen aushändigen, begründen sie die Entscheidung, auch Singlefrauen und lesbische Paare zu behandeln, unter anderem damit, dass ein Verbot der Behandlung dieser Personengruppen ein »Eingriff in das allgemeine Persönlichkeitsrecht und das Recht auf Familiengründung« sei.

Der Medizinrechtler Prof. Dr. Jochen Taupitz beruft sich in seinem Beitrag »Künstliche Befruchtung bei gleichgeschlechtlichen Paaren und alleinstehenden Frauen – die geltende Rechtslage« außerdem auf die verfassungsrechtlichen Grundlagen, denen zufolge die »Berufsfreiheit der Fortpflanzungsmediziner (Art. 12 Abs. 1 GG)«[121] beschnitten würde, wenn es ein offizielles Verbot gäbe, bei Singlefrauen und lesbischen Paaren eine künstliche Befruchtung durchzuführen.

Die einen sagen Ja, die anderen sagen Nein zur Behandlung von alleinstehenden Frauen. Theresa Richarz kritisiert dieses Durcheinander. Denn dadurch seien Singlefrauen mit Kinderwunsch auf kostenintensive Beratungen und die »informelle (…) Weitergabe (…) von Informationen«[122] angewiesen. Die Frauen müssen hierfür wissen, wonach sie suchen sollen. Dadurch ist Elternschaft, insbesondere das Modell der Soloelternschaft, nur für einen begrenzten Personenkreis zugänglich. Es sei denn, sie weichen auf die rechtlich unsichere Variante des Privatspenders aus.

---

[121] Taupitz, J.: Künstliche Befruchtung bei gleichgeschlechtlichen Paaren und alleinstehenden Frauen – die geltende Rechtslage. In: Journal für Reproduktionsmedizin und Endokrinologie. 2021; 18 (3): S. 110f. https://www.kup.at/kup/pdf/14978.pdf (abgerufen am 08.11.2021)

[122] *Single Moms by Choice – freiwillig alleinerziehend. Gesprächsreihe »Recht, und gerecht?«* YouTube. 04.03.2021. Ab Minute 55:55. https://www.youtube.com/watch?v=MDo8pSRcYEo (abgerufen am 02.06.2021)

Rechtliche Halbwaise

»[In] Deutschland [wird] verfassungsrechtlich die Diskussion geführt: Ist es zulässig, ein Kind ohne zwei Eltern in die Welt zu bringen? Im juristischen Diskurs taucht die stigmatisierende Formulierung immer wieder auf: Darf eine rechtliche Halbwaise etabliert werden? (…) Wenn man genauer hinschaut, wird diese rechtliche Halbwaise vor allem damit begründet, (…) dass nur Unterhalt und Rechtsansprüche gegen eine Person bestehen. Und das Kind vor allem finanziell schlechter gestellt wird. In der deutschen Debatte wird es deshalb leicht abgehandelt und gesagt, es ist (…) eine Lifestyle-Sache, sich zur Soloelternschaft zu entscheiden. Hier geht es also in erster Linie um finanzielle Aspekte.«[123]

Musterrichtlinie der Bundesärztekammer 2006

Eine Ursache für dieses Chaos: die unverbindliche Musterrichtlinie der Bundesärztekammer aus dem Jahr 2006. In dieser »Interpretationshilfe« empfiehlt der Vorstand der Bundesärztekammer, Alleinstehende und lesbische Paare mit Kinderwunsch

[123] *Single Moms by Choice – freiwillig alleinerziehend. Gesprächsreihe »Recht, und gerecht?«* YouTube. 04.03.2021. Ab Minute 50:35. https://www.youtube.com/watch?v=MDo8pSRcYEo (abgerufen am 02.06.2021)

von der Samenspende auszuschließen.[124] Zur Erinnerung: Nur ein Jahr später gestattete Dänemark diesen beiden Personengruppen per Gesetz, sich einer Samenspendenbehandlung zu unterziehen. In Deutschland hingegen herrscht die Auffassung, einem Kind müsse eine stabile Beziehung zu beiden rechtlichen Elternteilen ermöglicht werden. In der Rechtssprechung sind das die biologische Mutter und der biologische Vater, um insbesondere finanzielle Sicherheit zu gewährleisten. Obwohl die Musterrichtlinie unverbindlich ist, nehmen die meisten Landesärztekammern sie in ihre Leitlinien auf, an die sich die Ärzteschaft zu halten hat. Punkt. Sobald ein Arzt gegen diese Leitlinien verstößt, drohen standesrechtliche Konsequenzen.

Lediglich die Landesärztekammern in Bayern, Berlin und Brandenburg weigern sich, diesen Passus zu übernehmen. Hier dürfen die Ärzte frei wählen, wen sie in ihren Kliniken und Praxen behandeln. Auch wenn es ein lesbisches Paar oder eine Singlefrau ist.

Musterrichtlinie der Bundesärztekammer 2018

Zwölf Jahre später. Die Bundesärztekammer überlegt sich im April 2018 eine Neuerung der »Richtlinie zur Entnahme und Übertragung von menschlichen Keimzellen im Rahmen der assistierten Reproduktion«.[125] In dieser ist keine Rede mehr davon, welche Personen von einer Behandlung auszuschließen sind. Stattdessen ist die Bundesärztekammer der Ansicht: »Wir

---

[124] (Muster-)Richtlinie zur Durchführung der assistierten Reproduktion. Deutsches Ärzteblatt. 19. Mai 2006. https://cdn.aerzteblatt.de/pdf/103/20/a1392.pdf (abgerufen am 02.06.2021)

[125] https://www.bundesaerztekammer.de/fileadmin/user_upload/downloads/pdf-Ordner/RL/Ass-Reproduktion_Richtlinie.pdf; https://www.aerzteblatt.de/archiv/198200/Assistierte-Reproduktion-Richtlinie-komplett-neu; https://www.aerzteblatt.de/down.asp?id=21066

sind gar nicht befugt dazu, (…) [über] solche ethischen Fragen [wie das Recht auf eine Kinderwunschbehandlung von Singlefrauen und lesbischen Paaren] zu entscheiden. Die Legislative muss (…) tätig werden.«[126] Wie Theresa Richarz ergänzt, ist das allerdings bis heute nicht passiert. Deswegen plädiert sie für ein Fortpflanzungsmedizingesetz.

Wie gehen die regionalen Ärztekammern mit dieser modernen Richtlinie um? Ich will es genau wissen und schreibe von Baden-Württemberg bis Westfalen-Lippe jede einzelne Kammer an, um mir als medizinischem Laien die neue Richtlinie in einfache Sprache übersetzen zu lassen: »Hallo Ärztekammer. Dürfen sich alleinstehende Frauen in Ihrem Bundesland in einer Kinderwunschklinik oder einer gynäkologischen Praxis mit Spendersamen behandeln lassen?« Klare Frage. Ich erwarte eine ebenso klare Antwort.

Rund ein Drittel schickt mir den Link zur neuen Richtlinie kommentarlos zurück, den ich ihnen ja bereits zugeschickt habe. Ein paar machen sich die Mühe, einen ergänzenden Satz hinzuzufügen, wodurch nicht unbedingt klarer für mich wird, ob alleinstehende Frauen behandelt werden dürfen oder nicht, wie diese Nachrichten zeigen: »Mit der Richtlinie zur Entnahme und Übertragung von menschlichen Keimzellen im Rahmen der assistierten Reproduktion sind die statusrechtlichen Voraussetzungen für eine assistierte Reproduktion obsolet geworden« oder »Diese Richtlinie enthält keine elterlichen Voraussetzungen mehr«. Die restlichen Kammern melden sich erst gar nicht. Vielleicht herrscht seitens der Kammern und somit auch auf der Seite der Ärzteschaft dahin gehend Aufklärungsbedarf, was in ihrer jeweiligen Berufsordnung steht. Das würde auch erklären, warum es sogar in Berlin und Bayern Kliniken und Praxen gibt, die sich

---

126 *Single Moms by Choice – freiwillig alleinerziehend. Gesprächsreihe »Recht, und gerecht?«* YouTube. 04.03.2021. Ab Minute 56:17. https://www.youtube.com/watch?v=MDo8pSRcYEo (abgerufen am 02.06.2021)

unwissend geben. »Frauen ohne Partner? Bei uns? Nicht in fünfzig Jahren!« Selbst meine damalige Berliner Frauenärztin sagte mir: »Oh, das schreibe ich lieber nicht in Ihre Akte. Das ist hier gar nicht gestattet«, als ich mich schwanger und vor allem freudestrahlend zur ersten Untersuchung bei ihr vorstellte. Dabei hatte sie nicht mal etwas zu meiner Schwangerschaft beigetragen.

Dr. Jörg Puchta ist dahin gehend konsequenter. Seiner Ansicht nach geht es nicht darum, welches Weltbild jemand hat, wenn sich eine Frau ihren Kinderwunsch allein erfüllen möchte. »Ich kann ein zutiefst konservativer Mensch sein, aber ich kann auch gleichzeitig ein wirklich toleranter Mensch sein, der andere Lebensformen genauso toleriert. (…) Wir leben in einer pluralistischen Gesellschaft. (…) Das Leben ändert sich, die Menschen ändern sich. Und am Ende muss man die Realität akzeptieren. Das heißt: Man darf nicht anfangen, die Realität seiner Ideologie anzupassen, sondern man muss seine Ideologie der Realität anpassen.«[127] Das sieht nur leider nicht jeder so pragmatisch.

Selbst vonseiten der Ärztinnen und Ärzte, die alleinstehenden Frauen mit Kinderwunsch wohlgesonnen sind, fallen Sätze wie »Sie sind doch noch so jung, warten Sie noch etwas«, »Haben Sie sich das wirklich gut überlegt?« oder »Sie finden sicher noch den Richtigen«. Und bestimmt gibt es auch Frauen, die sich hierdurch verunsichern lassen und ihren Kinderwunsch nach so einem Arztbesuch vielfach überdenken. Richtig toll fühlt es sich nicht an, wenn jemand meine persönliche Entscheidung infrage stellt und bewertet. So kommt auch Taupitz zu dem Schluss, dass es »dem ärztlichen Berufsstand nicht an[stehe], ein Werturteil über die ›richtige‹ Familienform zu treffen und

---

127 Schiller, H.: Ich halte überhaupt nichts von dem Totschlagargument Alter. Solomamapluseins. 11.08.2019. https://www.solomamapluseins.de/halte-nichts-vom-totschlagargument-alter-dr-joerg-puchta-kinderwunsch-zentrum-an-der-oper-muenchen/ (abgerufen am 15.07.2021)

fortpflanzungswilligen Frauen eine medizinisch mögliche Maßnahme vorzuenthalten«[128].

Formale Voraussetzungen in Deutschland

Kann es bald losgehen? Noch nicht ganz. Etwas Bürokratie muss ich vor dem Behandlungsbeginn noch bewältigen. Um alles besonders umständlich für Singlefrauen mit Kinderwunsch zu gestalten, gibt es von Klinik zu Klinik verschiedene Anforderungen. Teilweise sogar von Ärztin zu Arzt.

Psychosoziales Vorgespräch

In meiner Klinik wird ein psychosoziales Vorgespräch vor Behandlungsbeginn gefordert. Wozu brauche ich so etwas? Wird dabei getestet, ob ich gesund im Kopf bin? Beurteilt man mich anhand einer Muttertauglichkeitsskala? Und könnte man mir auch verbieten, mich behandeln zu lassen?

»Keine Sorge. Unser Gespräch dient als Hilfestellung für Sie«, versichert mir die Psychologin mit der akkurat gescheitelten Bobfrisur während unserer Konsultation. »Viele sind anfangs unsicher, finden es im Nachhinein aber hilfreich.« Ein Großteil der Kinderwunschkliniken und Gynäkologen verlangt dieses Gespräch. Das kann beispielsweise durch eine Beratungsfachkraft des Beratungsnetzwerkes Kinderwunsch Deutschland

[128] Taupitz, J.: Künstliche Befruchtung bei gleichgeschlechtlichen Paaren und alleinstehenden Frauen – die geltende Rechtslage. In: Journal für Reproduktionsmedizin und Endokrinologie. 2021; 18 (3): S. 111. https://www.kup.at/kup/pdf/14978.pdf (abgerufen am 08.11.2021)

(BKiD) erfolgen. Dort gibt es speziell geschulte regionale Beraterinnen, von denen viele für die Gametenspende zertifiziert sind. Das bedeutet, sie helfen gezielt, wenn sich jemand für eine Samenspenden-, Eizellspenden- oder Embryonenspendenbehandlung interessiert. In erster Linie soll diese Konsultation unterstützen und aufzeigen, welche Situationen entstehen können, die emotional herausfordernd sind. Über diese Fragen reden wir im Gespräch:

- Wie konkret ist meine Entscheidung, allein Mutter zu werden?
- Wie gehe ich damit um, wenn die Insemination auch beim zweiten und vielleicht auch den weiteren Malen nicht klappt?
- Wie schaffe ich es, während der Behandlung zuversichtlich zu bleiben und mich nicht entmutigen zu lassen?
- Was passiert, wenn ich gar nicht Mama werden kann?
- Mit wem kann ich reden, wenn es mir nicht gut geht während der Behandlung?
- Wer unterstützt mich im Alltag?
- Wie und wann erkläre ich meinem Kind seine Entstehung?
- Was sage ich meinem Kind darüber, wer und wo sein (biologischer) Vater ist?
- Wie nenne ich den Samenspender in Gesprächen mit meinem Kind? Wie in Gesprächen mit anderen?
- Wie reagiere ich auf kritische Reaktionen aus dem Umfeld?

Einige Beraterinnen kritisieren diese Zwangsberatung für alleinstehende Frauen und lesbische Paare als diskriminierend. Die Paar- und Familientherapeutin Dr. Petra Thorn hält das psychosoziale Beratungsangebot vor einer reproduktionsmedizinischen Behandlung auch bei heterosexuellen Paaren für nützlich. Dem Fernsehsender Vox gegenüber sagte sie: »Ich weiß allerdings von Ärzten, dass sie sich damit nicht immer leichttun [Klienten mit Kinderwunsch auf diese Möglichkeit hinzuweisen]. Sie wollen die Paare natürlich nicht verschrecken.«[129] Gegenüber alleinstehenden Frauen gelten solche Skrupel offenbar nicht. Eine Gynäkologin von pro familia Köln schreibt mir: »Wir haben nicht den Eindruck, dass die Zentren ein ernsthaftes Interesse an psychosozialer Beratung haben, sondern nur eine Bescheinigung zu ihrer eigenen Absicherung benötigen. Die Frauen fragen sich, was eine solche Beratung noch soll, weil sie sich oft schon Jahre oder Monate Gedanken gemacht haben.«

Garantieperson beziehungsweise Bürge

Die Garantieperson ist eine weitere Hürde mit fragwürdiger Relevanz. Wofür soll sie gut sein? »Diese gibt eine Unterhaltserklärung für das Kind ab und unterschreibt einen Vertrag zugunsten Dritter – für den Fall, dass das Kind finanzielle Ansprüche gegen uns stellen sollte«, erklärt Constanze Bleichrodt. »Meist sind diese Garantiepersonen Geschwister oder – je nach Alter – auch die Eltern, da diese ohnehin im Notfall für das Kind einstehen würden. Manchmal sind es auch Freundinnen oder Freunde.«[130]

---

[129] *Ich mach mir ein Kind – Mutterglück ohne Sex.* https://vimeo.com/160536176 (abgerufen am 14.07.2021)

[130] Der Bedarf und der Mut, als Singlefrau alleine eine Familie zu gründen, steigen rapide. Interview: Constanze Bleichrodt von der Cryobank München (09.03.2019). https://www.solomamapluseins.de/interview-constanze-bleichrodt-cryobank-muenchen-bedarf-als-singlefrau-familie-zu-gruenden-steigt-rapide/ (abgerufen am 01.06.2021)

Viele Frauen, mit denen ich mich unterhalte, empfinden diese Anforderung als Bevormundung. So auch Tilda: »In einer Partnerschaft bin ich auch nicht zu 100 % abgesichert, nur weil wir zu zweit sind. Außerdem möchte ich niemandem zumuten, für meine alleinige Entscheidung geradezustehen. Total absurd, so etwas von uns Singlefrauen zu verlangen.«

Unsicher ist auch die 65-jährige Rita. Sie würde gern für ihre Tochter, die allein ein Kind plant, als Bürge unterschreiben. Doch das mit dem Unterhalt bereitet ihr Bauchschmerzen. Ein befreundeter Anwalt hält ihr die Düsseldorfer Tabelle unter die Nase und erklärt: So viel müsste sie ihrem künftigen Enkel und ihrer Tochter an Unterhalt zahlen, wenn sich diese die finanzielle Versorgung ihres Kindes nicht mehr leisten kann. Sofern es keinen präsenten biologischen Vater gibt, können auch Großeltern zum Unterhalt verpflichtet werden. Zwar nur in Ausnahmefällen und nur nachrangig, wenn die leibliche Mutter den Unterhalt nicht mehr aufbringen kann und die Großeltern über ausreichend Einkommen und Vermögen verfügen. Aber es kann passieren. »Wenn es ohnehin keinen Unterschied macht, kann ich die Bürgschaft auch direkt unterzeichnen«, beschließt Rita.

Was passiert, wenn eine Frau keine Garantieperson vorweisen kann? Pech für sie. Dann muss sie es in einer anderen Klinik probieren.

Dabei ist dieses Konstrukt der Garantieperson und der finanziellen Absicherung ein Mythos, wie auch Theresa Richarz anmerkt. Leider sei dieser in der Ärzteschaft stark verbreitet. Viele »behandelnde Ärzte und Ärztinnen [glauben, sie könnten] in Unterhaltsverpflichtung genommen werden oder [müssten] Schadensersatz leisten.« Wie Richarz betont »fußt das (…) auf keiner rechtlichen Grundlage. (…) Unterhalt ist in Deutschland an das Abstammungsrecht geknüpft. (…) [Ärztinnen und Ärzte werden] eindeutig (…) nicht als Väter festgestellt. Und auch Fragen von Schadensersatz (...) würden hier eindeutig nicht greifen.« Als Ursache für dieses »ärztliche Gatekeeping« nennt Richarz die »unübersichtliche Rechtslage, die ganz viel Unsicherheit auslöst [und] stark aufrechterhalten [wird].«[131]

Zahlen zu Kinderwunschbehandlungen von Singlefrauen in Deutschland

Im Deutschen IVF-Register, das unter anderem Daten der humanen Reproduktionsmedizin erhebt und auswertet, werden Kinderwunschbehandlungen (IVF und ICSI) von alleinstehenden Frauen und lesbischen Paaren erst seit dem Jahr 2018 erfasst. Im 2019 erschienenen Jahrbuch des Deutschen IVF-Registers (D·I·R)® sind 261 Behandlungen von Alleinstehenden und 345 Behandlungen von lesbischen Paaren dokumentiert. Die Zahl umfasst allerdings keine Inseminationen (IUI).[132]

---

131 *Single Moms by Choice – freiwillig alleinerziehend. Gesprächsreihe »Recht, und gerecht?«* YouTube. 04.03.2021. Ab Minute 56:45. https://www.youtube.com/watch?v=MDo8pSRcYEo (abgerufen am 02.06.2021)

132 Vgl. DIR Jahrbuch 2019 des Deutschen IVF-Registers. Sonderheft 1/2020. https://www.deutsches-ivf-register.de/perch/resources/dir-jahrbuch-2019-de.pdf. S. 8 (abgerufen am 15.07.2021)

Kapitel 6:

Popcorn im Bauch

Schwanger werden

»Gaaaaanz entspannt.«

Ich beobachte den braunen Haarschopf der Kinderwunschärztin zwischen meinen gespreizten Schenkeln. Gerade befüllt sie meine Gebärmutter mit einem Schlauch voller Samenzellen.

»Duschen dürfen Sie. Aber Hände weg von Cremes und Parfum«, gibt sie mir zwei Tage vor unserem Befruchtungs-Termin telefonisch durch. Offenbar können künstliche Düfte die Behandlung negativ beeinflussen. Und obwohl das Thermometer heute Morgen bereits 16 Grad anzeigt und plant, im Laufe des Tages auf 26 Grad anzusteigen, trage ich vorsichtshalber auch kein Deo.

Ein antiseptischer Dunst hängt im Raum. Wie sich wohl dieser Geruch auf die Befruchtung auswirkt? Die sterile Atmosphäre in der Kinderwunschklinik ist das komplette Gegenteil von meiner ersten Behandlung auf einer fluffigen dänischen Praxiscouch, während ich den Duft von Orchideen einatme, der durch das geöffnete Fenster vom Hinterhof hereinweht. Es wundert mich nicht, dass Frauen mit Kinderwunsch in Deutschland Patientinnen und in Dänemark Kundinnen genannt werden. Genauso unterschiedlich laufen auch die Behandlungen ab. Andererseits gehe ich inzwischen pragmatischer ans Schwanger-Werden heran und sehe durchaus die Vorteile, die es hat, mir in meiner Mittagspause ein Kind machen zu lassen.

»Wenn Sie wollen, schauen wir uns an, was in Ihrem Körper passiert«, meint die Ärztin nach der fünfminütigen Prozedur. Wie aufregend! Ich recke meinen Hals Richtung Bildschirm und entdecke gleißend helle Kaulquappen, die zielstrebig in eine Richtung schwimmen. »Los, Leute, gebt euch Mühe«, feuere ich sie amüsiert an. Und auch ein bisschen ernst, denn dieser zweite Versuch soll bitte klappen. Tatsächlich werden zwischen 25 und 30 % der gesunden Frauen beim allerersten Versuch der Samenübertragung schwanger. Die Chance ist fast drei Mal so hoch, wie wenn ich versuchen würde, durch Sex ein Kind zu bekommen.[133] Diese Methode ist auch perfekt für Frauen, die unter einer Verkrampfung des Beckenbodens (Vaginismus) oder starken Schmerzen beim Geschlechtsverkehr (Dyspareunie) leiden.

Kurz nach dem Aufrichten frage ich mich, ob ich vorsichtshalber liegen bleiben soll, damit die Spermien nicht rausflutschen. »Legen Sie sich zehn Minuten ins Nebenzimmer«, schlägt mir die Ärztin vor. Es werden zwanzig. Sicher ist sicher.

133 Intrauterine Insemination. https://www.kinderwunschzentrum-an-der-oper.de/de/kinderwunsch/behandlung/insemination.html (abgerufen am 02.06.2021)

Gechillt bleiben. Besonders nach einer Insemination

Gleich zwei Untersuchungen kommen zu dem Ergebnis, dass ein 10- bis 15-minütiges Liegenbleiben nach der IUI die Wahrscheinlichkeit, schwanger zu werden, erhöht.

Im Jahr 2009 untersuchte eine dänische Forschergruppe 390 Inseminationen und stellte fest: »Frauen, die nach der Behandlung 15 Minuten liegen bleiben, werden 10 % häufiger schwanger als Frauen, die unmittelbar nach der IUI aufstehen.« Statistisch beträgt die Schwangerschaftsrate der Liegenbleiberinnen 27 %, die der Sofortaufsteherinnen 18 %.[134]

Zu einem ähnlichen Ergebnis kamen 2012 ägyptische Forscher nach der Auswertung von 400 Inseminationen. Die Frauen ruhten sich 5, 10 beziehungsweise 15 Minuten nach der Insemination aus. Zu einer klinischen Schwangerschaft – also einer, die auch im Ultraschall als solche zu erkennen ist – kam es nach einer 5-minütigen Ruhezeit bei 4,5 % der Frauen, nach 10 Minuten bei knapp 16 % und nach 15 Minuten bei 19,7 %. »Die Forscher dieser Studie empfehlen deswegen eine mindestens 10-minütige Ruhephase nach der IUI.«[135]

[134] Custers, I.M. et al.: Immobilisation versus immediate mobilisation after intrauterine insemination: randomised controlled trial. BMJ 2009;339:b4080. http://www.bmj.com/content/339/bmj.b4080 (abgerufen am 02.06.2021)
[135] Orief, Y. et al: The effect of bed rest after intrauterine insemination on pregnancy outcome. Middle East Fertility Society Journal. Volume 20, Issue 1, March 2015, S. 11 ff. http://www.sciencedirect.com/science/article/pii/S1110569014000430?via %3Dihub (abgerufen am 02.06.2021)

Eine weitere dänische Studie mit 1940 Inseminationen aus dem Jahr 2016 ergab ein eher gegenteiliges Bild: Frauen, die nach ihrer Insemination noch ein wenig ruhten, wurden zu 32 % schwanger und Frauen, die direkt nach der Behandlung aufstanden, zu 40 %.[136]

Trotz dieser Widersprüchlichkeit der Studienergebnisse sehen die meisten Kliniken und Praxen für Reproduktionsmedizin nach der Insemination eine 10- bis 15-minütige Ruhephase vor. Gut so, denn da der ganze Prozess ziemlich aufregend ist, kann frau sich danach sammeln und das Erlebte im wahrsten Sinne des Wortes sacken lassen.

Illusion der künstlichen Befruchtung

Künstliche Befruchtung war für mich immer ein Versprechen, eine Garantie fürs Schwanger-Werden. So wie künstliche Wimpern sofort größere Augen zaubern und man durch ein künstliches Hüftgelenk wieder schwungvoll Cha-Cha-Cha tanzen kann. Dabei ist es nichts anderes als die Chance auf eine Schwangerschaft und auf ein leibliches Kind. Niemals eine Garantie. Nicht ohne Grund bezahlt die Krankenkasse verheirateten Paaren und mit Glück auch eingetragenen Lebenspartnerschaften bis zu drei Versuche einer künstlichen Befruchtung.[137] Das wäre Quatsch, wenn es todsicher beim ersten Mal

---

[136] European Society of Human Reproduction and Embryology. A short period of bed rest after intrauterine insemination makes no difference to pregnancy rates: No reason why patients should stay immobolized after IUI. ScienceDaily. 05.07.2016. https://www.sciencedaily.com/releases/2016/07/160705085728.htm (abgerufen am 02.06.2021)

[137] Reproduktionsmediziner Heribert Kentenich findet, eine Kinderwunschbehandlung »nur auf Trauschein« wird der Lebensrealität nicht mehr gerecht. (Piazena, Frieder. Kinderwunsch mit Anschubhilfe. Ausgabe: März 2018. Tagesspiegel)

funktionieren würde. Aber da haben der weibliche Körper, das Sperma, der Lebensstil von Frau und Mann und das Timing noch ein Wörtchen mitzureden. Deswegen schwankt die Geburtenrate pro Behandlungszyklus bei einer IVF laut Bundeszentrale für gesundheitliche Aufklärung zwischen 15 und 20 %.[138]

In-vitro-Fertilisation (IVF)

Meine Bekannte Rosalie, die als Hochzeitsplanerin arbeitet und beschlossen hat, lieber allein Mutter zu werden als mit einem Partner, hat sich für eine Klinik 200 Kilometer von ihrem Wohnort entfernt entschieden.

»Ich war mir so sicher, dass es spätestens beim dritten Mal klappt«, sagt Rosalie. Es kommt anders. Die ersten fünf Versuche probiert Rosalie es mit der Intrauterinen Insemination, auch wenn ihre Ärztin ihr geraten hat, nach dem dritten erfolglosen Versuch direkt mit der In-vitro-Fertilisation zu starten. Rosalie wechselt stattdessen für die nächsten zwei Versuche ihren Spender. Als auch das nicht zum Erfolg führt, lässt sie sich auf eine IVF ein. Hierfür wird sie einige Tage mit Medikamenten vorbereitet, bis sich mehrere Follikel (Eibläschen) gebildet haben, in denen Eizellen heranreifen. Fünfzehn Eizellen werden ihr unter Narkose entnommen (Punktion). Während Rosalie zwei Stunden zurück nach Hause fährt, machen sich Menschen mit ruhigen Händen bereit, die Eizellen vorsichtig in eine Schale zu spritzen. Dann werden gereinigte und aufbereitete Spermien hinzugetropft und die Magie der Befruchtung kann passieren.

[138] Sehnsucht nach einem Kind. Möglichkeiten und Grenzen der Medizin (Februar 2017). Broschüre der BZgA. https://www.informationsportal-kinderwunsch.de/resource/blob/147212/ef1f2934aa5f88ca3e56104aa011557c/broschuere-sehnsucht-nach-einem-kind-moeglichkeiten-und-grenzen-der-medizin--data.pdf (abgerufen am 23.05.2021)

Bei zehn von fünfzehn von Rosalies reifen Eizellen dringt die Samenzelle ins Ei ein, und es kommt zur Befruchtung (Vorkernstadium, also die Vorstufe eines Embryos). Reproduktionsmediziner Dr. Stoll zufolge ist das eine hervorragende Quote. Im Schnitt betrage die Eizell-Befruchtungsrate bei einer IVF zwischen 50 und 60 %. Eizellen in diesem Anfangsstadium der Befruchtung dürfen – im Gegensatz zu Embryonen – kryokonserviert, also in flüssigem Stickstoff tiefgefroren werden. Das besagt das Embryonenschutzgesetz (ESchG).[139]

Rosalie entscheidet sich dafür, sich einen Embryo einsetzen zu lassen – zu groß ist ihre Angst vor Zwillingen. Die übrigen befruchteten Eizellen werden eingefroren. Nachdem der erste Versuch gescheitert ist, wird sie beim zweiten Mal mutiger und lässt sich zwei Embryonen einsetzen. Endlich. Sie ist schwanger – nach ihrem siebten Versuch. All die Spritzen, Hormone und Eingriffe haben endlich einen Sinn.

Doch dann verliert sie ihre Tochter. Im vierten Monat. Fassungslos. Voller Schmerz und tiefer Trauer zieht sie sich zurück, um zu verstehen, was nicht zu begreifen ist. Einige Wochen danach besuche ich sie in ihrer Heimat. Das erzähle ich in einem späteren Kapitel ausführlicher.

Inzwischen ist über ein halbes Jahr vergangen, und gerade handelt Rosalie mit sich aus, ob sie es drauf ankommen lässt, sich drei Embryonen in einem Zyklus einsetzen zu lassen. Mehr geht in Deutschland rechtlich aufgrund des Embryonenschutzgesetzes nicht. Die Gefahr, dass sie die zweite Nadya Suleman

---

139 Gesetz zum Schutz von Embryonen (Embryonenschutzgesetz (ESchG)). https://www.gesetze-im-internet.de/eschg/BJNR027460990.html (abgerufen am 12.10.2021)

wird, die 2009 in den Medien als Achtlingsmutter Octomom zu zweifelhaftem Ruhm gelangt ist[140], besteht also kaum.

Mehrlingswahrscheinlichkeit

Die Wahrscheinlichkeit für eine Zwillingsschwangerschaft in einem nicht stimulierten Zyklus beträgt 1 %. Noch unwahrscheinlicher ist es, Drillinge zu bekommen. Nach einer medikamentösen Stimulation der Eireifung und des Eisprungs erhöht sich die Wahrscheinlichkeit für Zwillinge auf 15 bis 20 % pro sprungreifer Eizelle. Laut Jahrbuch des Deutschen IVF-Registers gibt es seit 2018 weniger Mehrlingsschwangerschaften durch künstliche Befruchtung. Das wird als Erfolg gewertet, weil diese Schwangerschaften mit einem erhöhten Risiko für Mutter und Kind einhergehen. Kinderwunschzentren werden vermehrt dazu angehalten, bei der IVF und der ICSI einen *single embryo transfer* durchzuführen, also nur eine einzige befruchtete Eizelle einzusetzen.[141]

---

140 Kruttschnitt, C. Achtlingsmutter Nadya Suleman. Verrückt nach Kindern. Stern. 28.02.2009. https://www.stern.de/panorama/wissen/mensch/achtlingsmutter-nadya-suleman-verrueckt-nach-kindern-3424370.html (abgerufen am 23.05.2021)

141 Vgl. DIR Jahrbuch 2019 des Deutschen IVF-Registers. Sonderheft 1/2020. https://www.deutsches-ivf-register.de/perch/resources/dir-jahrbuch-2019-de.pdf. S. 7 (abgerufen am 15.07.2021)

Exkurs: Kosten für den Kinderwunsch

Bis zu ihrem siebten Versuch hat Rosalie über 16 200 Euro[142] ausgegeben. Kurz rekapituliert, wie eine solche Summe zustande kommt:

6 Halme Spendersamen, inklusive Versand und Mehrwertsteuer: 8 400 Euro
5 Inseminationen: 2 250 Euro
Beratung, Ultraschall und Blutabnahme: 420 Euro
Medikamente: 1 900 Euro
Stimulationsbehandlung und Eizellentnahme: 600 Euro
Narkose: 250 Euro
Kryokonservierung von befruchteten Eizellen: 500 Euro
Lagergebühr: 450 Euro
Fahrt- und Übernachtungskosten: 1 450 Euro

Dafür hat Rosalie ihre Rücklagen angezapft und lebt seit einigen Monaten sparsamer. Denn sie muss sich natürlich auch das Leben mit Kind leisten können, nicht nur bis zu einer möglichen Schwangerschaft. Als Alleinerziehende kann Rosalie mit durchschnittlichen Ausgaben von 710 Euro pro Monat für ein Kind rechnen. Ist das Kind unter sechs Jahre, sind es zwar »nur« 590 Euro. Aber je älter es wird und je mehr Wünsche erfüllt werden wollen, desto mehr Kosten fallen an. Zwischen 12 und 18 Jahren sind es pro Kind 812 Euro monatlich. So lauten zumindest

---

142 Anders als für heterosexuelle Paare, die keine Mehrwertsteuer für eine Kinderwunschbehandlung zahlen müssen, fällt sowohl für gleichgeschlechtliche Paare als auch für alleinstehende Frauen, bei denen keine medizinische Notwendigkeit für die Behandlung besteht, eine Mehrwertsteuer auf die Kinderwunschbehandlung an, da es sich nicht um eine medizinische Heilleistung handelt. Das besagt das aktuelle Steuerrecht (siehe Infokasten hier: https://fertilitaet.de/kinderwunsch-sterilitaet/kosten/selbstzahler/).

die Zahlen für das Jahr 2018, die das Statistische Bundesamt für Konsumausgaben, also die materielle »Grundversorgung wie Ernährung, Bekleidung und Wohnen«[143] ermittelt hat.

Rosalie kauft inzwischen weniger Markenprodukte, kocht häufiger selbst, anstatt regelmäßig in Restaurants zu gehen, hat einige Möbel und Kleidungsstücke bei eBay verkauft und sich intensiv mit der Investition in Aktienfonds beschäftigt, wodurch sie sich mehr finanzielle Sicherheit verspricht. Für einen Versuch reicht ihr Geld noch, dann muss sie pausieren oder über einen Privatkredit nachdenken. Ihre Eltern haben ihr das bereits angeboten, aber Rosalie will sich nicht abhängig machen und zögert. Wenn's doch für sie nur so einfach wäre wie in Dänemark, Israel und – dank des im Juni 2021 verabschiedeten Bioethik-Gesetzes – in Frankreich. Dort steht Singlefrauen dasselbe Recht auf kostenlose Kinderwunschbehandlungen zu wie Paaren.[144] Selbst im katholischen Spanien wurde im November 2021 eine Gesetzesänderung unterzeichnet, die allen Personen mit Kinderwunsch – somit auch Alleinstehenden, Transpersonen und Menschen mit nichtbinärer Geschlechtsidentität – eine

---

143 Konsumausgaben von Familien für Kinder. https://www.destatis.de/DE/Themen/Gesellschaft-Umwelt/Einkommen-Konsum-Lebensbedingungen/Konsumausgaben-Lebenshaltungskosten/Publikationen/_publikationen-innen-konsumausgaben-familien.html (abgerufen am 14.10.2021)

144 Während alleinstehenden Frauen in Dänemark beim ersten Kind drei IVF-Zyklen über den öffentlichen Gesundheitssektor finanziert werden (https://time.com/5491636/denmark-ivf-storkklinik-fertility/), erhalten Singlefrauen in Israel bis zu ihrem 45. Lebensjahr unbegrenzt viele von der öffentlichen Krankenkasse getragene IVFs für bis zu zwei lebend geborene Babys. (Feiger, Leah (12.05.2019). Single Orthodox Women In Israel Choose Motherhood — Thanks To IVF. *Forward*. https://forward.com/life/424166/single-orthodox-women-in-israel-choose-motherhood-thanks-to-ivf/ (abgerufen am 23.05.2021)

kostenfreie Kinderwunschbehandlung ermöglicht.[145] Hach. Träumen darf Rosalie. Vor Kurzem hat sie von der Möglichkeit erfahren, einen Kredit für ihre Kinderwunschbehandlung aufzunehmen.[146] Vielleicht wäre das etwas für sie. Ansonsten kann sie später probieren, die Ausgaben für ihre Behandlungen von der Steuer abzusetzen, inklusive der üppigen Kosten für Fahrten, Medikamente und den Spendersamen. Seit einem Urteil des Finanzgerichts Münster aus dem Jahr 2020 darf sie das auch ganz offiziell als Alleinstehende.[147]

Sehnsucht nach jemandem

Nach fast zwei Jahren Kinderwunschbehandlung gehen Rosalies Kräfte zur Neige. »Dieser technische Ablauf hat so gar nichts damit zu tun, wie ich ursprünglich ein Kind bekommen wollte.«

Laut der vom Bundesministerium für Familie, Senioren, Frauen und Jugend (BMFSFJ) in Auftrag gegebenen DELTA-Studie »Ungewollte Kinderlosigkeit 2020« erzeugen für viele

---

145 Vgl. Cheng, A.: Spain to pay for fertility treatment for lesbians, bisexual women and some transgender people. 06.11.2021. https://www.washingtonpost.com/world/2021/11/06/spain-fertility-treatment-women-transgender/ (abgerufen am 09.11.2021)

146 Als erste deutsche Plattform bietet Leila Fertility Frauen und Paaren mit Kinderwunsch einen Kinderwunschkredit an. https://www.leila-fertility.com

147 Die Kosten für eine Kinderwunschbehandlung inklusive Spendersamen können aufgrund eines Urteils des Finanzgerichts Münster vom 22.06.2020 (Az. 1 K 3722/18 E) auch von Alleinstehenden von der Steuer abgesetzt werden, sofern sie nachweisbare Fruchtbarkeitsprobleme haben und es keine andere Möglichkeit gibt, die Kosten anderweitig erstattet zu bekommen, beispielsweise durch die Krankenkasse. Der Volltext zum Urteil aus Münster kann hier nachgelesen werden: https://www.iww.de/quellenmaterial/id/217202. Dieser Artikel erklärt den Sachverhalt mit etwas weniger Amtsdeutsch: https://www.raschlosser.com/steuerrecht/einkommensteuer/kuenstliche-befruchtung-auch-fuer-alleinstehende-frau-aussergewoehnliche-belastung/

Betroffene die Begriffe »künstliche Befruchtung« und »Reproduktionsmedizin« »Bilder von einem industriellen Prozess«.[148] Das ist auch bei Rosalie so, die das Gefühl hat, ihr Wunschkind werde mehr und mehr zu einem Produkt.

»Ich hätte jetzt so gern jemanden, der mich wortlos versteht. Bei dem ich mich nicht erklären und rechtfertigen muss, warum ich überhaupt noch weitermache.« Und dann schiebt Rosalie nachdenklich hinterher: »Aber vielleicht ist das der Preis dafür, dass ich diesen Weg ganz allein gehe.«

Als sie das sagt, muss ich kurz schlucken, weil ich mich in dieser Sehnsucht nach einem anderen plötzlich wiederfinde. Nach jemandem, der mich während meiner Schwangerschaft an der Hand hält, mir zuflüstert: »Du wirst eine tolle Mama.« Jemand, der mir behutsam das Roastbeef aus der Hand nimmt – »zu viele Lebensmittelkeime, weißt du doch« – und mir meine Einkäufe drei Etagen nach oben trägt. Und sich auch auf das Kind freut. Ich steige langsam die Stufen zu meiner Wohnung hoch, schließe die Tür auf und weine bitterlich, weil ich weiß, dass der einzige Mensch, der mir irgendwann das Roastbeef wegnehmen wird, nur ich allein bin.

Vierzehn Tage

Dieses Zwicken im Bauch, das Spannen in den Brüsten, die Träume von Wasser, der metallische Geschmack im Mund. Alles spricht dafür, dass ich schwanger bin. Wäre das hier eine Netflix-Serie, könnte ich einfach zu der Stelle springen, an der die Protagonistin – ich – mit zittrigen Händen das Ergebnis

[148] Hintergrund, Kernpunkte, Ergebniszusammenfassung der DELTA-Studie »Ungewollte Kinderlosigkeit 2020«. https://www.deutsches-ivf-register.de/perch/resources/delta-studieeinleitung-kernaussagen9.9.2020.pdf (abgerufen am 12.06.2021)

des vollgepinkelten Teststreifens abliest. Stattdessen gibt es in meinem Kopf kein anderes Thema, als unwissenschaftlich Anzeichen zu deuten und halbseidene Ratschläge zu googeln. Nur mit äußerster Disziplin kann ich mich davor bewahren, einen Frühschwangerschaftstest zu kaufen, indem ich geistesgegenwärtig zum Nassrasierer im Nebenregal greife. Ich denke an die Worte meiner Frauenärztin aus der Klinik: »Durch die eingenommenen Hormone kann es zu einem falsch positiven Ergebnis kommen. Bleiben Sie geduldig.« Die hat leicht reden.

»Sie sind schwanger«

Als ich den Anruf erhalte, erstelle ich gerade eine Exceltabelle.

»Ihre Klinik hier. Ihr HCG-Wert liegt bei über 150.«

Ich verstehe so viel wie damals am Flughafen Paris-Charles-de-Gaulle bei der Gepäckkontrolle, als mich die Frau von der Security fragte: »Do you speak English or French?«, ich selbstsicher behaupte: »Les deux« und sie mich auffordert: »Xcdjfvhg fhla ajgjgj zjj.«

»...?«

»Das ist gut. Hoch ist gut«, reißt mich die Telefonstimme aus meiner Flughafen-Erinnerung.

»Ach so?«

»Sie dürfen sich freuen. Sie sind schwanger!« Weil sie klingt, als würde sie einen Labrador für ein Kunststück loben, muss gerade etwas Großes passieren.

Schwanger?! »Äh, oh, wow. Danke.« Ich beende das Gespräch ziemlich unelegant. Jetzt bloß nicht euphorisch herumtanzen. Aber auch nicht unbeeindruckt zum Alltag übergehen.

Bereits jetzt bin ich völlig verunsichert, wie ich als Schwangere mit meinem Körper umgehen muss. Damit es sich mein Fünkchen Fast-Mensch nicht doch noch anders überlegt. Die nächsten neun Monate können ja heiter werden.

Einige Minuten später schluchze ich in mein Smartphone.

»Oh, nein! Tut mir so leid«, sagt meine Schwester aufrichtig erschüttert.

»Ich bin schwanger«, jauchze ich ihr entgegen. Darauf einen Prosecco. Ach nee, geht ja jetzt nicht mehr.

Einhundert Einhörner

In der siebten Schwangerschaftswoche schiebt meine Gynäkologin einen dünnen Ultraschallstab in meinen Bauch. Ich fürchte mich davor, dass sie mir sagt, der Bluttest hat sich geirrt, mein Körper hat mir einen Streich gespielt mit all den Symptomen wie der bleischweren Müdigkeit und der irrationalen Abneigung gegen Filterkaffee. Traue mich nicht, mich zum Bildschirm zu drehen. Habe Angst, nur eine leere Fruchthöhle zu entdecken. Versuche, den Gesichtsausdruck meiner Ärztin zu deuten, die sich auf den Monitor konzentriert und an einigen Knöpfen dreht.

Plötzlich höre ich ein sanftes Trappeln, als würden einhundert Einhörner über Wolken galoppieren.

»Das ist der Herzschlag Ihres Babys«, lächelt sie mich an, stellt den Ton vom Ultraschallgerät ein wenig lauter und legt ihren Zeigefinger neben einen ameisengroßen blinkenden Fleck auf dem Bildschirm.

Ich versuche, meine Tränen zurückzuhalten, aber es kostet mich so viel Kraft, dass ich sie einfach hinunterperlen lasse. Um den Augenblick in mich einzusaugen, in dem ich es zum ersten Mal sehe: mein Pünktchen. Nicht größer als der Nagel meines kleinen Fingers, und doch so lebendig.

Vergissmeinnicht

Am liebsten hätte ich meine gesamte Familie, alle Freundinnen und Kollegen in meine Schwangerschaft eingeweiht. Ja, und irgendwie auch Jonas. Ich verpflichte mich allerdings zum Schweigen. Weiß ich doch, dass bis zur zwölften Schwangerschaftswoche, dem Ende des ersten Trimesters, gar nichts sicher ist. Und wie sähe das aus, wenn ich großspurig erzähle, dass ich schwanger bin, und am Ende dann alle ihr Beileid bekunden müssten. Weil es doch nicht hält. Laut dem WDR-Wissensportal quarks.de passieren die häufigsten Fehlgeburten im ersten Trimester einer Schwangerschaft.[149] Einer französischen Studie vom April 2021 zufolge verlieren pro Minute weltweit 44 Frauen wie Rosalie ihr Kind durch eine Fehlgeburt.[150]

Rosalie musste ihre Tochter in der vierzehnten Schwangerschaftswoche gehen lassen. Ganz verschwinden wird ihre Trauer vermutlich nie. »Ich fürchte mich davor, Schwangeren zu begegnen. Ihr Glück und ihr Strahlen zu sehen und zu denken: Das sollte ich sein!« Rosalie nimmt mich mit an einen Ort, der mich an einen Künstlergarten erinnert, wären da nicht die aus Stein gemeißelten Engelsfiguren und die herzförmigen Heliumballons, auf denen »In Liebe. Für immer« steht und die erahnen lassen, dass dieser Sternenkinder-Garten sehr viele traurige Geschichten erzählt. »Sternenkind, Engelskind, Schmetterlingskind«, sagt Rosalie. »Es sind Kinder, die dem Himmel und den Sternen nahe kommen. Sie sind gestorben, noch bevor sie

---

149 Wir sollten offener über Fehlgeburten sprechen (20.05.2021). https://www.quarks.de/gesellschaft/psychologie/wir-sollten-offener-ueber-fehlgeburten-sprechen/ (abgerufen am 04.06.2021)

150 Miscarriage matters: the epidemiological, physical, psychological, and economic costs of early pregnancy loss (26.04.2021). https://www.thelancet.com/journals/lancet/article/PIIS0140-6736(21)00682-6/fulltext (abgerufen am 04.06.2021)

die Möglichkeit hatten, zu leben. Vor der Geburt, wie meines. Manche auch währenddessen oder kurz danach.« Im honigfarbenen Licht sehe ich eine Träne aufblitzen. Vielleicht ist es auch nur der Schimmer sich spiegelnder Blätter. Ich traue mich nicht zu fragen.

Wenn es mich bereits so schmerzt, dass ich zwei Wochen lang fälschlicherweise dachte, ich sei schwanger, wie musste es Rosalie ergehen, die es tatsächlich war?! Und die Woche für Woche, Tag für Tag, Stunde für Stunde miterleben konnte, wie ihr kleines Sandkorn zu einem pfirsichgroßen Wesen mit sprießenden Armen und Beinen und federweichem Haar heranwuchs?

»Bald werde ich die ersten Babys sehen, die genauso alt sind, wie mein Sternchen hätte sein sollen.« Rosalie hockt sich neben ein Beet aus Vergissmeinnicht und Pfingstrosen und streicht mit ihrem Finger über ein Windrad, das in der Graberde steckt. »Dabei weiß ich viel zu wenig darüber, wie viel es andere gekostet hat, bis sie ihr kleines Wunder im Arm halten konnten. Wie viele Verluste sie durchstehen mussten.« Ihr Blick wandert zu mir: »Sie hatte schon einen Namen«, haucht sie und schließt für einen Moment die Augen. »Lilli«, sagt sie schließlich mit fester Stimme. »Sie heißt Lilli.«

Kurz darauf schüttelt die Hainbuche, die neben uns steht, einige Tropfen aus ihrer Krone. Rosalie richtet sich auf und hält ihren blau-weiß gepunkteten Regenschirm über unsere Köpfe. »Trotzdem«, sagt sie, dieses Mal mit einer kraftvollen, fast kämpferischen Stimme, »wenn mir noch mal irgendjemand sagt, Lilli sei noch kein echtes Baby gewesen und es solle vielleicht einfach nicht sein, dem hetze ich Kassandra auf den Hals.« Kassandra ist der Name ihrer Graugebänderten Königsnatter.

Die Verfasser im *Ärzteblatt* machen für Fehlgeburten »genetische Veränderungen beim Fötus, das Alter der Mutter (…), starkes Über- oder Untergewicht, Alkohol, Tabak, Stress, Nachtarbeit sowie Luftverschmutzung oder Pestizide im Umfeld der

Schwangeren«[151] verantwortlich. Es gibt somit viele Gründe, mich nicht zu früh auf mein Kind zu freuen. Das hält mich allerdings nicht davon ab, mir kontraproduktive Gedanken zu machen.

Tox-ich

Ich nenne es »Sorgi«, und in den nun folgenden Monaten bekommt es einige intime und hoch emotionale Nachrichten von mir zugesteckt. Meine Schwester hat mir dieses rosa-weiße Plüschungeheuer mit dem Aluminiumreißverschluss am Bauch geschenkt, nachdem sie miterleben musste, wie ich bei einem Besuch bei unseren Eltern ihrer Draußen-Katze »Lucky« zunächst den Kopf getätschelt habe und mich schließlich in einer weichfelligen Umarmung mit diesem Geschöpf wiederfand, bis mir klar wurde, dass ich hier gerade die Gesundheit meines Ungeborenen aufs Spiel setzte.

»Bitte, bitte keine Toxoplasmose!« Ich schrubbe meine Hände, meine Arme, bespritze mein Gesicht, meine Nasenlöcher, meine Mundhöhle mit Wasser, sehe Katzenhaare überall an meiner Kleidung. Überall! Ich fummle mir mein Baumwoll-Shirt vom Oberkörper, streife hastig meine knöchellange Schlupfhose ab und werfe alles zusammen mit den restlichen katzenhaarverseuchten Kleidungsstücken in die Waschmaschine. Lasse zwanzig Minuten lang einen 38 Grad warmen Wasserstrahl der Regendusche auf mich feuern. Und ich bete, dass sich keines dieser widerspenstigen Haare in mir verhakt hat.

Das alles teile ich Sorgi mit. Natürlich in Kurzform: »Keine Antikörper gegen Toxoplasmose-Parasiten und trotzdem eine

[151] Studie: Eine von zehn Frauen erleidet Fehlgeburt (27.04.2021). https://www.aerzteblatt.de/nachrichten/123344/Studie-Eine-von-zehn-Frauen-erleidet-Fehlgeburt (abgerufen am 04.06.2021)

ungepflegte Katze gestreichelt.« Es muss ja Platz bleiben in seinem Bauch für weitere solcher Geschehnisse.

Jemand fürs Herz

Als Nächstes steht ein Besuch bei meiner Gynäkologin an. Denn ich plane eine Reise und will sichergehen, dass ich diese auch wirklich antreten darf.

»Solange Sie nicht nach Simbabwe wollen …« Meine Frauenärztin wischt meine Bedenken, mit dem neun Wochen alten Punkt in meinem Körper in einen Flieger zu steigen, munter beiseite.

»Und der Kabinendruck? Die Viren in der Klimaanlage? Der donnernde Motor der Triebwerke?« Ich bin noch nicht ganz überzeugt davon, dass ich meinen Trip an die iberische Mittelmeerküste, den ich vor Monaten gebucht habe, wagen sollte.

»Alles kein Problem. Genießen Sie diese Zeit noch mal so richtig. Sie wissen nicht, wann Sie das nächste Mal dazu kommen.«

Fünf Tage später folge ich ihrem Rat.

Mir ist heiß. Hitzschlag als Schwangere, das fehlt mir noch. Ich durchwühle meine Umhängetasche nach dem geflochtenen Panamahut, den ich mir nach meiner Ankunft im Ferienapartment gekauft habe. Eine Brise von Salzwasser weht in meine Richtung. Kühlt mich. Ich rolle mein Handtuch auf dem Kieselstrand aus, setze den Sonnenhut auf und streife meine Riemchensandalen ab. Einige Atemzüge lang beobachte ich ein Gazpacho löffelndes Paar in einem Strandrestaurant. Wie sich ein Kleinkind mit Schwimmflügeln eine Handvoll klebrige Datteln in den Mund schiebt und sich danach die Patscher in den glitzernden Mittelmeerwellen wäscht. Ich begrabe meine Füße unter zentimetergroßen Steinen, krame ein Buch aus meiner Tasche, das ich als Unterlage verwende, und beginne zu schreiben.

»Liebste Oma.« Ich setze den Kugelschreiber ab und überlege, welche Worte auf die Größe einer Postkarte passen. Sie sollten klug gewählt sein, weil sie vermutlich die letzten sind, die meine Großmutter von mir liest.

Wenige Wochen zuvor habe ich sie gemeinsam mit Mama in einer Seniorenresidenz besucht, mir Geschichten aus dem Krieg und von ihrer Flucht aus der DDR erzählen lassen. Schnappschüsse ihres Lebens. Losgelöst von diesem früheren Leben liegt sie jetzt in einem fremden Bett, nimmt ihre Mahlzeiten mit fremden Menschen in einem Speisesaal ein und schließt Freundschaft mit Unbekannten, in dem Wissen, dass einer von ihnen bald gehen wird. Ein paarmal an dem Tag unseres Besuchs gleiten ihre knochigen Finger über die Klaviatur ihres Orgelpianos, eines der wenigen Überbleibsel, bei denen sie darauf bestand, es hierhin mitzunehmen. Eines, das sie schon bald zurücklassen wird. Wann genau, das weiß nur sie.

Könnte ich es mir verzeihen, wenn sie nicht mehr erfährt, dass ich bald Mama werde? Hoffentlich Mama werde? Es sind noch drei Wochen, bis ich meine Schwangerschaft offiziell verkünden möchte. Aber vielleicht bleiben Oma diese einundzwanzig Tage gar nicht mehr.

»Liebste Oma«, lese ich die Worte und setze den Stift erneut an: »›Jemand fürs Herz‹ war dein Wunsch für mich, als wir an meinem vierunddreißigsten Geburtstag miteinander telefoniert haben. Und ich war ein bisschen wütend auf dich, weil ich dachte, du würdest mich für unvollständig halten. Dabei dachtest du sicher nur daran, welches Glück es für dich bedeutet hat, dass Opa so lange an deiner Seite war. Und du dich bedingungslos geliebt gefühlt hast. Mach dir keine Sorgen um mich. Ich habe jemanden für mein Herz gefunden. Jemanden, der in mir wächst und wunderbar gedeiht und dem ich irgendwann von dir erzählen werde. Ich wünsche dir Frieden und Liebe. Grüß Opa von mir. Deine H.«

Für meinen kompletten Namen reicht der Platz nicht aus.

Omas Tod wenige Tage später ist keine wirkliche Überraschung. Vielmehr die Bestätigung dafür, dass jedes Leben eines Tages zu Ende geht.

Und doch fühlt es sich so an, als tauschten sich gerade zwei Leben gegeneinander aus, eines, in dem gelitten und geliebt wurde, und ein zweites, das gerade erst beginnt. Und das noch gar nichts davon weiß, wie nah Trauer und Glück beieinanderliegen.

Risiko?!

»Machen Sie sich keine Gedanken, das nennt sich nur so«, stellt meine Gynäkologin klar, als sie mir meinen Mutterpass mit der Kennzeichnung »Risikoschwangerschaft« aushändigt. Ab 35 gehöre ich zu einer Gruppe, die besonders stark überwacht wird. Noch bin ich unsicher, wie ich das finde. Als ich in der zwölften Schwangerschaftswoche zum frühen Organscreening überwiesen werde und nichts dafür bezahlen muss, weil ich bereits so alt bin, finde ich es gut. Bis mir klar wird, welche Entscheidungen ich ab sofort allein treffen muss. Beim Screening werde ich erfahren, ob mein Baby gesund ist, soweit die Ärzte das anhand von Messungen erkennen können. Ein Moment, der Übelkeit verursacht. Ich sehe dieses kleine Wesen, die zarten Knochen, das menschenförmige Skelett auf dem Bildschirm und muss im schlimmsten Fall entscheiden, ob ich es behalten möchte. Falls es »nicht ganz normal« ist. »Statistisch weichen drei von 100 Embryos von der Norm ab – das heißt, sie weisen Fehlbildungen auf.«[152] Allerdings existiert in Deutschland kein

---

152 Pränataldiagnostik: Würden Sie dieses Kind zur Welt bringen? 31.05.2015. https://www.profil.at/wissenschaft/praenataldiagnostik-wuerden-sie-dieses-kind-zur-welt-bringen-5581699 (abgerufen am 04.06.2021)

Fehlbildungs-Register. Deswegen gibt es laut Netzwerk Pränataldiagnostik »nur wenige und fraglich repräsentative Daten«.[153]

»Selbstverständlich behältst du es dann nicht«, findet Alexandra, mit der ich mich einige Tage zuvor über den Termin austausche. Für mich ist das gar nicht selbstverständlich, und ich überlege, ob ich diese Entscheidung über Leben und Tod treffen darf und kann. Außerdem habe ich nicht monatelang geplant, gegrübelt und versucht, schwanger zu werden, um das Leben, das in mir heranwächst, dann mit einem Fingerschnippen auszulöschen.

Während ich von der Liege aus den Bildschirm betrachte und die Ärztin Werte in eine Tabelle einträgt, hätte ich gern jemanden, der mir die Hand hält. »Entspannen Sie sich. Ihr Kind ist gesund.« Sie tätschelt meine Schulter.

Alles in Ordnung. Erleichtert atme ich aus. Etwas aber bleibt von der Frage zurück: Hätte ich mein Kind so akzeptiert, wie es ist, wenn der Test anders ausgefallen wäre?

Seht her, hört zu!

In den nächsten Wochen warte ich auf ein Zeichen aus meinem Innern, dass sich dort ein kleiner Mensch breitmacht. Gesehen habe ich ihn schon. »Da müssen Sie sich noch mindestens bis zur zwanzigsten Woche gedulden«, vertröstet mich meine Gynäkologin. Doch bereits in der siebzehnten Woche kitzelt mich jemand im Bauch mit einer Feder. In der achtzehnten Woche stellt ganz sicher jemand in meinem Innern Popcorn her. »Das halte ich für unwahrscheinlich«, erklärt mir meine Ärztin. »Sie

153 Schindele, E.; Heider, M.: Zählen Zahlen? Juni 2016. https://www.netzwerk-praenataldiagnostik.de/praenatal-diagnostik/pdf/2016__-_10_Zaehlen-Zahlen_Fehlbildungs-Statistik_2016-10_02.pdf (abgerufen am 15.09.2021)

haben eine Vorderwandplazenta, da sollten Sie noch nichts spüren.« Auch wenn sie mir nicht glaubt, bin ich sicher, dass das Zeichen meines Menschleins sind. *Ich freue mich sehr auf dich, mein Popcorn-Feder-Wesen.*

Inzwischen fühle ich mich frühlingshaft und glühend und erwarte zahlreiche Komplimente über mein phänomenales Aussehen als Schwangere. Die meisten halten sich jedoch vornehm zurück und machen mit ihrem Alltag einfach weiter wie immer. Als würde gerade nicht etwas Wundervolles, Beängstigendes und Unaufhaltsames in mir passieren.

In der neunzehnten Schwangerschaftswoche spannt meine Polyesterunterhose. Meine Babypfunde betone ich mit Allover-Print-Longsleeves aus organischer Baumwolle, indigoblauen Stretchjeans mit weichem Überbauchbund und locker geschnittenen Sommerkleidchen mit Kurzärmelvolants und Knopfleiste am Ausschnitt, da ich mit einer gigantischen Explosion meiner Oberweite von »ausreichend« zu »überwältigend« rechne. Dann bin ich doch etwas ernüchtert, dass sich, bis auf das gelegentliche Ziehen und Spannen der Brüste, in dem Bereich nicht viel tut.

Für mich beginnt nun eine Phase der Entspannung und der totalen Ausgeglichenheit. Nur manchmal, wenn die Sprudelwasserflasche nicht will, dass ich sie innerhalb von zwei Sekunden öffne, und ich deswegen schluchzend zusammenbreche, oder wenn ich der Handlung einer Seifenoper nicht mehr folgen kann und sich Jazz für mich plötzlich anhört, als würde eine Ringeltaube im hektischen Viervierteltakt auf meinem Kopf herumpicken, merke ich: Etwas geschieht mit mir, über das ich keinerlei Kontrolle mehr habe.

Also bekommt mein Kuscheltiertagebuch Sorgi einiges zu verdauen:

Schwangerschaftswoche 19+1: *Minidoppler bei eBay gekauft, damit ich die Herztöne meines Kleinen jederzeit abhören kann.*

Hab ihn direkt ausprobiert und bin hysterisch geworden, weil ich die Herztöne nicht auf Anhieb gefunden habe. Zwei Stunden später das Gleiche. Liko hat angeboten, das Ding so lange aufzubewahren, bis mein Kleines auf der Welt ist.

Schwangerschaftswoche 19+2: *Meine Hebamme hat heute meinen Puls gefühlt, um zu schauen, ob ich ein Mädchen oder einen Jungen bekomme. Eine Methode aus der Traditionellen Chinesischen Medizin. Für sie ist völlig klar: Ich bekomme einen Jungen.*

Schwangerschaftswoche 20+1: *Heulattacke bei »Polizeiruf 110«, als der Ermittler einen Hund gestreichelt hat.*

Schwangerschaftswoche 20+2: *Bei der Weihnachtsfeier mit Kollegen ein italienisches Dessert mit Eischnee und Weinschaum gegessen. Angst vor Salmonelleninfektion.*

Schwangerschaftswoche 20+3: *Bin heute sehr gereizt und traurig. Leider hatte auch niemand Zeit zum Reden. Bis 2 Uhr nachts wach. Dabei fehlt mir sowieso schon Schlaf wegen meines schwerer werdenden Bauchs und des ständigen Aufs-Klo-Gerennes.*

Schwangerschaftswoche 21+4: *War mit Jonas auf einem Flohmarkt. Als gute Freunde. Nachdem mich dort jemand angerempelt hat und ich ihm wild hinterherschimpfen musste, meinte Jonas: »Das tut deinem Kleinen sicher gar nicht gut, wenn du dich so aufregst.« Fand ich erst ziemlich daneben. Später aber doch süß, dass er so besorgt war.*

Schwangerschaftswoche 22+0: *Babyleins Tritte fühlen sich inzwischen an, als würden Knallerbsen in mir explodieren. Mein Schwesterherz ist zu Besuch und war ganz ergriffen, als mein Kleiner ihr gegen die Hand getreten hat, die sie auf meinen Bauch gelegt hatte. Dann hat sie die Wickelkommode und das Babybett* *für mich zusammengebaut. Ich habe Folien aufgeklebt, umgeräumt und Kartons auseinandergerissen. Gleich schreiben wir Listen mit Babynamen, die uns gefallen.*

Schwangerschaftswoche 24+4: *Heute mit der Bahn zu meinen Eltern gefahren. Neben mir saß ein Mann mit einer weinenden Katze unter dem Sitz. Habe mich eine Weile mit ihm unterhalten. Die Ablenkung tat uns beiden gut.*

Schwangerschaftswoche 25+6: *Habe Nasenbluten, zum wiederholten Mal. Leide außerdem unter Schwindel. Meine Hebamme vermutet, dass der Kleine eine Hohlvene abdrückt, nennt sich Vena-cava-Syndrom und geht hoffentlich bald wieder weg.*

Schwangerschaftswoche 26+1: *Zum ersten Mal im Ultraschall gesehen, dass ich tatsächlich einen Sohn bekomme, nachdem er uns die Male zuvor nur seinen Popo entgegengestreckt hat. Es wird konkreter. Und einen Namen habe ich auch schon für ihn. War aber gar nicht so einfach, einen zu finden, der nicht zu ungewöhnlich klingt und trotzdem nicht alltäglich ist.*

Schwangerschaftswoche 26+4: *Osteopath hat festgestellt, dass meine rechte Beckenseite unbeweglicher ist als die linke. Bin sehr verspannt und soll öfter leichte Dehnübungen machen, damit mein Schwindel sich nicht verschlimmert.*

Schwangerschaftswoche 26+5: *Die sonst so unhöfliche Sprechstundenhilfe meiner Frauenärztin meinte zu mir: »Ein Kind ist das schönste Erlebnis auf der Welt. Da kommt nichts ran. Auch kein Mann.« War ziemlich rührend.*

Schwangerschaftswoche 27+0: *Heute hat mir Liko geholfen, meinen Heizstrahler zu montieren, damit es mein Baby bald schön* *warm hat. Irgendwann fing er an, mit laufendem Wasserhahn und Spülmittel Wasserflecken in meiner Küche wegzuschrubben. Hierauf sagte ich, dass ich nicht verstehe, wie man so verschwenderisch mit Wasser umgehen kann. Und er meinte, dass das nichts gegen meinen »2 000-Kilowatt-Heizstrahler« sei. Fand ich total unsensibel.*

Schwangerschaftswoche 27+3: *War mit Karla essen. Als Arthur dazukam und meinen Bauch sah, kommentierte er ihn mit: »Oh, oh, oh … das ist aber ganz schön … ähem … hui.« Sehr diplomatisch.*

Schwangerschaftswoche 27+6: *Termin bei meiner Frauenärztin: »Ihr Bauch ist gar nicht mehr so schwabbelig wie sonst.« Sollte offenbar ein Kompliment sein. Habe außerdem stechende Schmerzen in meiner linken Hand. Vermutung: Karpaltunnelsyndrom durch Wassereinlagerung. Vereinbare Termin beim Osteopathen.*

Schwangerschaftswoche 28+0: *Jonas hat gemeint, dass er die Kinder eines Freundes komisch findet, weil sie alle Spielsachen herumliegen lassen und sich auch sonst viel nach ihnen gerichtet wird. Als ich gerade etwas dazu sagen möchte, unterbricht er mich mit den Worten: »Ich bin sicher, du wirst das gut machen.« Das war schön zu hören.*

Geburtsvorbereitungskurs

Jetzt wird es noch konkreter. Es geht zum Test-Gebären in den Geburtsvorbereitungskurs. Nur für Frauen. Partner nicht erwünscht.

»Überlegt sorgfältig, wen ihr mit zur Geburt nehmt«, erklärt die Hebamme bereits in der zweiten Stunde. »Der Partner ist nicht immer die beste Wahl. Es kann auch die eigene Mutter, die beste Freundin oder eure Schwester sein. Hauptsache, ihr fühlt euch gut aufgehoben, ohne das Gefühl zu haben, ihr müsst eure Geburtsbegleitung bei Laune halten«, ergänzt sie. »Besonders für unsichere und ängstliche Frauen kann auch eine Doula eine großartige Unterstützung sein. Sie ist eure Stimme nach außen. Damit ihr euch ganz auf die Geburt eures Kindes konzentrieren könnt. Das ist schon Arbeit genug.«

Unsicher und ängstlich bin ich. Mich schrecken allerdings die Kosten für eine Doula ab, die zwischen 500 und 1 000 Euro liegen und die ich privat zahlen müsste. Außerdem kenne ich diese Person gar nicht und weiß nicht, ob mich ihre Anwesenheit wirklich entspannen würde. Deswegen entscheide ich mich für meine Schwester als Geburtsbegleitung.

Schwangerschaftswoche 28+3: *Heute im Geburtsvorbereitungskurs kam die Frage auf, wie viel der Muttermund geweitet sein muss, damit das Baby durchpasst. Eine Teilnehmerin: »Zehn Zentimeter.« Die Hebamme: »Wieso gerade zehn Zentimeter? Orientiert sich das Kind schon am metrischen System?« Mir macht der Kurs jetzt bereits Spaß und ich finde es ein bisschen schade, dass meine Schwangerschaft bald vorbei ist.*

Wie sich herausstellt, gibt es in diesem Kurs vier Frauen, die das »Wunder der Geburt« zum zweiten Mal vor sich haben. Und auch wenn keine von ihnen vermittelt, sie hätte ihre erste Geburtserfahrung genossen, sind sie anständig genug, keine übermäßig dramatische Erzählung zu liefern. Weder die werdende Mutter, deren erstes Kind mit einer Zange geholt werden musste, noch die Frau, deren Mann während des Geburtsvorgangs den Raum verlassen hat mit den Worten »Ich hol uns was zu knabbern« und erst siebzehn Stunden später wiederkam. Immerhin mit einer kleinen Packung Erdnüsse und einem alkoholfreien Weizenbier. Vielleicht ist es auch eine Eigenart der Natur, die es uns erlaubt, Erinnerungen an Schmerzen zu trüben, um sie in heitere Anekdoten umzuwandeln.

Mir ist alles recht, was mich darauf vorbereitet, eine absolut komplikationslose und normale Geburt zu erleben. Wenn es mit dem Schwanger-Werden schon nicht auf natürlichem Weg geklappt hat. In meinen zweieinhalbseitigen Geburtsplan nehme ich nach diesem Wochenendkurs deswegen noch die folgenden Wünsche auf: »keine Geburtseinleitung«, »keine Schmerzmittel« und »kein Kaiserschnitt«.

So. Ich wäre dann so weit.

Kapitel 7:

Happy Birthday, Baby

Der Countdown

»Geringe mütterliche Körpergröße«, steht als Diagnose auf dem Überweisungsschein von meiner Frauenärztin. Den soll ich zum kommenden Ultraschall zu meiner Entbindungsklinik mitbringen, damit man dort auf diesen Umstand verstärkt achtet.

Bisher haben mir meine ein Meter fünfundfünfzig keinerlei nennenswerte Probleme bereitet. Jetzt aber, in Kombination mit einem stetig weiterwachsenden Baby, bei dem die Ärzte mich darauf hinweisen, dass die Gefahr bestehe, seine Schulter könne in mir steckenbleiben und dadurch gefährlich für uns beide werden, finde ich es beängstigend, dass meine Körpergröße eine so große Rolle spielen soll. Bisher dachte ich, es komme auf die Beckengröße an. »Die Kombination macht's«, klärt mich die Ärztin auf.

Was ihr außerdem Sorge bereitet, ist die ungewöhnlich große Menge Fruchtwasser. Deswegen soll ich regelmäßig für dreißig Minuten ans CTG angeschlossen werden. Nachdem die

Arzthelferin bei einem dieser Termine einen rasselnden Wecker auf die Höhe des Babyköpfchens gelegt hat, damit »er sich nicht so träge verhält«, bin ich allerdings so verstört, dass ich meine Hebamme bitte, alle künftigen CTGs zu übernehmen.

»Durch das viele Fruchtwasser erscheinen die Größenverhältnisse Ihres Kindes wie unter einem Vergrößerungsglas«, erklärt mir nun auch die Assistenzärztin im Krankenhaus. »Wir können also gar nicht genau sagen, ob Ihr Sohn wirklich schon so groß ist. Aber wir sollten auch kein Risiko eingehen.«

Das bedeutet für mich: Wenn der Kleine am errechneten Geburtstermin nicht freiwillig meinen Bauch verlässt, wird die Geburt eingeleitet. So viel Druck am Ende der Schwangerschaft gefällt mir gar nicht.

Zeit für ein paar Zeilen an Sorgi.

Schwangerschaftswoche 34+4: *Überbrücke die Wartezeit mit einem Friseurbesuch. Wird sicherlich der letzte für einige Zeit. Mein Babylein bekommt Schluckauf. Verständlich. Die Musik in dem Laden ist furchtbar.*

Schwangerschaftswoche 37+3: *Kreise fleißig mit dem Becken, springe auf meinem Minitrampolin umher und sitze weniger, damit der Kleine etwas tiefer rutscht. Die Ärztin im Krankenhaus meinte zwar, ein Nabelschnurvorfall sei aufgrund der Lage meines Kleinen unwahrscheinlich, aber ich solle trotzdem zeitnah ins Krankenhaus fahren, falls die Fruchtblase platzt. Habe meine fertig gepackte Kliniktasche bei jedem Spaziergang dabei und die Nummer des Storchentaxis einprogrammiert.*

Schwangerschaftswoche 36+6: *Mama meinte heute am Telefon, ich solle meinem Kleinen sagen, dass er möglichst nicht am Osterwochenende auf die Welt kommt, weil sie da niemanden hat, der sich um ihre Pferde kümmern kann, wenn sie uns zur Geburt besucht.*

Schwangerschaftswoche 38+1: *Gedanken des Versagens, falls die Geburt eingeleitet werden muss und ich am Ende vielleicht sogar mit Kaiserschnitt entbinden muss. Habe Angst, dadurch keine Verbindung zu meinem Baby aufbauen zu können oder ihm im schlimmsten Fall vorzuwerfen, dass es nicht früher rausgekommen ist. Das sind richtig gemeine Gedanken, die mich auch ziemlich traurig machen.*

Schwangerschaftswoche 38+3: *Alexandra hat angerufen und gesagt, heute sei der Tag, an dem mein Kleiner kommt. Sie habe da so einen Traum gehabt.*

Schwangerschaftswoche 38+4: *Laut Frauenärztin habe ich wieder mehr Fruchtwasser, anstatt weniger. Sie kann es sich nicht erklären. Meine Plazenta beginnt langsam zu verkalken. Ich hoffe, dass Babylein jetzt selbst auf die Idee kommt, aus seiner Butze auszuziehen.*

Schwangerschaftswoche 38+6: *Eine Bekannte hat die Geburt ihrer beiden Kinder mit einem Blind Date verglichen. Das fand ich spannend. Ich weiß nicht, ob mein Kleiner mich mag und wie wir miteinander klarkommen. Vielleicht finden wir uns ja gar nicht so toll, wie ich denke. Nach einem »echten« Blind Date könnte man sich gegenseitig ghosten. Bei meinem Baby geht das nicht.*

Schwangerschaftswoche 39+4: *Zwei Spiegeleier mit ein paar Esslöffeln Rizinusöl gegessen. Tipp von meiner Hebamme, um die Wehen anzuregen. Alexandra ruft an und fragt, ob der Kleine bereits auf der Welt ist. Ich bin hypernervös.*

Schwangerschaftswoche 40+1: *Ich muss akzeptieren, dass mein Kleiner nicht rauswill. Fahre gemeinsam mit der werdenden Tante ins Krankenhaus, wo wir ein Zimmer mit Doppelbett beziehen.*

»Oral oder vaginal?«, fragt mich eine Hebamme im Krankenhauszimmer des babyfreundlichen Krankenhauses, in dem ich mich bereits in der dreizehnten Schwangerschaftswoche für die Geburt anmelden musste. Sie hält mir eine Tube Gel und eine Packung Tabletten vor die Nase. Darin enthalten ist das Hormon Prostaglandin, das den Muttermund, sozusagen den Türsteher für die Gebärmutter, weich und elastisch machen soll. Bisher bin ich komplett verschlossen.

Das Gel ist für mich die logische Entscheidung. Ich will ja nur, dass sich der Muttermund weitet und nicht meine Speiseröhre. Außerdem habe ich keine Ahnung, wie lange eine Tablette sich durch meinen Körper arbeiten muss, um dort anzukommen, wo sie wirken soll. Der skeptische Blick der Hebamme hätte mir zu denken geben können. Aber als sie das kalte Gel im Intimbereich verteilt, ist die Entscheidung getroffen. Jetzt heißt es warten. Darauf, dass das Gel wirkt, ich etliche Zentimeter weiter werde und mein Kind mit der Kraft meines gleichmäßigen Zen-Atems, wie ich ihn im Geburtsvorbereitungskurs lernen durfte, nach maximal zwölf Stunden auf die Welt bringe.

Meine Schwester trottet mit mir im Hof umher, stützt mich tapfer, als ich mich keuchend krümme. Sie besänftigt einen Mann, der uns entgegenkommt und sich nicht entscheiden kann, ob er weitergehen oder Hilfe anbieten soll, mit den Worten: »Sind nur die Wehen.«

Jetzt dauert es sicher nicht mehr lange.

Die Hebamme ist anderer Ansicht. »Nicht muttermundwirksam«, stellt sie fest. Zeit für eine zweite, dritte … »Gebt mir doch endlich diese verdammten Schmerzmittel« … vierte, fünfte Runde Gel. So viel also zur programmierten Geburt. An die frische Luft gehen soll ich nach zwei Tagen Dauerkrämpfen nicht mehr, winde mich stattdessen im Krankenhausbett.

Hänge stöhnend an Kabeln. Weil mich nachts alle zwei Stunden eine Hebamme anspricht und die Werte meines Ungeborenen überprüft, schicke ich meine Schwester zu mir nach Hause. Damit wenigstens eine von uns etwas ausruhen kann.

»Ich ruf dich an, sobald es losgeht«, verspreche ich.

An meinem dritten Krankenhaustag kommt eine Frau hinzu, die nach einem Blick auf die ausgedruckten Zickzack-Kurven, die den Herzschlag meines Sohnes zeigen, nach sofortiger Handlung ruft. »Ab in den Kreißsaal mit ihr. Das sieht nicht gut aus«, übersetzt sie die spitzbergigen Linien. Nachdem ich mich bereits zwei schlaflose Tage und Nächte mit diesen Übelkeit verursachenden Kontraktionen herumgequält habe, hätte ich mir zwar etwas anderes gewünscht. Allerdings bin ich absolut einverstanden damit, wenn wir dem jetzt ein Ende setzen.

Nur noch schnell der Anruf bei meiner Schwester: »Es geht los.«

Es ist ein wenig, als wolle sich das Universum nach dem Blick auf meinen Geburtsplan einen kleinen Spaß mit mir erlauben: Einleitung. Check. Schmerzmittel. Check. Fehlt also nur noch der Kaiserschnitt.

Bereitwillig lasse ich mich in den Kreißsaal lotsen.

Geburt

Ich habe Gänsehaut. Diese halb offenen Krankenhaushemdchen sind nichts für Frostbeulen wie mich.

»Hallo, ich bin's, Ihr Anästhesist. Ich erkläre mal eben, wie das mit der PDA läuft. Schwindel, Fieber, Probleme beim Wasserlassen, Kribbeln in den Beinen. Mögliche Nebenwirkungen, extrem selten. Aber hilft nichts, ich muss es Ihnen ja sagen. In der Regel geht aber alles gut. So weit verstanden? Gut. Bitte hier unterschreiben.« Er macht sich an meinem Rücken zu schaffen.

Und dann liege ich plötzlich auf einem unbequemen Tisch, und Menschen in grüner Kleidung spannen ein Tuch quer über meiner Mitte auf, als würden sie einen Zaubertrick vorbereiten. Säbel gibt es offenbar auch, denn ich höre metallische Geräusche. Weil ich mir die Vorfreude nicht verderben will, blinzle ich in die grelle Deckenbeleuchtung und summe »Somewhere Over the Rainbow«.

»Alles in Ordnung?«, fragt mich der Anästhesist, der mir netterweise am Kopfende Gesellschaft leistet. Er hat wohl gerade auch nicht so viel zu tun.

»Jaaaa«, sage ich etwas zu begeistert angesichts der Umstände. Fantastisch, wie Schmerzen mit nur einem Piks verschwinden können. Plötzlich ruckelt es an mir, als würde eine Planierraupe unter mir entlangfahren. Es platscht und plätschert, jemand schreit. Gott sei Dank, niemand vom Personal, es ist mein Baby!

Eine Frau mit weißem Mundschutz präsentiert mir das kleine Bündel wie einen guten Wein. Sieht aus, als hätten es die Ärzte mit Sonnenmilch Lichtschutzfaktor 50 eingecremt. Das Bündel hat Blasen vorm Mund und wird schnell zur Kinderärztin gebracht. *Wird schon alles werden,* denke ich, während ich wieder in meinen Song einsteige. War gar nicht so schlecht, diese Geburt.

Mutterliebe auf Knopfdruck?

Zwanzig Minuten später liegt das kleine Wesen, das durch den Ultraschall so riesig erschien, zum ersten Mal auf meiner Brust.

Es ist genauso groß, wie es sein sollte. Und ich bin bereit. *Du kannst jetzt kommen, Mutterliebe,* denke ich und breite meine Arme aus. Sie tut es nicht. Wo sind die Amorpfeile, das Herzflattern, diese verdammte bedingungslose Liebe, von der die Werbung und sämtliche Elternzeitschriften schwärmen? Wo sind all diese Markenzeichen einer gesunden Mutter-Kind-Beziehung?

Mir ist sofort klar, etwas stimmt nicht mit mir. Die Erklärung liegt natürlich auf der Hand: Ich liebe mein Kind nicht, weil ich seinen biologischen Vater nicht kenne. Was bedeuten schon all diese kleinen Schnipsel, die ich von dem Samenspender habe? Er ist nur Papier für mich mit einem Babybild darauf. Ich habe ein Kind mit Papier gezeugt. Doch es gibt kein Zurück. Das Baby ist jetzt in meinem Leben, und ich muss mein Bestes geben, um es zu lieben und zu beschützen.

Jede Menge Liebe

Meine Schwester nimmt ihren Neffen, der eingehüllt ist in einen Kokon aus Stofftüchern, behutsam in ihre Arme. Zur Feier seiner Geburt hat sie sich extra den beige-grau quer gestreiften Oversize-Pullover übergezogen, den bereits Papa bei ihrer Geburt anhatte. Eine schönere Willkommensgeste für meinen Sohn kann ich mir kaum vorstellen. Als sie ihn sanft hin und her wiegt, ist ihr Strahlen taschenlampenhell, und ich weiß plötzlich: Selbst wenn ich noch etwas Zeit brauche, bis meine Gefühle auftauen, wird der Kleine schon jetzt von jemandem sehr geliebt. Und ich meine, ein kleines Lächeln meines Sohnes zu erkennen, der sich mit geschlossenen Augen vermutlich gerade ausmalt, wie toll es sein wird, ab sofort von ziemlich vielen Menschen herumgetragen und bekuschelt zu werden.

Kapitel 8:

Ich hab es so gewollt

Erste Zeit mit Baby

Atmet er noch?

Bereits die allererste Nacht zu Hause ahne ich, was es bedeutet, ganz allein verantwortlich zu sein für ein Wesen, das sich bedingungslos auf mich verlässt. Und zwar jede einzelne Sekunde. Wenn mir mein Sohn während eines Schläfchens zu still erscheint, lege ich mein Ohr so nah an seinen Mund, dass sein warmer Atem in mein Ohr kriecht. Ich kenne die Statistiken zum plötzlichen Kindstod und weiß, dass Babys, die mit im Elternbett dösen wie mein Sohn, unerwartet sterben können. Genauso wie Babys, die im Beistellbettchen liegen oder auf dem Bauch schlafen oder auf der Seite oder in einem viel zu warmen oder zu kalten Raum. Es kann immer und überall passieren. Ich muss nur ein Jahr durchhalten mit den regelmäßigen Atemchecks, dann minimiert sich das Risiko. Kaum traue ich mich, es zuzugeben, aber jetzt wäre ein Partner, der sich mit mir die nächtliche Kontrolle teilt, ganz nützlich. Einige Eltern setzen auf elektronische Atemüberwachungen oder Videokameras, aber auch diese Technik hat ihre Tücken, lerne ich. Es kann zu Fehlalarmen kommen, und am Ende ist man besorgter als vorher. Noch mehr Sorgen brauche ich wirklich nicht.

Und trotzdem tippe ich jede vermeintliche Auffälligkeit im Aussehen oder Verhalten meines Sohnes in die Suchleiste des Browsers ein. Mutter zu sein fühlt sich ein wenig an wie die Probezeit in meinem Studentenjob als Contentmanagerin, wo ich am ersten Tag einen Artikel gelöscht habe, weil ich eine falsche Tastenkombination gedrückt habe. In meiner Probezeit als Mutter will ich alles ganz besonders gut machen. Wenige Wochen nach der Geburt meines Sohnes suche ich Folgendes: »Baby bewegt Kopf nur zu einer Seite. Was tun?« In verschiedenen Babyforen mit Stimmen von besorgten Eltern stehen neben beschwichtigenden Antworten, die sagen, dass sich das alles von allein einrenkt, auch Ratschläge, die auf eine schleunige Behandlung durch Spezialisten drängen. Man solle schließlich alles Muttermögliche dafür tun, damit es dem eigenen Kind gut gehe.

Also vereinbare ich einen Termin bei einer Physiotherapeutin für Kleinkinder.

Extremschreien

Zwei Wochen später quetsche ich mich mit meinem Sohn in der Babytrage zwischen Sprachnachrichten aufnehmende und Musik hörende Menschen in einen Bus. An diesem Tag fühlt sich die ganze Stadt an wie eine Sauna. Nach fünf Minuten Fahrzeit entdeckt mein Baby ein neues Hobby: Extremschreien. Ich meine Schreien, bei dem du denkst, ein Düsenjet würde direkt am Ohr vorbeifliegen, während die Pilotin in eine Trillerpfeife pustet. Dieses Schreien, vor dem ich vor allem deswegen Angst habe, weil jeden Moment das Jugendamt auf der Matte stehen könnte oder ein aufgebrachter Nachbar, der sich um seinen Schlaf betrogen fühlt. Oder, wie an jenem Tag, weil mich ein Fahrgast beschuldigt, dass ich mein Kind umbringen will, da ich es so fest an meinen Körper presse.

Mir wird schwindelig, mein Puls rast und ich schuckle mein kleines Schreibündel hektischer, was meinen Kleinen allerdings noch mehr verstört. Er lässt sich nicht herunterregeln. Worauf ich mich in solchen Situationen immer verlassen kann, zeigen auch noch viele spätere Begebenheiten: auf ungewollte und unerwünschte Gratistipps. In diesem Fall reichen sie von passiv-aggressiven Blicken bis hin zum Vorschlag eines konkreten Maßnahmenplans, um das Kind zur Ruhe zu bringen. Denn neben kackenden Hunden sind weinende Kinder in Bussen und Bahnen ein absolutes No-Go. Sie mögen süß und niedlich sein, aber nur, solange sie sich unauffällig verhalten. Nass geschwitzt und erschöpft erreichen wir schließlich die Kinderphysiotherapeutin. Bis dahin hat sich mein kleiner Kerl so müde geschrien, dass ihm kurz vor Betreten der Praxis die Äuglein zufallen. »Bitte nicht jetzt«, murmle ich nervös in seine Richtung. Die Physiotherapeutin weiß nichts von unserem Höllenritt und bittet mich, ihn aus der Trage zu schälen, damit sie ihn begutachten kann. Das findet mein Sohn überhaupt nicht gut. Er plärrt wieder los und versteift sich so krampfhaft, dass ich besorgt bin, es könnte etwas von ihm abbrechen, wenn ich ihn bewege. Nach der zehnminütigen Prozedur stopfe ich ihn hektisch zurück in die Trage, um den dreißigminütigen Weg zurück nach Hause anzutreten. Wie gern würde ich mich jetzt bei jemandem über diesen Tag beschweren. Und mich feiern lassen, dass zumindest das Kind nicht zu Schaden gekommen ist. Die Parade mir zu Ehren bleibt jedoch aus.

Nach mehreren Therapieterminen, weil bei meinem Sohn eine geburtsbedingte Blockade der Halswirbel diagnostiziert wird, kann mein Kleiner dank verschiedener Dehnübungen, die ich mehrmals täglich mit ihm zu Hause ausführe, sein Köpfchen bald wieder symmetrisch bewegen.

Ich hingegen gerate immer mehr aus dem Gleichgewicht.

Müde

»Du siehst müde aus«, stellt Arthur fest, als wir uns um neun Uhr morgens zufällig am Nordufer auf Höhe der Schleuse über den Weg laufen. Er in einem etwas zu engen petrolfarbenen Stretch-T-Shirt und knielangen Shorts aus Twill, ich mit einem zur Wickelkreuztrage gebundenen Jerseytuch, in dem sich mein zwei Monate altes Baby an meine Brust kuschelt, und mit dem Gefühl, etwas Wesentliches vergessen zu haben. Wie sich später herausstellt, ist es der Schlüssel für meine Wohnungstür im Altbau-Mehrfamilienhaus, in dem wir wohnen. Meine Vergesslichkeit ist nur eine der Auswirkungen meines Neumutter-Daseins.

Liegt daran, dass ich seit Wochen nicht länger als dreieinhalb Stunden täglich schlafe, denke ich. Ich fühle mich ausgewrungen, bringe nur einen seufzenden Laut heraus.

»Wenn der Kleine lächelt, sind doch sicher alle Sorgen vergessen«, vermutet Arthur, während er hechelnd auf der Stelle weiterjoggt.

Es ist wirklich albern zu glauben, dass es nur eines Babylächelns bedarf, damit sich das zermatschte Gefühl in meinem Kopf in Oxytocin verwandelt und jeglicher Kummer, jede Sorge, jedes unerfüllte Bedürfnis nach Schlaf, Essen und Erholung in pure Glückseligkeit umschlägt. Aber wie sollte er es auch wissen?!

Ich ringe mir ein Schmunzeln ab. »Viel Spaß noch, Arthur. Grüß Karla.« Als ihn seine Schritte wieder auf den

Asphaltweg schießen, schaue ich ihm hinterher, einem Leben, das mich an mein kinderloses Ich erinnert, als ich noch im Morgengrauen durch Lichtperlen und aufsteigenden Nebel zum Volkspark gejoggt bin, um vor der Arbeit fünf Kilometer lang die Freiheit zwischen verdrehten Bäumen und schlammigen Seen einzuatmen. Angesichts meiner rot geäderten Augen und des anhaltenden dumpfen Pochens an meinen Schläfen erscheint mir dieses *Freiheit-Einatmen* weit entfernt.

Mein Nervenkostüm ist dünn wie Pergamentpapier, und ich bin innerlich so abgerichtet, dass ich selbst in der Stille und beim Duschen vom Phantomweinen meines Sohnes aufgeschreckt werde.

Stille

»Was?! Willst?! Du?! Noch?!«, herrsche ich meinen Kleinen nach einer weiteren durchwachten Nacht an.

In dieser habe ich ihm alle anderthalb Stunden die Windeln gewechselt, die inzwischen wund genuckelte Brust gegeben, ihn gereinigt, aus- und wieder angezogen, weil er sich im Bett übergeben musste. Dabei immer hoffend, dass sein Quaken und Nölen unsere Nachbarn nicht weckt. Doch jetzt kann ich nicht mehr. Ich balle meine Hände zu Fäusten und knirsche mit den Zähnen, als er wieder einmal schreiend – für mich völlig unverständlich, warum – auf dem Fußboden strampelt und in die Luft tritt. Dabei will ich nur Stille. Ich kann meinem Impuls, an ihm zu rütteln, nur widerstehen, weil ich mich heftig in den Arm kneife. Weg. Ich muss weg von ihm, bevor meine Aggressionen ihn treffen, ich ihm etwas antue. Heftig schluchzend robbe ich ins Badezimmer, drücke mir die Hände auf die Ohren und bleibe minutenlang eingerollt auf dem kühlen Boden liegen. Endlich Stille.

Mir wird klar: Ich brauche Hilfe. Aber ich zögere. Denn ich habe ein gewaltiges Mindset-Problem. »Du hast es so gewollt«, sagt der kleine Dämon auf meiner Schulter. »Nerv andere nicht mit deinen Problemen.« Wie viele andere frischgebackene Mütter bin auch ich perfekt darin, nicht um Hilfe zu bitten. Zu große Angst habe ich vor dem Satz: »Hätte ich dir gleich sagen können, dass du's nicht allein packst. Mit Mann wäre es einfacher, hm?«

Ich denke an die letzte Woche mit Babybauch zurück, als mir meine Hebamme einen Kurzvortrag über das baldige Alleinsein als Mutter hält. Während sie ihre Utensilien zusammenpackt, erinnert sie mich daran, dass ich bald ganz allein mit Kind bin. »Du brauchst Unterstützung. Menschen, die dir guttun«, sagt sie. Ich schiebe sie etwas zu schnell aus meiner Wohnung. Schließlich weiß ich doch, worauf ich mich hier eingelassen habe. Es wird schon nicht so schwierig werden.

Jetzt liege ich immer noch zusammengerollt auf dem Badezimmerfußboden und trockne meine Tränen mit dem Duschhandtuch, das ich viel zu lange nicht benutzt habe. Nebenan schreit mein Säugling aus Leibeskräften. *Du bist die Mama! Er ist hilflos ohne dich, verdammt noch mal!*

Als hätte mich jemand wachgerüttelt, stürze ich zu meinem laut schluchzenden Wesen hin, kuschle den Kleinen an mich, küsse ihn und drücke ihn behutsam ganz eng an mich. Und zum allerersten Mal betrachte ich ihn ganz bewusst, diesen kleinen Menschen an meiner Seite. Meinen Sohn. Seine maronenbraunen, nass geschwitzten Haare und die langen Wimpern, an denen sich Tränen verfangen haben. Ich betrachte seine Püppchennase, seine geschwungenen Lippen und fahre die sanfte Kurve seines Kiefers entlang. Sein ovales Ohr mit dem kleinen

Knick am äußeren Ohrmuschelrand, eines der Merkmale, die er ganz sicher von seinem biologischen Vater hat. Ich streichle seine Fingerchen und lege mein Ohr an seinen Brustkorb. Darunter puckert sein Herz – gefühlt in dem Tempo, mit dem ein Kolibri seine Flügel bewegt. Jemand hat mir gesagt, die Welt bleibe stehen, wenn man sein Kind zum ersten Mal in den Armen hält. Aber ich hatte für dieses Innehalten keinen freien Moment, habe stattdessen funktioniert, ihn gewickelt, gefüttert, umarmt und getröstet. Erst jetzt, als unsere Herzschläge so nah aneinander pochen, spüre ich das, worauf ich seit seiner Geburt vergeblich gewartet habe: bedingungslose Liebe.

»Jetzt nicht …«

Die Anschaffung einer Federwiege im dritten Lebensmonat meines Kleinen ist für mich ein Segen. Bereits im letzten Schwangerschaftstrimester wollte mich ein befreundeter Zweifachvater von Grundschulkindern von diesem mitwachsenden Wiegebeutel aus 100 % ungebleichter Baumwolle überzeugen, was ich mit »so was brauche ich nicht« abgetan habe. Nachdem ich allerdings seit Tagen unter bohrenden Rippenschmerzen und einem tauben linken Bein leide, weil sich mein Sohn angewöhnt hat, in meinen Armen in den Schlaf getragen zu werden, während ich auf einem Gymnastikball wippe, bin ich bereit, 379,95 Euro für alles Mögliche auszugeben.

Es dauert knapp eine Stunde, bis ich den Wiegebeutel mit der wärmeregulierenden Schafwollmatratze an dem Stahlgestell befestigt habe. Die an einem Karabinerhaken und einer Stahlfeder baumelnde Wiege befülle ich zunächst mit verschiedenen Crash-Test-Kuscheltieren. Und traue mich schließlich, meinen inzwischen fünf Kilo schweren Sohn in sie hineinzulegen. Schon wenige Minuten später kann ihm dabei zusehen, wie er durch das sanfte Auf- und Abschwingen in den Schlaf sinkt.

Tagsüber. Ohne dass ich ihn mit meinen kraftlos gewordenen Armen halten muss.

Nur: Dieses Hochgefühl hält nicht lange an. Weil eine Baumwollwiege nicht für mich zur Apotheke rennen kann und auch keinen Einkauf für mich erledigt. Und schon gar nicht kann sie mein verletzliches Selbst pflegen, das ich die vergangenen Monate immer wieder weggeschoben habe. »Jetzt nicht, Müdigkeit, dein Kleiner braucht dich«, »Jetzt nicht, Hunger, du musst erst dein Baby stillen«, »Jetzt nicht, Me-Time, du kommst irgendwann dran«. Dabei ist doch klar, wie es läuft: Geht's mir nicht gut, kann es meinem Kleinen auch nicht gut gehen.

Offenbar hat meine Hebamme recht gehabt. Ich brauche Hilfe. Selbst wenn es bedeutet, einen großen Sprung über meinen Schatten zu wagen.

»35 Euro!«

Mental gehe ich meine Freundinnen und Bekannten durch und komme zu dem Ergebnis, dass alle ein sehr erfülltes Leben führen, in dem kein Platz für eine zusätzliche Aushilfstätigkeit bleibt. Meine Eltern und Geschwister leben mehrere Stunden Autofahrt entfernt und können nicht einfach Urlaub machen oder freinehmen, nur um mich zu unterstützen. Allerdings ist meine Freundin Alexandra gerade frisch aus ihrem Wanderurlaub zurück und hat mir mehrfach ihre Hilfe angeboten: »Lass mich einkaufen«, »Ich nehm den kleinen Moppel, du schläfst!«, »Ich dünste uns ein Drei-Gänge-Menü, aber nur vegan, weißt ja, ich esse nichts mit Ohren«, »Klingle an und ich bin dahaaaaa!«

Also tippe ich ins Handy: »Hey, Alex. Hoffe, du hast dich gut erholt? Könnte direkt deine Hilfe gebrauchen ;-) Hab die Grippe und nichts mehr zu essen im Haus. Würdest du für mich einkaufen? Wäre lieb.«

Ihre Antwort folgt prompt viereinhalb Stunden später: »Sry, bin untrwgs. Next tme!«

Ein paar Wochen später: neuer Versuch. »Würdest du meinen Kleinen nächste Woche für eine Stunde umherschieben? Hab einen Vorsorgetermin.«

»No Chnce. Tantra-Wrkshp!«

Verstehe. Tantra schlägt Vorsorge.

Als ich innerlich längst akzeptiert habe, dass es nicht einfach ist, sich mit einem anderen Menschen – und sei es auch die beste Freundin – auf ein Zeitfenster zu einigen, meldet sich Alexandra unerwartet einige Tage nach ihrem Workshop und bietet mir an, mich zu massieren.

Herrlich! Auch wenn mein Rücken dank der Federwiege inzwischen wieder aufrechter ist und ich lockerer mit den Schultern rollen kann, sind meine Nackenmuskeln noch ziemlich angespannt. Deswegen genieße ich das zwanzigminütige Drücken, Dehnen und Draufhauen mit Alexandras physiotherapeutischem Know-how.

Mit »35 Euro. Hast ja grad selbst nicht viel« streckt sie ihre Hand aus. Gern hätte ich meinen Gesichtsausdruck in dem Augenblick eingefangen, als sie mir ihren unschlagbaren Freundschaftspreis nennt.

Wellcome

Ich entscheide mich dafür, erst mal keine Freundinnen mit meinen Problemen zu behelligen, wenn ich Hilfe brauche. Will ich nicht jedes Mal in Bettelstellung gehen und überlegen, was andere im Gegenzug für ihren Gefallen von mir erwarten, müssen Profis ran.

Mein Blick fällt auf einen Flyer an meiner Magnetwand, den mir die Frau vom Kinder- und Jugendgesundheitsdienst überreicht hat, als sie ein paar Wochen nach der Geburt bei uns zu Hause vorbeischaute. In Berlin erfolgt dieser Erstberatungshausbesuch bei Familien mit einem Kind unter einem Jahr. Um junge Eltern im neuen Lebensabschnitt zu unterstützen und auf Hilfsangebote hinzuweisen. Neben der Anschrift des um die Ecke gelegenen Familienzentrums steht auch die Adresse einer ehrenamtlichen Vereinigung, die Eltern im ersten Jahr nach der Geburt unterstützt: »Wellcome«, ein Name, der warm und nach Geborgenheit klingt. Am selben Tag vereinbare ich einen Termin bei der Beratungsstelle.

Bereits zwei Wochen später habe ich den ersten Kennenlerntermin mit der ehrenamtlichen Familienhelferin Dilek.

Pan-ich

»Du bist ja ein Süßer.«

Dilek ist mir auf Anhieb sympathisch. Klar, wer meinen Sohn so nett begrüßt, der muss das Herz am rechten Fleck haben. Für die ehrenamtliche Familienhelferin mit den braunen Locken bin ich die erste Mutter, der sie über Wellcome hilft.

»Ich habe eine große Familie«, erzählt sie fröhlich. »Und bei meiner Schwester passe ich regelmäßig auf ihre Kinder auf.« Das überzeugt mich.

Nach zwei weiteren Kennenlernterminen ist es endlich so weit: Ich gebe meinen Sohn, nachdem er vor sechs Monaten auf die Welt gekommen ist, zum allerersten Mal ganz allein ohne seine Mami einer vollkommen fremden Person, die noch nie zuvor ein unbekanntes Baby betreut hat und die sich auch nicht sonderlich geschickt anstellt, als sie den doppelt gefederten Kinderwagen auseinanderklappt und meinen Kleinen hineingleiten lässt. Durchatmen. Tschüs sagen. Bis später. *Sie weiß ja, wo es langgeht?!* denken. Ich hab es mehrfach erklärt. Die ersten Sekunden Erleichterung spüren. Ohnmacht. Nichts tun können. Nur dastehen, an den Fensterrahmen gelehnt, mit Blick auf mehräugige

Häuserfronten auf der gegenüberliegenden Seite, und warten. Warten darauf, dass diese unsägliche Quälerei, mein Kind einer völlig Fremden anvertraut zu haben, endlich ein Ende findet. Eine Stunde später, und beide sind noch immer nicht zurück. Sekündlich huscht mein Blick zwischen Fenster, Wanduhr und Smartphone hin und her wie bei einem Ping-Pong-Turnier. Was, wenn sie von einem Hund attackiert werden und sich Dilek nicht anders zu helfen weiß, als den Kinderwagen zwischen das Maul der Bestie und sich zu schieben, mein Sohn rausstürzt, weil die Anschnallgurte nicht funktionieren, und auf einer Spritze landet, die einer der Drogendealer, von denen ich letzte Woche in der Zeitung gelesen habe, achtlos auf den Boden geworfen hat?

Es klingelt. Panik trägt mich zur Haustür. »War alles gut«, höre ich Dilek sagen, während ich mit Herzrasen in die Augen eines ausgeschlafenen Babys blicke. Das letzte Mal so geschwitzt habe ich nach einem Saunabesuch im Fitnessstudio. Hilfe organisieren ist eine Sache. Sie anzunehmen eine völlig andere.

Momente

Und dann gibt es da diese anderen, ganz wundervollen Momente des Mamaseins.

Als sich die dunkelblauen Mandelaugen meines Sohnes langsam in grünbraune Diamanten verwandeln und er zum ersten Mal »Mama« sagt, wovon ich gar nicht mehr genug bekommen kann. Jedes Mal, wenn er die Laute aneinanderreiht – Ma, Ma – und dabei fröhlich gluckst, klinge ich, die einen Magisterabschluss in Sprachwissenschaften hat, wie jemand, der nie zuvor ein Buch in der Hand gehalten hat. »Oooooch, du mein kleiner Musemupfelschnupfel. Mamilein macht knuuuutschibutschi.« Ich genieße es, seine Umarmungen zu spüren, die nach Aloe-Vera-Shampoo und Calendula duften, die ungeschickten nassen Küsse auf meiner Wange und seine staunenden Blicke, wenn seine Patschhändchen nach Pusteblumen in Mauerritzen fassen und gleich darauf weißhaarige Fallschirme durch die Luft wirbeln.

Ab und zu schleicht sich ein leises Zwicken in mein gemütlich eingerichtetes Leben. Dann wünschte ich, jemand könnte uns jetzt zusehen, zu uns gehören, Teil von uns sein. Gemeinsam mit mir darüber jubeln, wenn mein Menschlein auf dem Laminatboden robbt, sich an Holzstühlen hochzieht und schließlich mit wackeligen Beinchen die ersten tapsenden Schritte macht. Und mir ein paar organisatorische Aufgaben abnehmen, wie die Beantragung einer Negativbescheinigung beim Jugendamt.

Details zur Negativbescheinigung

Diese Bescheinigung wird als schriftlicher Beweis dafür benötigt, dass jemand das alleinige Sorgerecht für sein Kind hat, damit nicht über den Kopf eines anderen Elternteils hinweg entschieden werden kann, der aktiv an der Zeugung beteiligt war. Die Negativbescheinigung, die aus dem Sorgerechtsregister entnommen wird, braucht man beispielsweise, um einen Kinderreisepass fürs Kind zu beantragen, sich um einen Kitaplatz zu bewerben (z. B. wenn Alleinerziehende bevorzugt werden), wenn das Kind in die Schule kommt oder man mit ihm aus Deutschland ausreisen will (auch wenn es sich nur um einen Urlaub handelt). Den Negativbescheid benötigt man auch vor einer möglichen Operation des Kindes (z. B. beim Zahnarzt), bei der Eröffnung eines Kinderkontos bei einer Bank oder für den Wohngeldantrag. Im Falle einer Samenspendenbehandlung über eine

Kinderwunschklinik fertigen entweder die Klinik oder die Samenbank auf Wunsch der Mutter eine Bestätigung darüber aus, dass die Frau mithilfe eines Samenspenders ein Kind bekommen hat. Diese Bestätigung kann dem Jugendamt als Nachweis vorgelegt werden, damit die Negativbescheinigung so unbürokratisch wie möglich ausgestellt werden kann. Die Geburtsurkunde, auf der kein Vater eingetragen ist, wird nicht von allen Jugendämtern als Nachweis akzeptiert.

Dann möchte ich mit anderen Menschen wertvolle Momente im Leben teilen, Lebenszeugen haben, die ich auch in die kleinsten Dinge einbeziehen kann, nicht nur in Meilensteine. Und das ist ganz natürlich, wie ein Experiment der Studie »Shared Experiences Are Amplified« von Erica Boothby, Margaret Clark und John Bargh zeigt: Ein Versuchsteilnehmer probiert zusammen mit einem Partner, der ins Experiment eingeweiht ist, einen Schokoriegel. Eine Sorte probieren beide gemeinsam. Die andere kostet zunächst der Proband allein, während der Partner anderweitig beschäftigt ist. Welcher schmeckt besser? Für die Versuchskandidaten ist es eindeutig: Der leckerste ist der, den beide Personen gleichzeitig probiert haben. Und jetzt kommt der Clou: Es gibt überhaupt keinen Unterschied zwischen den Riegeln.[154]

Warum fällt mir diese Studie ein? Weil sie zeigt, dass sich allein durch die Kraft des Miteinanders, der Zusammengehörigkeit

---

154 Boothby, E.; Clark, M.; Bargh, J.: Shared Experiences Are Amplified. 2015. https://www.researchgate.net/publication/266570345_Shared_Experiences_Are_Amplified (abgerufen am 15.06.2021)

grundlegende Qualitäten von Erfahrungen verändern. Ich möchte auch gemeinsam mit jemandem einen Schokoriegel probieren. Mit jemandem teilen, wenn mein Kleiner zahnt, seinen ersten Pastinakenbrei löffelt oder zum ersten Mal laut auflacht.

Vielleicht gewöhne ich mich aber auch daran, dass diese Sehnsucht ein Teil von mir bleibt. Und manchmal zum Alleinerziehendsein dazugehört.

An einem milden Apriltag feiern wir den ersten Geburtstag meines Sohnes. Ich überlege, Arthur und Karla, Liko und selbst Dilek zu fragen, ob wir gemeinsam etwas unternehmen wollen. Aber um meinen Kleinen und mich nicht zu überreizen, entscheide ich mich für eine Party im kleinen Rahmen. Nur mein Sohn, ich und eine flauschige Eule namens Berta, die ihn seitdem überallhin begleitet.

Kapitel 9:

Alleinsam

»Du hast dich verändert«, bemerkt Alexandra. Aber es ist nicht, als würde sie sagen »Wow, coole neue Frisur«, sondern eher: »Du hast meinen Geburtstag vergessen.« Es ist eine enttäuschte Feststellung, die mir das Gefühl gibt, etwas falsch gemacht zu haben, ohne dass ich es ändern kann. Das turbulente erste Jahr mit meinem Sohn, die stetigen, überraschenden Wunder, die tagtäglich passieren, sich aber als langweilig entpuppen, wenn ich sie Alexandra erzähle, stellen unsere Freundschaft auf die Probe.

»Er gähnt. Und? Bekommt er dafür jetzt ein Abzeichen?«

Sie wird bitter, ich wütend. Weil sie über meinen Sohn redet, als wäre er ein abgelegter Liebhaber, auf den sie nicht gut zu sprechen ist. Und weil ich mich nicht dazu in der Lage fühle, ihn vor ihren spitzen Bemerkungen und den abfälligen Blicken zu beschützen. Als sie mir sagt, dass sie die Praxis ihrer Chefin übernimmt und sie deswegen »sowieso niemals Zeit für so einen Hosenscheißer haben« wird, bin ich mir sicher, dass unsere Beziehung nicht überlebt. Ich sehe sie zum letzten Mal an einem Wintermorgen. Sie sagt »Hi«, bezahlt ihr Bio-Dinkelbrötchen und verlässt die Bäckerei. Ich sehe ihr nicht mal hinterher.

Bestimmt habe ich nicht mein Bestes gegeben, um diese Freundschaft am Leben zu erhalten. Habe mich stattdessen der Beziehung zu meinem Sohn gewidmet und mich blind darauf verlassen, dass Freunde bleiben. Aber manche Freundschaften lösen sich auf, wenn man ein Kind bekommt.

Unfreiwilliges Klubmitglied

Dafür gehöre ich seit der Geburt meines Sohnes einem exklusiven Klub an. Unfreiwillig. Einer, der nicht jeden reinlässt. Und in den auch gar nicht jeder reinmöchte. In dem übers Stillen und Fläschchengeben, über Windelinhalte, Bauchkrämpfe und nächtliche Schreiattacken – sowohl die vom Baby als auch von den Eltern – geredet wird, als wären es die aufregendsten Erlebnisse auf dem Planeten. Ich bin mir nicht mal sicher, ob es mir gefällt, dass ich jetzt eine von »den Eltern« bin, die überall auf der Straße oder in einem Café als »Mutter« erkannt werden. Weil fremde Hände ungebeten über das Köpfchen meines Sohnes streicheln. Und ich noch nicht so souverän bin, »Finger weg« zu sagen. Oder: »Soll ich das bei Ihnen auch mal machen?«

Einige Eltern scheinen kleine Engel zu haben, die sich geduldig Brokkoli mit einer Erwachsenengabel in den Mund schieben und sich danach mit der ordentlich gefalteten Serviette den Mundwinkel abtupfen, während mein Sohn nach zwei Löffeln Nudeln ein tomatenbeschmiertes Gesicht hat. Ich grüble, ob es etwas über meine Erziehungsfähigkeit aussagt, wenn er mit knapp anderthalb Jahren, anstatt geduldig mit seiner Flauscheule Berta zu spielen oder Türme zu bauen, lieber mit seiner feurigen wilden Kraft durch die gesamte

Wohnung springt und seine Lieblingslaute aneinanderreiht – Ma, Ma.

Ich bemerke meine Unruhe, wenn er an meiner Hose zupft, mich zum Spielen animieren will, zum zehnten Mal seine Tyrannosaurus-Rex-Spielfigur aus Hartgummi in die Ecke pfeffert, weil es so lustig kracht, und meinen Satz »Ich bin mal eben auf dem Klo« als Aufforderung versteht, mir ins Bad zu folgen und mit seinem Kipplader meine Beine hochzufahren, während ich versuche, konzentriert, na ja, man kann's sich denken.

So glücklich und dankbar ich mich auch fühle, ein gesundes Kind zu haben, so unvorbereitet bin ich darauf, dass ich dabei einen Teil meines Ichs verliere. Scheinbar aufgeben muss. Meine Bedürfnisse nach Alleinsein, Ausruhen, Nichtstun. Für einen Menschen wie mich, der schnell überreizt auf Stimmengewirr und Geräusche über 50 Dezibel reagiert, was in etwa der Lautstärke von leichtem Regenprasseln oder quakenden Fröschen entspricht, ist es ein Balanceakt, meinem Kleinkind, das von mir abhängig ist, zu jeder Tageszeit eine zuverlässige und ausgeglichene Mutter zu sein. So bestätigt auch die Erziehungsexpertin Dr. Mary Sheedy Kurcinka: »Es ist unmöglich, dass ein Elternteil, insbesondere ein introvertierter Elternteil, mit den Bedürfnissen eines extrovertierten temperamentvollen Kindes nach Interaktion Schritt halten kann.«[155]

Genau das sind die Momente, in denen ich mir andere Menschen wünsche, die zumindest kurzzeitig ein Auge auf meinen kleinen Wirbelwind werfen. Die ihn bespaßen, mit ihm herumtollen, ihn beschäftigen und zum Lachen bringen. Damit ich Zeit habe zum Durchatmen und Krafttanken. Damit ich mein Fürmichsein nicht ganz verliere.

---

155 »There is no way one parent, especially an introverted parent, can keep up with the interaction needs of an extroverted spirited child.« Morrissette. S. 319.

Und deswegen hat es auch sein Gutes, als Mutter erkannt zu werden. Denn ich ziehe Menschen an, die sich in einer ähnlichen Situation befinden, die ähnliche Erfahrungen machen, ähnliche Werte vertreten. Die alle Teil des Elternklubs sind. Die genau die gleiche Erschöpfung spüren und auch mal genervt und unausgeglichen sind. Die meinen Kleinen halten, damit ich mir am Frühstücksbüfett den Teller auffüllen kann. Und denen ich ihr Kind abnehme, damit sie zur Toilette können. Es sind kleine Entlastungen, aber sie haben eine große Wirkung. Denn dadurch merke ich, wie befreiend die Vorstellung ist, dass Kindergroßziehen gar nicht ganz allein gemacht werden muss. Dass es stattdessen ein Mannschaftssport ist.

Spannungsfeld

Als mein Sohn anderthalb ist, wechsle ich vom *Elternzeit*-Klub in den Klub der *arbeitenden Eltern.* Sechs Wochen zuvor gewöhne ich meinen Sohn in die Kita ein, verschütte tagelang Tränen der Scham und der Angst, dass ich ihn abgeben muss. Und erstmals seit seiner Geburt wünschte ich, es gäbe jemanden, den ich zur Arbeit schicken kann, damit ich es mir leisten könnte, weiterhin zu Hause zu bleiben. Meinem Sohn beim Großwerden zuschauen dürfte. Andererseits bedeutet Arbeit auch ein Stück weit Selbstverwirklichung. Und wer weiß, vielleicht kommt mein Mama-Gehirn dadurch wieder in Schwung, wenn ich Dialoge führe, die über »Mamaaaa, Wauwau da« – »Jaaaa, das ist ein Hund, genau« hinausgehen.

Eric Mattes, der mittlerweile erwachsene Sohn von Single Mom by Choice Jane Mattes, sagt in einem Interview mit *ABC News* über seine Mutter: »Ich habe ein weibliches Vorbild erlebt, das alles gemacht hat. Sie hatte einen Job, sie brachte das

Geld nach Hause, und sie hat mich großgezogen.«[156] Es beruhigt mich, das aus dem Mund eines Menschen zu hören, den es direkt betrifft.

Trotzdem ist dieses Spannungsfeld, Beruf und Kind als alleinverantwortliche und alleinversorgende Mutter unter einen Hut zu bringen, eines, das sicherlich jede Frau beschäftigt, bevor sie sich dafür entscheidet, allein eine Familie zu gründen. Dabei gibt es Studien, die darauf hinweisen, dass Solomütter im Gegensatz zu Elternpaaren, deren Kinder mithilfe eines Samenspenders gezeugt wurden, im Umgang mit ihren Kindern eine größere Freude und weniger Frustration empfinden. Angesichts der zumeist geringeren finanziellen und zeitlichen Aufmerksamkeit, die wir unserem Nachwuchs widmen können, finde ich das erstaunlich. Auch, dass Kinder von Solomüttern weniger emotionale Probleme und Verhaltensschwierigkeiten zeigen als Kinder von Verheirateten mit Spenderkindern.[157]

Natürlich gezeugte Kinder vs. künstlich gezeugte Kinder

Laut einer Studie aus dem Jahr 1996 zeigten Mütter von Kindern, die mithilfe der assistierten Reproduktion gezeugt wurden, eine größere Wärme gegenüber ihrem Nachwuchs, fühlten sich emotional stärker mit diesem verbunden und interagierten mehr mit ihren Kindern als Mütter, deren Kinder auf natürliche Weise entstanden waren. Darüber hinaus zeigten

---

156 *Single mothers by choice: I am the CEO of my own operation.* YouTube. Ab Minute: 05:30. 2019. https://www.youtube.com/watch?v=rouPhsG86dU (eigene Übersetzung; abgerufen am 18.07.2021)

157 Murray, C.; Golombok, S.: Solo mothers and their donor insemination infants: follow-up at age 2 years. Human Reproduction. 25.06. 2005. https://doi.org/10.1093/humrep/deh823 (abgerufen am 15.10.2021)

sie weniger Stress im Zusammenhang mit der Erziehung ihrer Kinder.[158]

Dennoch kenne ich Tage, an denen mir alles zu viel wird.

Bereits bevor ich Mutter werde, sieht meine Wohnung aus, als hätte es einen kleineren Einbruch gegeben. Zettel liegen ungeordnet auf dem Schreibtisch, Schuhe zwischen Flur und Wohnzimmer, eine sorglos abgestreifte Jacke mitten auf der Couch. Jetzt verstreut dieser Einbrecher noch Dinkelstangenkrümel, Spielplatzsand, Puzzleteile und schmutzige Wäsche in jedem Zimmer. Mein Ton verändert sich von singend, wohlwollend zu angespannt. Weil sich dieses Chaos, solange ich es auch anstarre, nicht auf wundersame Weise in Luft auflöst. Ich merke, wie es mich belastet, dass der Alltag wieder losgeht und ein Weckerklingeln meinen Tagesrhythmus bestimmt. Wenn ich uns morgens zwischen den Bissen eines hektisch reingeschlungenen Kirschmarmeladentoasts für den Tag vorbereite. Meinen Kleinen in die Kita bringe, damit ich ins Büro jagen kann. Auf die Mittagspause verzichte, um ihn rechtzeitig wieder einzusammeln. Die Hektik der Großstadt überträgt sich immer mehr auf mich. Auf uns beide.

Ich gehe geistig Termine, Vorsorgeuntersuchungen, Elternabende, Einkaufslisten, Essenspläne durch, bin bei der nächsten Aufgabe, einer entfernten Sorge, einer Verabredung in der Zukunft, und vergesse dabei den Zauber der Anwesenheit meines Sohnes. Wenn er seine Arme um meinen Hals knotet und sein Gesicht in meiner Halsbeuge vergräbt.

Soll das unser Leben sein? Stressmoment an Stressmoment gereiht? Ich will, dass mein Sohn frei und unbeschwert

---

158 Golombok, S. et al: Children: The European study of assisted reproduction families: family functioning and child development. https://academic.oup.com/humrep/article/11/10/2324/570059 (abgerufen am 15.10.2021)

aufwachsen kann. Ohne dass er ständig »Halt« und »Stopp« hören muss, weil jederzeit ein Auto um die Ecke biegen oder ein Inlineskater unseren Weg kreuzen könnte.

Ich will raus aus Berlin. Am liebsten so schnell wie möglich.

Stadtflucht

»Wenn du was hörst, melde dich«, sage ich zu Paul, der bis zu seinem heutigen Job als Wirtschaftswissenschaftler eines Klimaforschungszentrums für einen Immobilienmakler gearbeitet hat.

Als er mir mitteilt, dass eine Wohnung frei wird, die ich haben könne – drei Zimmer, geräumig, lichtdurchflutet –, dauert es nur wenige Monate, bis wir aufs Land ziehen. Mein Sohn ist gerade zweieinhalb geworden. Auch wenn ich in einem 500-Einwohner-großen Dorf aufgewachsen bin, hätte ich es nie für möglich gehalten, wieder an einen so beschaulichen Ort zurückzukehren, wo man nicht nur seine nächsten Nachbarn namentlich kennt. Meinen Job kann ich auch von hier aus erledigen. Und Paul lebt ebenfalls hier. Meine Eltern und Geschwister nur eine Stunde von uns entfernt.

Es ist ein anderes Gefühl beim Aufstehen, beim Blick auf den Garten von unserem Balkon. Sogar das Rauschen vorbeifahrender Autos klingt nach Meer.

Es ist auch ein Neuanfang, der bedeutet: neue Eindrücke einsaugen, neu orientieren und neue Menschen kennenlernen. Alles Neue ist mir unheimlich. Stattdessen mag ich Beständigkeit, wenn sich wenig ändert, mag es, wenn Dinge vorhersehbar sind und ich weiß, was mich erwartet. Ich mag keine Konflikte und vertrage nur wenige Menschen um mich herum. Ansonsten kann es leicht passieren, dass ich mich zurückziehe oder ganz untertauche. Bereits als Kind habe ich mich am liebsten in meinem Zimmer vergraben und schwermütige Gedichte verfasst. Ab und zu auch mal eine traurige Melodie auf dem elektronischen Keyboard, das mir meine Großeltern zum elften Geburtstag geschenkt haben. Das Leben da draußen machte mir Angst, macht es manchmal heute noch.

Hierfür gibt es einen Verantwortlichen: Dopamin. Eine Art Wohlfühl-Chemikalie, die in unserem Gehirn vorkommt und unser Belohnungszentrum aktiviert, sobald ein neuer Reiz ausgelöst wird. Von der brauche ich als Introvertierte nur sehr wenig, um mich gut zu fühlen. Bekomme ich eine Überdosis davon ab, weil zu viele Reize auf einen Schlag auf mich einprasseln – unbekannte Umgebung erkunden, Wohnung einrichten, fremdartige Landlebengerüche einatmen = permanente Dopaminausschüttung –, werde ich schläfrig und matt.

Mein Sohn zählt eher zu den Extrovertierten. Für ihn löst jedes neue Ereignis wahre Energiesprünge aus, und während es für mich ein großer Schreck ist, als wir in unserem neuen Zuhause innerhalb eines Jahres zwei Mal die Kita wechseln müssen, geht er entspannt damit um. Er freut sich über andere Kinder, grüßt seine Umgebung freundlich und ruft mit seiner Spielplatzstimme »Woaaaaaaaaaaaa, supercooool, Mama«, wenn jemand mit einem Rollator an uns vorbeifährt, während ich mich am liebsten hinter einem Busch verstecken will. Paul ist genauso extrovertiert. Und immer häufiger unternehmen die zwei »Männertouren« zusammen. »Damit die Mama mal Zeit für sich hat«, kommentiert Paul, zwinkert meinem Sohn zu und marschiert mit ihm zum Schiffshebewerk, wo sie den durchfahrenden Hafenschleppern und Passagierschiffen zuwinken.

Es ist schön, dass ich Paul habe. Nur hat er auch sein eigenes kinderloses Leben. Und ich kann nicht davon ausgehen, dass er jedes Mal da ist, sobald ich Unterstützung brauche. Oder wenn ich mich austauschen möchte. Deswegen ist es keine gute Idee, mich neuen Kontakten komplett zu verwehren, wenn ich für meinen Sohn und mich ein funktionierendes soziales Umfeld aufbauen möchte. Während es in einer Großstadt wie Berlin viele Angebote für Eltern und ihre Kinder gibt, damit sich diese untereinander vernetzen können – Familienzentren, Kiezmütter und auch Treffen von anderen Alleinerziehenden und Solomüttern –, muss ich auf dem Land etwas mehr Eigeninitiative zeigen. Und hier hakt es bei mir gewaltig. Nicht weil ich es für unwichtig halte, sondern weil ich nicht so recht weiß, wie ich es anstellen soll. Ich gehe nicht gern auf andere Menschen zu und wirke oft unnahbar, sodass auch niemand auf mich zukommt. Inwieweit muss ich mich verändern, um kein Eigenbrötler zu werden? Und meinem Sohn vor allem nicht die Möglichkeit zu verbauen, Kontakte zu knüpfen und Freunde zu finden?

Da fällt mir wieder ein, was im psychosozialen Beratungsgespräch gesagt wurde, das ich vor meiner zweiten Kinderwunschbehandlung geführt habe: »Die Menschen, die Sie im Alltag unterstützen werden und mit denen Sie sich austauschen, die kennen Sie jetzt noch gar nicht. Setzen Sie sich nicht zu sehr unter Druck, um jeden Preis Kontakte zu knüpfen. Vieles ergibt sich im Alltag. Durch die Kita, auf dem Spielplatz oder in der Nachbarschaft.«

Bereits wenige Tage später spielt mein Sohn mit einigen Nachbarskindern im Garten, während ich für eine halbe Stunde auf der weißen Holzbank durchatmen kann.

Glasperlendecke

Mit zweieinhalb Jahren ist er Tröster …

»Mama hat heute geweint.«
»Mama Herz daputt?«
»Ja, ein bisschen.«
»Leich Pflaster drauf machen. Mama besser deht.«

… Beschützer …
»Ist ja noch ganz dunkel draußen.«
»Mama muss nicht Angst haben. Weil ich bei Mama bin.«

… und ist unbeabsichtigt humoristisch
»Dann nich einschlafen, Mama.«
»Wollen wir mal ausprobieren, Schafe zu zählen? Wir tun so, als ob Schafe über einen Zaun springen, und zählen sie.«
»Lieber nich. Is langweilig.«

Trotz dieser kurzen Auszeiten vom Mamasein liegt der Druck der Verantwortung vierundzwanzig Stunden am Tag, sieben Tage die Woche auf mir wie eine schwere Decke aus Glasperlen. Wenn aus dem unschuldigen Mund das erste Mal die Worte »das ist ja echt scheiße« kommen und ich die Schuld für diese Wortwahl nicht auf jemand anderen abwälzen kann. Wenn mir in der Kita gesagt wird, er male und bastle so gar nicht, und dass ich das zu Hause ein wenig fördern solle, obwohl ich genau die gleiche Abneigung gegen Buntstifte und Kleber habe wie er. Wenn er Freunde findet, mit deren Eltern ich mich unwohl fühle, oder umgekehrt, ich Eltern ganz besonders mag, er mit ihren Kindern aber nichts anfangen kann. Wenn er sich beim unglücklichen Kicken eines Fußballs den Oberschenkel bricht, wie mit drei Jahren geschehen, und ich über vier Monate lang damit beschäftigt bin, ihn durch die Operation und die Schmerzen zu tragen und ans Sitzen im Rollstuhl zu gewöhnen. Bis er irgendwann wieder Vertrauen fasst, humpelnd laufen zu lernen.

Wenn mich Erschöpfung, Kopf-, Rücken- und Nackenschmerzen wieder einholen, ich einfach nur schlafen will und dieses kleine Menschlein plötzlich sagt: »Mama, wenn du tot bist, kannst du gar kein Popcorn mehr machen. Das wäre wirklich schade.«

»Wenn du stirbst, Mama …«

Mit dreieinhalb Jahren beschäftigen ihn Emotionen …
»Warum ist Kuscheln wichtig, Mama? Weil dann das Herz stärker wird?«
»Ja. Genau.«
»Und wenn man nicht kuschelt, ist das Herz dann traurig?«
»Das könnte gut sein.«
»Und wenn unser Herz stärker wird, können wir dann fast Autos heben?«

… er beweist nach wie vor umwerfende Logik …
»Mama, was ist, wenn du mich fünf Mal hättest? Könntest du dich dann gar nicht mehr um mich kümmern?«

»Komm, wir schmieren dein Brot.«
»Manche Menschen können das nicht, Mama.«
»Welche Menschen?«
»Männer!«

»Was riecht hier so komisch? Hat hier ein Hund hingemacht?«
»Oder jemand kocht was, Mama.«

»Und wenn Paul einfach auf die Straße läuft, ohne links und rechts zu gucken, wird er plattgerollt. Wie Knete.«

»Bald habe ich Geburtstag und da werde ich vierzig.«
»Wieso wirst du dann vierzig, Mama? Bei einem Menschen geht das doch nicht. Vierzig ist doch die allerhöchste Zahl.«

»Oh, schau mal. Das ist Sprühregen draußen.«
»Was ist denn Sprühregen? Wenn man denkt, das ist Schnee?«

»Mama, warum tut dein Kopf weh?«
»Ich habe gerade ganz viele Dinge im Kopf, an die ich denken muss.«
»Ich muss nur ans Zähneputzen, Fernsehgucken und Schlafen denken. Also hab ich nicht so viel im Kopf.«

»Und? Verstehen sich alle Kinder aus der Kita gut mit ihren Eltern? Oder haben sie auch mal Probleme?«
»Nein. Nur wir, Mama.«

»Mama, kann man bis Billionen zählen?«
»Uhhh, das kann kein Mensch.«
»Nur eine Katze?«

»Wann bist du denn immer gestresst, Mama?«
»Wenn ich es eilig habe und nicht gleich alles klappt, wie ich mir das vorstelle …«
»Aber ich meine doch, an welchem Tag?«

»Bin ich immer ein fröhlicher Junge?«
»Ja, das bist du, mein Schatz.«
»Und warum habe ich gar kein saures Gefühl?«
»Hmmmm …«
»Ich glaube, das hat keiner bei mir eingebaut.«

… außerdem beschäftigen ihn Fragen rund ums Sterben
»Mama, wenn du ein Engel bist, backe ich dir einen Kuchen und dann darfst du auf die Erde kommen mit allen Engeln und davon essen.«
»Ich möchte am liebsten, dass ich erst sterbe.«
»Liebst du mich noch, wenn du gestorben bist?«

»Mama, ich will so lange bei dir bleiben, bis wir sterben.« Seine warmen Arme umschlingen meinen Hals. Als ich ihm einen Kuss gebe, schmeckt sein Gesicht salzig.

»Und wenn du stirbst, habe ich dann gar keine Mama mehr?«

Ich atme tief durch, überlege mir eine richtige Antwort. Wenn es sie denn gibt. »Doch, im Herzen bin ich immer deine Mama.«

»Und wenn ich dich vergesse?«

Ich ringe um die passenden Worte. Die ihn nicht noch trauriger machen, die aber auch nicht etwas versprechen, was ich nicht halten kann. Heraus kommt ein »Hmmmm …« Ich schlucke und schweige. Vielleicht klingt seine Frage dann aus. Fürs Erste.

»Wenn ich dich vergesse, Mama?«, hakt er eindringlicher nach.

Ich streiche ihm über seine Haare, die ganz salzig sind von seinen Tränen. »Ich hoffe, dass du dich noch etwas an mich erinnerst.«

»Mama, wenn du stirbst, machst du mir vorher noch ein Bild?« Seine Stimme bricht, er schluchzt, weint. »Und wenn du stirbst, wer gibt mir dann etwas zu essen? Und wer bringt mich zur Spielgruppe?«

Da liegen wir, weinend Arm in Arm. Ich bin sprachlos, er noch immer voll von großen Fragen in seinem kleinen Kopf.

Es sind solche Augenblicke, in denen mir schmerzlich bewusst wird: Der einzige Mensch, der sich dafür entschieden hat, dass dieses kleine Wesen auf diese Welt kommt – ich – wird vielleicht keine hundert Jahre alt. Was, wenn ich nicht mehr bin? Es ist ein Gedanke, den ich versuche wegzudrücken, der aber penetrant im Raum herumschwirrt wie eine Mücke nachts im Schlafzimmer.

»Eines Tages werde ich Superautofahrer«, sagt mein Sohn überzeugt.

Ich hoffe sehr, dass ich dies noch miterlebe.

Waisen in Deutschland

Laut Website der Johannes-Kuhn-Stiftung leben in Deutschland 800 000 Kinder und Jugendliche, die Halb- oder Vollwaisen sind, also einen oder beide Elternteile verloren haben. »Oftmals bedeutet dieser Verlust auch eine soziale Ausgrenzung.«[159] In der 2002 veröffentlichten Studie »Familiale Ressourcen und Bildungschancen: Konsequenzen eines frühzeitigen Elternverlustes« kommt der Soziologieprofessor Dr. Steffen Hillmert zu dem Ergebnis: Kinder, die vor ihrem zehnten Lebensjahr verwaisen, haben geringere Chancen, Abitur zu machen, als diejenigen, die danach einen Elternteil verlieren. Dadurch haben sie auch weniger Chancen auf dem Bildungsmarkt. Was wiederum zu schlechter bezahlten Jobs führen kann. Hillmert führt das auf geringere soziale und ökonomische Ressourcen zurück.[160]

Vollwaisen- oder Halbwaisenrente?

Aufgrund eines Urteils vom 25. Mai 2016 würde einem Kind, das durch einen Samenspender einer Samenbank gezeugt wurde, beim Tod seiner Mutter – so lege ich das Urteil aus – nicht nur

159 Waisen in Deutschland – kein Thema mehr? https://johannes-kuhn-stiftung.de/waisen-in-deutschland/ (abgerufen am 10.06.2021)

160 Vgl. Hillmert, S.: Familiale Ressourcen und Bildungschancen: Konsequenzen eines frühzeitigen Elternverlustes. 2014. https://www.researchgate.net/publication/27263345_Familiale_Ressourcen_und_Bildungschancen_Konsequenzen_eines_fruhzeitigen_Elternverlustes (abgerufen am 10.06.2021)

Halbwaisen-, sondern Vollwaisenrente zustehen. Denn der biologische Vater kann nicht festgestellt werden, weil er unbekannt ist. Im Wortlaut heißt es: »Ein nichteheliches Kind, dessen noch lebender Vater (...) nicht bekannt [festgestellt] und auch nicht mit Aussicht auf Erfolg zu ermitteln ist, hat nach dem Tod der Mutter (...) Anspruch auf Vollwaisenrente.« Für Kinder, die von einem privaten Spender abstammen, gilt das nur bedingt. Denn »wenn der Vater (...) zwar bekannt oder festgestellt und nur sein (...) Aufenthaltsort unbekannt ist«161, erhält das Kind im Falle des Todes der Mutter nur Halbwaisenrente.

So gut absichern wie möglich

Es gibt keine Garantie im Leben, außer die, dass ich eines Tages sterben werde. Den Zeitpunkt kenne ich nicht. Aber ich will auf diese Situation bestmöglich vorbereitet sein. Damit mein Sohn, neben meinem Tod, nicht noch weitere Belastungen hat.

Ich erstelle eine Checkliste, was ich in den nächsten Monaten dringend erledigen muss, damit er so gut wie möglich abgesichert ist:

- **Liste von Notfallkontakten erstellen:** Für den Fall, dass mir etwas zustößt. Mit vollständigen Namen, Geburtsdatum, Adresse, Telefonnummer. Nicht vergessen dazuzuschreiben,

---

161 LSG Baden-Württemberg, Urteil vom 25.05.2016 - L 5 R 4225/15. https://openjur.de/u/892407.html (abgerufen am 10.06.2021)

in welcher Beziehung die Notfallkontakte zu meinem Sohn und mir stehen. Auf jeden Fall Paul als Kita-Notfallkontakt mit aufnehmen. Noch klären: Soll ich reinschreiben, dass mein Sohn das Kind eines Samenspenders ist? Wichtig: Liste immer dabeihaben. In wasserdichte Folie einhüllen und ins Portemonnaie stecken.

- **Vormundschaft im Falle meines Todes regeln:** Liste meiner Notfallkontakte durchgehen und überlegen, wen ich mir als Vormund vorstellen kann. Mit den Personen abklären, ob sie bereit sind, sich im Falle meines Todes zu kümmern. Klar definieren, welche Personen für meinen Sohn sorgen und welche sich um sein Vermögen kümmern sollen. Am besten zwei bis drei Leute nennen. *Personensorge* und *Vermögenssorge* etwas genauer recherchieren, um nichts durcheinanderzubringen. Wichtig: Personen ausschließen, die niemals die Vormundschaft für meinen Sohn bekommen sollen. Mit detaillierter Begründung.

- **Sorgerechtsverfügung formulieren:** Brauche ich, wenn ich die elterliche Sorge nicht mehr ausüben kann, weil ich körperlich oder psychisch erkranke oder aber sterbe. Meinen Wunschvormund, am besten zwei oder drei in der Reihenfolge meiner Präferenz, inklusive Adresse, Telefonnummer und Beziehung zu meinem Sohn, angeben. So unterteilen, dass klar ist, wer für die Personensorge und wer für die Vermögenssorge infrage kommt. Hierzu alle Angaben, die ich zur Vormundschaft geklärt habe (siehe oben) mit aufnehmen. Sorgerechtsverfügung ruhig auf Zettel mit Notfallkontakten schreiben. So hat man alles an einem Platz. Wichtig: Eine Sorgerechtsverfügung ist nicht rechtsverbindlich. Deswegen auf jeden Fall noch im Testament festhalten, wer der Wunschvormund für verschiedene Belange sein soll.

- **Testament schreiben:** Nicht vergessen, alle einzutragen, die eine Rolle bei der Erziehung spielen. Wichtig: handschriftlich, mit Datum und Unterschrift. Regelmäßig überprüfen, besonders wenn sich Umstände geändert haben.

- **Berufsunfähigkeitsversicherung:** Klären, ob das für mich sinnvoll ist. Falls ja, abschließen, damit mein Sohn finanziell abgesichert ist, sollte ich nicht mehr richtig in meinem ausgeübten Beruf arbeiten können. Tipp von Paul: mich bei einem unabhängigen Versicherungsberater informieren. Nicht von einem Versicherungsvertreter oder Versicherungsmakler beraten lassen.

- **Risikolebensversicherung abschließen?** Oder genügt es, dass ich eine Eigentumswohnung und einen ETF-Fonds habe, die ich meinem Sohn später vererben kann? Paul meint Letzteres. Werde ich noch mal recherchieren.

Ich kann nicht sicher sein, wie es mit meinem Sohn weitergeht. Ohne mich. Ob er in ein Kinderheim oder eine Pflegefamilie kommt, weil das Familiengericht gegen meinen Willen entscheidet. Ich kann nicht wissen, wie mein Kind seelisch damit zurechtkommt. Und ob es ihm gut gehen wird.

Aber diese Sorgen und Ängste helfen mir dabei, öfter innezuhalten. Mehr im Hier und Jetzt zu leben. Weil ich merke, wie wichtig es ist, die Momente zu genießen, die wir miteinander verbringen dürfen. Und von denen es hoffentlich noch jede Menge gibt.

Kapitel 10:

Stigma

Stigma? Ich weiß von nichts.

Alleinerziehende haben nicht den allerbesten Ruf. Zwar sind wir heutzutage keine tragische Erscheinung mehr, sondern ziehen selbstbewusste, bindungsfähige und mitfühlende Kinder groß. Wir sind unabhängig und verdienen das Haupteinkommen großteils durch eigene Jobs. Dennoch ranken sich hartnäckige Mythen um diese spezielle Familienform, in der in Deutschland immerhin 2,61 Millionen Menschen leben. Das ist fast jede fünfte Familie. Bricht eine Normalfamilie mit Mutter und Vater auseinander – die Abstufungen reichen von einvernehmlicher, friedlicher Trennung bis hin zu weit schwierigeren Konstellationen –, ist die Verwunderung groß. »Das hätte ich niemals gedacht. Ihr wart doch immer so glücklich.« Aber wenn das Kind einer Alleinerziehenden ein anderes in der Kita schubst, kommt das für die wenigsten überraschend. »War ja klar!«, heißt es dann. Kinder von Alleinerziehenden zeigen, so wird es erwartet, Verhaltensauffälligkeiten, sind bindungsgestört, verzogen und häufiger krank. Kurzum: Alleinerziehende und ihre Kinder sind doch sicher zu bemitleiden, oder?

Grund genug für mich, einen neuen Begriff für meinen Status zu etablieren. Ich verwandle mich von einer »Alleinerziehenden« zur »Solomutter« und rede mir ein: Ich gehöre zu einer anderen Gruppe, einer Gruppe, die ihr Schicksal selbst in die Hand genommen hat. Und ich bin nicht die Einzige, die versucht, sich von dem Stigma der traditionellen Alleinerziehenden abzugrenzen.

»Wir sind die Guten«

Die amerikanische Familientherapeutin Dr. Jane D. Bock hat 26 Solomütter, *»Single Moms by Choice (SMBC)«,* wie sie im amerikanischen Sprachraum genannt werden, über einen Zeitraum von zwei Jahren interviewt und dabei beobachtet, wie sie sich in Gesprächsrunden mit anderen Solomüttern verhalten. In ihrem Artikel »Doing the Right Thing? Single Mothers by Choice and the Struggle for Legitimacy«[162] aus dem Jahr 2000 analysiert sie die Beweggründe dieser Frauen, allein Mutter zu werden. Auch die Gründe, warum sich diese Frauen als »kompetente Mainstream-Mütter« wahrnehmen, und wie sie sich von ungeplant Alleinerziehenden abgrenzen. Denn, davon sind die befragten sechsundzwanzig überzeugt, nicht jede x-beliebige Frau kann »unseren Weg« wählen und bewusst allein Mutter

---

[162] Bock, J. D.: Doing the Right Thing? Single Mothers by Choice and the Struggle for Legitimacy. Gender and Society, vol. 14, no. 1, 2000, pp. 62–86. JSTOR, www.jstor.org/stable/190422 (abgerufen am 27.05.2021)

werden. Dafür braucht es vier wesentliche Dinge, um genau zu sein: das richtige Alter, Verantwortungsbewusstsein, emotionale Reife und finanzielle Unabhängigkeit.

Eine ganz schön fiese Nummer. Da erkämpfen sich Alleinerziehende Stück für Stück mehr soziale Anerkennung, ebnen dadurch Singlefrauen mit Kinderwunsch wie mir den Weg für diese Familienform und werden dann von diesen stigmatisiert. Weil sie angeblich nicht die erforderlichen Ressourcen haben, um genauso gute Solomütter zu sein: Wenn eine Frau ungeplant alleinerziehend wird, hat sie ein Stigma. Geht sie bewusst diesen Weg, fliegen ihr die Respektherzchen zu.

Unfreiwillige Hierarchie

Das gezeichnete Bild ist nicht real. Würde man die Bevölkerung zu mir befragen, käme ich gar nicht gut weg dabei. Freiwillig alleinstehend, weil ich im Alleingang entschieden habe, ein Kind ohne Partner zu bekommen. Das strotzt doch vor Egoismus und Verantwortungslosigkeit. In der unfreiwilligen Hierarchie Alleinerziehender stehen in den Augen der Allgemeinheit Solomütter wie ich am untersten Ende der Stufe. Ergebnisse der 2017 veröffentlichten Studie »The Effect of Single Mothers' Marital Status on Sympathy, Character Evaluations, and Maternity Leave Support« zeigen: Alleinerziehende Frauen, die bereits verheiratet waren und innerhalb dieser Beziehung ein Kind bekommen haben, werden als sympathischer wahrgenommen als alleinerziehende Frauen, die nie verheiratet waren. Auf Platz eins stehen Alleinerziehende, die ihren Partner verloren haben. Sie gelten im gesellschaftlichen Ansehen als schützenswert, weil sie durch einen Schicksalsschlag unfreiwillig in dieser Situation sind. Auf Platz zwei landen alleinerziehende Frauen, die durch eine Trennung oder Scheidung in dieser Lage sind. Aber immerhin *hatten* sie eine Beziehung. Den letzten Platz teilen sich die Alleinerziehenden, die den Status der Soloelternschaft bewusst herbeigeführt haben – sei es aufgrund eines One-Night-Stands oder mithilfe einer Samenspende.[163]

Alleinerziehende, die entweder verwitwet oder geschieden sind, erhalten Anteilnahme, Unterstützung und ganz viel Aufmerksamkeit. Sie werden als Opfer der Gesellschaft betrachtet. Sie stehen schlechter da als der gesellschaftliche Durchschnitt. Unter anderem, weil sie nicht das traditionelle Familienbild leben. Außerdem, so ein Erklärungsansatz der genannten Studie, haben sowohl verwitwete als auch getrennt lebende Alleinerziehende in gewisser Weise einen Tod erlebt. Den tatsächlichen physischen Tod des Partners oder den Tod einer Liebe bei einer Trennung. Diese Verluste tun schrecklich weh, sind unerträglich und keiner möchte so etwas erleben müssen. Und genau deswegen bekommt diese Gruppe von Alleinerziehenden eine große Portion Verständnis und Mitgefühl. Schließlich könnte es einen selbst auch treffen, und dann braucht es Verbündete.

Ganz anders ist das bei freiwillig Alleinerziehenden. Sie haben ihren Status eigenständig herbeigeführt, sich über das hinweggesetzt, worüber sich doch wohl alle einig sein müssten: Ein Kind soll in eine intakte Partnerschaft hineingeboren werden. Unterstützung oder Mitgefühl? Fehlanzeige. Dafür

163 The Effect of Single Mothers' Marital Status on Sympathy, Character Evaluations, and Maternity Leave Support. https://digitalrepository.trincoll.edu/cgi/viewcontent.cgi?article=1697&context=theses (abgerufen am 06.06.2021)

ein kleines bisschen Neid vielleicht, auf ein Leben mit so viel Selbstbestimmung.

Stereotype Content Model

Neid auf freiwillig Alleinerziehende, die keinen geeigneten Partner für die Familiengründung gefunden haben? Das ist doch hanebüchen! Nicht unbedingt, findet der Historiker und Soziologe Dr. Dr. Rainer Zitelmann, der seine ganz eigenen Gedanken über Menschen hat, die innerhalb unserer Gesellschaft von der Norm abweichen. Dazu gehören wir Solomütter definitiv. All diejenigen, die in unserer Welt ein bisschen erfolgreicher, unabhängiger oder einfach anders sind als der Durchschnitt, sind verdächtig. Sie müssen »anderswo eine Macke haben«,[164] denn so ist das in der Natur. Ist jemand zu hübsch, zu klug, zu [setze hier ein beliebiges positives Merkmal ein], kann er deswegen nicht auch noch reich, beliebt oder vertrauenswürdig sein. Das ist ausgleichende Gerechtigkeit. 2019 überprüften Wissenschaftlerinnen diese Behauptung in ihrer Studie »The Femme Fatale Effect« über attraktive Frauen. Hier stellte sich heraus: Die Befragten trauen schönen Frauen deutlich weniger Erfolg zu, halten sie für inkompetenter und unglaubwürdiger

[164] Zitelmann, R.: Wer erfolgreich, schön oder besonders intelligent ist, muss anderswo eine Macke haben: über Vorurteile und Diskriminierung der anderen Art. Neue Zürcher Zeitung. 10.08.2020. https://www.nzz.ch/feuilleton/diskriminierung-von-schoenen-schlauen-und-reichen-ja-das-gibt-es-ld.1569776 (abgerufen am 06.06.2021)

als Frauen, die nicht so gut aussehen.[165] Es darf ja nicht sein, dass das Leben es mit dieser Person besser meint als mit einer anderen Person.

Warum ziehen diese Frauen eine solche Missgunst auf sich? Oder, um die Frage für Alleinerziehende und Solomütter zu stellen: Warum lösen klassische Alleinerziehende eher Mitgefühl und Solomütter eher Missgunst oder Neid aus? Eine mögliche Antwort darauf gibt das *Stereotype Content Model,* das von der Psychologin Susan Fiske und Kollegen 2002 vorgestellt wurde. Fiske ordnet Stereotype von sozialen Gruppen (z. B. Frauen, Männer, Arme, Reiche) im Rahmen der Dimensionen Wärme und Kompetenz an. In Kombination zeigen sie an, wie wir soziale Gruppen in der Gesellschaft wahrnehmen (siehe folgendes Schaubild). Wichtig hierbei: Es geht nur um die wahrgenommene Einschätzung zu einer Gruppe, die von der Mehrheit geteilt wird (konsensueller Stereotyp). Vereinfacht gesagt, beschäftigt sich das Modell mit Stereotypen und den Fragen wie: Ist der andere Freund oder Feind (Dimension: Wärme)? Ist derjenige in der Lage, seine Ziele zu erreichen (Dimension: Kompetenz)?

---

165 In ihrer Studie »The Femme Fatale Effect: Attractiveness is a Liability for Businesswomen's Perceived Truthfulness, Trust, and Deservingness of Termination« (https://www.researchgate.net/publication/331970217_The_Femme_Fatale_Effect_Attractiveness_is_a_Liability_for_Businesswomen%27s_Perceived_Truthfulness_Trust_and_Deservingness_of_Termination) zeigen Leah D. Sheppard und Stefanie K. Johnson, dass attraktive Frauen – im Gegensatz zu attraktiven Männern – von ihren männlichen und weiblichen Kollegen als weniger glaubwürdig wahrgenommen werden und sogar häufiger ihren Job verlieren als Frauen, die nicht so attraktiv sind. Vgl. Cerullo, M.: »Femme Fatale effect«: Attractive businesswomen perceived as less trustworthy. CBS News. 04.04.2019. https://www.cbsnews.com/news/femme-fatale-effect-attractive-businesswomen-deemed-less-trustworthy/ (abgerufen am 06.06.2021)

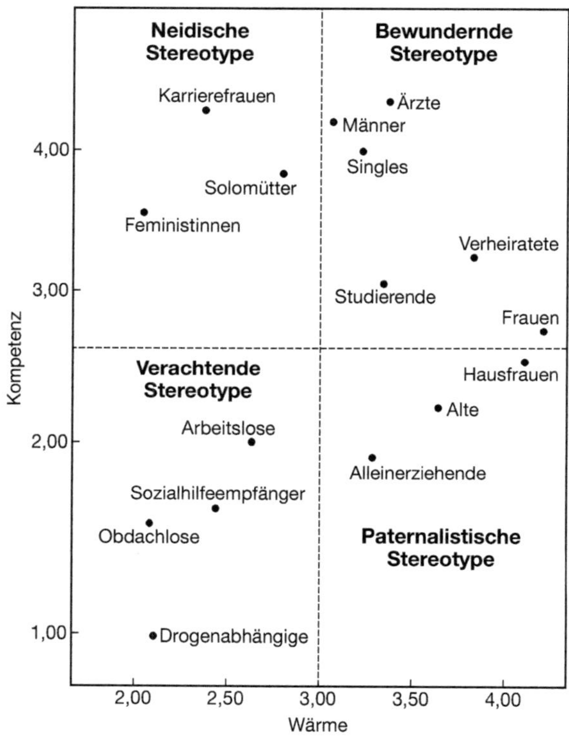

Eigene Darstellung des *Stereotype Content Models* im Streudiagramm in Anlehnung an Susan Fiske et al. und Frank Asbrock.[166] Die Positionen für Solomütter und Alleinerziehende habe ich ergänzt.

[166] Fiske, S. et al.: A Model of (Often Mixed) Stereotype Content: Competence and Warmth Respectively Follow From Perceived Status and Competition. 2002.; Asbrock, F.: Die Systematik diskriminierenden Verhaltens gegenüber unterschiedlichen gesellschaftlichen Gruppen. Juni 2008. https://pub.uni-bielefeld.de/download/2305380/2305383/asbrock_dissertation.pdf (abgerufen am 23.07.2021)

Während nur der eigenen gesellschaftlichen Gruppe sowohl in der Dimension Wärme als auch in der Dimension Kompetenz hohe Werte zugesprochen werden, spricht man fremden Gruppen in einer oder beiden Dimensionen diese Werte mehr oder weniger ab. Dementsprechend werden die Gruppenmitglieder der eigenen Gruppe bewundert, Mitglieder der anderen Gruppen aber beneidet, paternalisiert (bevormundet), bemitleidet oder verachtet.

Gruppen mit niedrigerem Status, wie Obdachlose und Drogenabhängige, werden in beiden Dimensionen negativ stereotypisiert (geringe Wärme, geringe Kompetenz).

Paternalistische Stereotype idealisieren Frauen als Ehefrauen und Mütter und stellen sie letztendlich als wunderbares, aber schwaches Produkt der Geschlechterbeziehung dar (wohlwollender, nett verpackter Sexismus). Ihnen wird zwar viel Wärme, aber eine niedrige Kompetenz attestiert, was ihre Unterordnung sozusagen rechtfertigt. Trotz der Stellung der Männer als dominierende Gruppe sind diese für heterosexuelle Beziehungen auf Frauen angewiesen. Aufgrund dieser Abhängigkeit von Mann und Frau kann die männliche Dominanz aufrechterhalten werden. Beide Gruppen scheinen diese Ungleichheit weitestgehend zu akzeptieren.

Konkurrierende Gruppen mit hoher Kompetenz, die als Bedrohung für die eigene Gruppe gelten (z. B. Karrierefrauen, Feministinnen) rufen Neid hervor. Karrierefrauen konkurrieren mit Männern um berufliche Ziele, Feministinnen setzen sich für die Freiheit und Gleichheit von Frauen und Männern ein. Dadurch bedrohen beide Gruppen die männliche Dominanz. Es erscheint legitim, Frauen mit männlich assoziierten Statusmerkmalen (z. B. dominant, ehrgeizig, durchsetzungsstark) in die Schublade »kalt und unsympathisch« einzusortieren und ihnen eher feindselig gegenüberzustehen.

Alleinerziehende – wohlgemerkt weibliche – fallen in die Kategorie paternalistische Stereotype. Sie stehen in etwa auf der gleichen Wärmestufe wie Singles. Bezüglich ihrer Kompetenz werden sie jedoch mit gesellschaftlich weitestgehend schlechter gestellten Gruppen (z. B. Arbeitslosen) gleichauf gesehen. So wird in praktisch jedem Beitrag über alleinerziehende Frauen darauf hingewiesen, dass diese besonders armutsgefährdet sind. Die Medien haben großen Anteil daran, die Stereotype der bedauernswerten Alleinerziehenden weiter zu befeuern. Das Social-Media-Team des Verbands alleinerziehender Mütter und Väter (Vamv) aus NRW schreibt unter einen meiner Instagram-Posts: »6 von 10 Presseanfragen suchen tatsächlich die Klischee-Alleinerziehende … Wir vermitteln dann immer wieder gut qualifizierte und organisierte Mütter und Väter, denen es bestehende Strukturen, wie z. B. fehlende Kinderbetreuung, schwer machen … Wir überzeugen die Medien immer wieder gern, dass das die Mehrheit der Alleinerziehenden ist.«

Und Solomütter? Die feministische Rechtswissenschaftlerin Susan Boyd nennt in ihrem Buch »Autonomous Motherhood?: A Socio-Legal Study of Choice and Constraint« Frauen, die bewusst ohne Partner ein Kind bekommen, die »modernste Verkörperung von autonomer Mutterschaft«.[167] Aus diesem Grund passen Frauen wie ich, die sich (selbst)bewusst für die Soloelternschaft entschieden haben, auf der Kompetenzskala am ehesten zwischen die Karrierefrauen und die Feministinnen. Denn wenn wir uns an Dr. Bock aus diesem Kapitel zurückerinnern, beanspruchen die bewussten Solomütter viele positive Merkmale für sich, wie reifes Alter, Verantwortungsbewusstsein, emotionale Stabilität und finanzielle Unabhängigkeit.

Ganz im Sinne der ausgleichenden Gerechtigkeit der Natur müssen wir, nicht zuletzt weil wir Frauen sind, in diesem Fall andere Schwächen haben. Es genügt, wenn wir uns ein paar

---

167 Boyd, S. B.; Chunn, D.E.; Kelly, F.; Wiegers, W.: Autonomous Motherhood?: A Socio-Legal Study of Choice and Constraint. S. 36.

Kommentare durchlesen, die es im Internet über uns Solomütter gibt, und schon haben wir ein Potpourri aus Defiziten, die sich munter miteinander kombinieren lassen. So gelten wir Solomütter als besonders egozentrisch, männerfeindlich, sozial inkompatibel und wenig liebenswerte Karrieristinnen. Die tollen Eigenschaften auf der Habenseite werden ausradiert mit einem »Ja, aber … ihr könnt finanziell noch so unabhängig sein, aber trotzdem seid ihr einsam.«

Diese gesellschaftliche Bewertung liegt auch daran, dass weibliche Stereotype im Regelfall ambivalent sind. Sie sind selten einheitlich negativ (geringe Kompetenz / geringe Wärme) oder einheitlich positiv (hohe Kompetenz / hohe Wärme), sondern gemischt (geringe Kompetenz / hohe Wärme oder hohe Kompetenz / geringe Wärme). Traditionelle Frauen (z. B. Hausfrauen) sind eher warm als kompetent und moderne Frauen (z. B. Solomütter) eher kompetent als warm. Somit werden weibliche Untergruppen entweder gemocht oder respektiert, aber nicht beides.[168]

Oft sind es gar nicht diejenigen, die selbst satt und zufrieden in ihrem Leben oder ihrer Beziehung sind, die verbalen Radau machen, sondern es sind diejenigen, die uns als Bedrohung sehen. »Was, wenn sich meine Frau auch überlegt, allein ein Kind zu bekommen, weil ich keines möchte?«, könnte sich der Mann von Nicola aus Kapitel 2 denken. »Was, wenn sich die Familie komplett auflöst?«, könnten sich diejenigen fragen, die bisher vom traditionellen Familienbild profitiert haben und nicht verstehen, dass das nicht mehr für jeden infrage kommt.

Wir Solomütter machen »unser Ding«, freiwillig ohne Mann, und sind auch noch finanziell unabhängig. Auf der

---

168 Vgl. Connor, R. A.; Fiske, S. T.: Warmth and competence: A feminist look at power and negotiation. ResearchGate. Januar 2017. https://www.researchgate.net/publication/320149179_Warmth_and_competence_A_feminist_look_at_power_and_negotiation (abgerufen am 18.07.2021)

Wärmeskala landen wir weit hinter den traditionellen Frauentypen, etwa den Hausfrauen, die als sympathisch und gutmütig gelten. Dadurch, dass wir Solomütter gleichzeitig eine hohe Kompetenz besitzen, schlagen uns Wut und Neid entgegen (neidvolle Stereotype). Denn für manche Männer sind wir eine Bedrohung ihres Status – die Frau, die keinen Mann mehr zur Familiengründung braucht und mit Männern um hochrangige Arbeitsplätze konkurriert.

Abschied von etwas, das nicht da war

Zugegeben, vielleicht wirken wir nach außen hin wie starke, selbstsichere Frauen und Mütter, die ihr Leben selbst in die Hand genommen haben. Trotzdem wissen andere oftmals nichts von unserem Kampf, den wir zuvor monate- und sogar jahrelang mit uns ausgefochten haben. Denn in Wahrheit verbindet uns viel mehr mit den Verwitweten und Geschiedenen, als uns trennt. Auch wir mussten vielfach Abschied nehmen von einem Partner, den wir nicht hatten, der nicht bei uns bleiben mochte oder den wir nicht wollten. Mit dem Unterschied, dass dieser Abschied bei uns vor dem Kind stattfindet, nicht während oder nach dem Kind. Niemand sieht die Tränen und Selbstzweifel darüber, dass es nicht geklappt hat mit einem Menschen an unserer Seite, der sich mit uns eine Familie aufbauen möchte. Warum sehen uns andere diesen Kampf nicht an? Weil wir in dem Moment, in dem wir unsere Kinder haben, bereits losgelassen und unsere Hoffnung auf etwas »Normales« ersetzt haben durch einen alternativen Weg. Wir konzentrieren uns mit ganzem Herzen auf unser Kind, und auch wenn wir ab und zu zweifeln oder traurig sind, sind wir diesen Schritt gegangen und haben unsere emotionalen Kämpfe größtenteils hinter uns.

Kapitel 11:

Vaterlos?

»Ist Paul mein Papa?«

Es ist eine der ersten Fragen meines Sohnes seit unserem Umzug, die mich für einen Moment aus der Bahn wirft. Ich muss schlucken. Tief durchatmen. Logisch erklären. Mit welchen Worten fange ich an, die er versteht? Ich will ihn nicht verunsichern. Nicht traurig stimmen. Oder geht es bei diesen Gefühlen am Ende gar nicht um ihn, sondern um mich?

Mein Sohn möchte die Welt um sich herum verstehen. Und fordert keine komplizierten Antworten.

»Nein, er ist nicht dein Papa«, sage ich ihm so streichelzart, wie er sonst von mir hört »Ich hab dich so lieb«.

»Okay. Gute Nacht, Mama.« Zehn Minuten später schlummert er.

Bereits vor dieser Frage erwische ich mich dabei, wie ich in Kinderliedern und Vorlesegeschichten den »Papa« ersetze. »Schlaf Kindlein schlaf, die Mama hüt' die Schaf'.« Ab und zu ist es auch die Tante oder die Oma. Dadurch blende ich allerdings die Realität aus, die früher oder später ohnehin bei uns anklopft.

Wie vor fast zwei Jahren, als er noch nicht einmal laufen kann.

»Hab ich von meinem Papa.« Das unbekannte Mädchen mit dem Fransenpony zeigt mir ein geflochtenes Armband, das locker um ihr Handgelenk geschlungen ist. Ich schiebe meinen schlafenden Sohn gerade im Buggy über die Gedenkstätte Berliner Mauer, als die Kleine neben mich tritt und einige Schritte mitläuft.

Ein paar Meter entfernt stehen ihre Eltern an einer zwölf Meter langen rostbraunen Stahlwand und schauen sich Glasfenster mit Porträts von Verstorbenen an.

»Hat er auch einen Papa?«, fragt sie und zeigt auf meinen Sohn.

»Nein, hat er nicht.« Ich zwinkere ihr zu und bin überrascht, dass mir diese Frage von einem Kind gestellt wird, das ich keine zwei Minuten kenne.

»Muss er dann immer allein schlafen?«, hakt sie nach.

»Nein, ich bin ja auch noch da.«

»Mein Papa macht mir immer eine Kuhle im Bett. Da liege ich immer drin. Weil ich will nämlich nicht in mein Kinderbett.«

Lächelndes Schweigen.

»Wo wohnt denn sein Papa?«

»In Dänemark«, werfe ich ihr zu wie auswendig gelernt. Und bin im selben Moment verwundert, dass Keinen-Papa-Haben für sie offenbar lediglich bedeutet, dass er einfach nicht bei uns wohnt.

Und während ich in Gedanken darüber versinke, wie undramatisch dieses Gespräch über den Nichtpapa meines Sohnes verläuft, erzählt die Fast-Erstklässlerin munter von ihrem Kindergarten, von Papierblumen und Ameisen, die man essen kann. Alles viel interessanter als die Sache mit dem Papa, den es nicht gibt.

Ich hätte diesen Moment als Startschuss nehmen können, um mich mit der Frage auseinanderzusetzen: Wie kläre ich meinen Sohn auf, wenn er eines Tages nach seinem Vater fragt? Aber ich schiebe diese Frage von mir weg, will auf den richtigen Moment warten. Den Augenblick, wenn er auf mich zukommt und wissen will, wie er auf die Welt gekommen ist. In seinem Tempo, ohne dass ich ihn zu etwas dränge.

Dabei geschehen solche Gespräche in Etappen. Und sollten nicht in einem Rutsch über dem Kind ausgeschüttet werden, nur damit man es endlich hinter sich hat. Es ist ein Prozess. Auch oder vielleicht gerade für mich als Mutter.

Positiver Dialog

Nicht warten, bis das Kind anfängt, Fragen zu stellen. Das empfiehlt die dänische Psychologin Henriette Cranil, selbst Zwillingsmutter dank eines Samenspenders. Entscheidend sei, Verantwortung zu übernehmen und sicherzustellen, »dass der Dialog [über die Aufklärung des Kindes] positiv und natürlich ist.«[169]

Davon bin ich noch ein wenig entfernt. Ich frage mich, ob ich sicherer im Umgang mit meinem Sohn wäre, wenn ich ihm von Anfang an in entspannter Atmosphäre, beispielsweise beim Wickeln, erklärt hätte, wie er zu mir gekommen ist. Nicht, weil er das schon versteht. Vielmehr, damit ich mich behutsam an die Worte herantasten kann, mit denen ich ihm erkläre, wie und warum er auf der Welt ist. Und zwar ohne dabei so zu schauen, als würde ich Blumen in ein Grab werfen.

Ann-Kathrin Klym weiß aus ihrer Erfahrung mit Spenderkindern und deren Eltern, dass die Aufklärung des Kindes im normalen Familienalltag oft untergeht. »[D]a hat man

---

169 Hansen, M.: Telling Your Child That They're Donor-Conceived: The Full Guide to Parents. https://www.europeanspermbank.com/blog-en-int/blog-posts/telling-your-child-that-theyre-donor-conceived-the-full-guide-to-parents (eigene Übersetzung; abgerufen am 14.07.2021)

andere Probleme, als dem Kind zu erklären, wie es entstanden ist. Deswegen empfehlen wir [von der Berliner Samenbank], das immer einfließen zu lassen. Oder man lässt das Aufklärungsbuch herumliegen und schaut, was das Kind damit macht.«

Einige dieser Aufklärungsbücher stammen von Dr. Petra Thorn. Im Interview mit dem Fernsehsender Vox sagt sie: »Es ist wichtig, dass die Eltern diese erste Aufklärung machen. Und wenn das Kind nicht von sich aus ein bestimmtes Maß an Neugier zeigt, ist es auch wichtig, dass die Eltern immer mal wieder dieses Thema ansprechen.«[170] Der Diplom-Sozialpädagoge Dr. Peter G. Kühn betont: »Wenn das im gesamten Leben immer offen kommuniziert wurde, das Kind wächst von Anfang an damit auf, du bist adoptiert, du bist ein Spenderkind, (…) dann ist das eine völlige Normalität und macht das Kind eher stark.« Es könne traumatisch wirken, je länger man mit der Aufklärung wartet. »Weil dann alles, worauf man vorher gebaut hat, (…) wegzubrechen droht.«[171]

Die »richtige« Bezeichnung für den Samenspender

Wie es auf der Vereinsseite von spenderkinder.de heißt, kann es schnell emotional zugehen, wenn es darum geht, einen Begriff für den Samenspender zu finden. »Die Begriffe ›Vater‹ und ›Spender‹ sind (…) emotional besonders aufgeladen«, weil zwischen ihnen bestimmte Wertungen über die Bedeutung von genetischer Verwandtschaft und sozialen Beziehungen liegen. Sobald man einer Sache einen Namen gibt, trennt man oder verbindet man Dinge

---

[170] *Ich mach mir ein Kind – Mutterglück ohne Sex.* https://vimeo.com/160536176 (abgerufen am 14.07.2021)

[171] Ebenda

bzw. schafft zu Menschen [Distanz oder Nähe].«[172] Ganz ähnlich ist es mit dem Begriff »Papa« oder »Papi«. Für manche ist der Papa auch wirklich ein Papa, für andere eben nur ein Wort. Jemand ohne Funktion. Vielleicht eine Sehnsucht nach etwas, was man selbst nicht hat und deswegen vermisst, weil es bei anderen anders ist.

Familienbande

So sieht es auch Tina. Ich lerne sie über eine Facebook-Gruppe kennen, in der sich Eltern von Spenderkindern untereinander vernetzen und nach Halbgeschwistern suchen, also nach Kindern, die denselben biologischen Vater haben. Auch um sich auszutauschen und Gemeinsamkeiten zu entdecken. Manchmal, um auf Krankheiten hinzuweisen, die das eigene Kind hat, um zu klären, ob andere ebenfalls betroffen sind und der Spender vermutlich eine Krankheit weitervererbt hat. Aber in erster Linie bleibe ich mit den Müttern in Kontakt, damit unsere Kinder die Möglichkeit haben, später mehr über ihre Wurzeln zu erfahren. Wenn sie es selbst entscheiden.

Mein Sohn hat zu diesem Zeitpunkt Halbgeschwister in Deutschland, Schweden, Norwegen und – mit Tinas Tochter Alma – auch eine Halbschwester in Dänemark.

Wir treffen uns zum ersten Mal an einem Strand, abseits von Kopenhagen. Während die pausbäckigen Halbgeschwister an Felsen entlangklettern, erzählt mir Tina, wie es für Alma ist, keinen Papa zu haben.

---

172 Spender oder Vater? https://www.spenderkinder.de/spender-oder-vater/ (abgerufen am 14.07.2021)

Ein Erlebnis wenige Wochen zuvor ist ihr besonders im Gedächtnis geblieben.

»Er soll mich nicht mitnehmen«

»Ich will will WILL nicht, dass er mich mitnimmt!« Als Alma aus dem Kindergarten stürzt, hauen ihre kleinen Fäuste sofort auf Tina ein.

»Shhhhhhh.« Ihre Mutter versucht, Almas Arme festzuhalten. Ganz schön viel Kraft, die in einer Fünfjährigen steckt.

»Er DARF das nicht!« Es ist nicht die Stimme, mit der sie sich manchmal darüber beschwert, dass sie keine Lakritzfische bekommt oder es doch nicht zum Ponyreiten geht, weil das Wetter schlecht ist. Sondern eine Stimme, die sich überschlägt vor Aufregung oder Verzweiflung, Tina ist sich nicht ganz sicher. Sie kniet sich zu ihrer Tochter und drückt sie kurz an sich.

Im Schatten eines Birnbaums sprudelt es aus Alma heraus. »Smilla sagt, jedes Kind hat einen Papa, aber ich will nicht, dass mein Papa mich mitnimmt. Ich WILL das nicht.« Ihre Unterlippe bebt, ihre holländischen Zöpfe sind zerrupft. »Versprich mir, dass mir das niemals passiert. VERSPRICH ES MIR, MAMA!«

Die Eltern von Almas Freundin Smilla sind geschieden. Eine Woche verbringt Smilla deswegen bei ihrer Mutter und eine Woche bei ihrem Vater. Die schrecklichste Vorstellung, die es für Alma gibt.

»Ach, meine Kleine …« Von Anfang an hat Tina Alma erklärt, dass sie keinen Papa hat. Einmal muss sich Tina allerdings von der Ehefrau ihres Bruders anhören: »Du bist grausam, wenn du ihr sagst, dass sie keinen Vater hat.« Doch Alma wächst mit dieser Erzählung auf, und so ist es für sie und ihre Mutter stimmig. Manchmal, wenn Alma besonders neugierig ist, erzählt Tina ihr, dass es da einen Mann gab, der ihr dabei geholfen hat, dass sie jetzt eine Familie sein können. Und dann ist das Gespräch genauso schnell wieder vorbei, wie es angefangen hat.

Heute ist das allerdings anders. »Wenn ich einen Vater habe, dann musst du ihm ein anderes Kind geben.« Darauf besteht Alma. Denn wie eine Zimtschnecke geteilt zu werden, das will sie nicht.

»Meine Alma, wir sind doch ein Team. Nur du und ich. Das weißt du doch …« Tina streicht Alma eine Strähne aus der Stirn und küsst ihre rot gefleckten Wangen. *Es ist Zeit für eine neue Erzählung,* beschließt sie. Von diesem Tag an nennt Tina den Mann, der ihr dabei geholfen hat, dass sie und Alma eine Familie sein können, Spendervater. Damit Alma den Unterschied zwischen einem Vater versteht, der für sein Kind da ist, und einem wie ihrem, der nur biologisch ihr Vater ist. Und sie niemals einfach so mitnehmen wird.

Tina ist davon überzeugt, dass ihre Familie so, wie sie ist, perfekt ist. Und sie möchte Alma das genau so vermitteln. »Ich glaube nicht, dass Kinder speziell einen Vater vermissen, der nie da war«, sagt sie und nippt an ihrem Haselnusskaffee. »Sie sind sicherlich neugierig, aber niemals traurig, wenn wir darauf bestehen, dass es keine traurige Geschichte ist.« Und sie ergänzt: »Ich finde es wichtig, sich mit dem Kind über die Rolle des Spenders zu unterhalten, wenn das Bedürfnis und das Interesse da sind. Und manchmal muss man die verwendeten Begriffe auch anpassen, wenn es für das Kind besser ist.«

Gefühle und Gedanken von Spenderkindern gegenüber dem Samenspender

2017 untersucht die Professorin für Familienforschung Susan Golombok, die sich intensiv mit der psychischen Entwicklung von Kindern befasst, die mithilfe einer Samenspende gezeugt wurden, in ihrer Studie »Children's thoughts and feelings about their donor and security of attachment to their solo mothers in middle childhood«, welche Gefühle und Gedanken Spenderkinder gegenüber ihrem biologischen Vater haben. Das Ergebnis: Kinder, die sich sicher an ihre Mutter gebunden fühlen, nehmen den Spender eher positiv wahr. Kinder, die eine unsichere Bindung an ihre Mütter erfahren, sind ihm gegenüber eher negativ eingestellt. Kinder, die positive Assoziationen dem Samenspender gegenüber haben, sagen zum Beispiel »Er ist wahrscheinlich eine ziemlich freundliche Person … die Art von Person, die Menschen helfen will« (11-jähriges Mädchen), »Ich denke, er wäre freundlich, er würde sich sorgen, er wäre nett, vielleicht liebevoll« (8-jähriger Junge) und »Ich habe das Gefühl, dass er mir sehr geholfen hat, dass ich auf der Welt bin« (9-jähriges Mädchen). Von Kindern, die ihn tendenziell negativ wahrnehmen, stammen Sätze wie »Er ist nur ein komischer Mann, der geholfen hat, Babys zu bekommen, das war's« (8-jähriges Mädchen), »Ich weiß nicht wirklich [was für ein Mensch er ist]. Es ist mir eigentlich egal. Wahrscheinlich nicht vertrauenswürdig … wegen seiner Arbeit« (12-jähriges Mädchen) und »Ich glaube wirklich nicht, dass er der beste Vater sein würde, […] wenn er nicht einmal sein eigenes Kind sehen will« (9-jähriges Mädchen).[173]

In der vorangegangenen Studie aus dem Jahr 2016, »Integrating donor conception into identity development: adolescents in fatherless families«, betonen Golombok und ihr Team, dass Eltern(teile) für sicher gebundene Kinder ein zuverlässiger Hafen sind, in dem sie Schutz, Unterstützung und Autonomie

[173] Golombok, S.; Zadeh, S.; Jones, C.M.; Basi, T.: Children's thoughts and feelings about their donor and security of attachment to their solo mothers in middle childhood. 10.02.2017. https://www.ncbi.nlm.nih.gov/pmc/articles/PMC5400065/ (eigene Übersetzung; abgerufen am 06.06.2021)

finden.[174] Als Jugendliche setzen sie sich außerdem deutlich stärker mit ihrer Herkunftsgeschichte und ihrem Spender auseinander als unsicher gebundene Jugendliche. Letztere greifen eher zu Vermeidungsstrategien und versuchen, das Thema ihrer Herkunft zu ignorieren.

Zweite Wahl

Was geschieht, wenn sich manche Eltern von Spenderkindern nicht trauen, ihre Geschichte zu erzählen?! Und zwar den Menschen, die sie direkt betrifft. So ergeht es Claire. Als sie Mitte dreißig ist, teilen ihr ihre Eltern mit, dass sie mithilfe eines Samenspenders gezeugt wurde. Eher widerwillig, denn bis in die Neunzigerjahre hinein haben Reproduktionsmediziner dazu geraten, Spenderkinder gar nicht über ihre Herkunft und Entstehung aufzuklären. Jetzt aber ist der Druck für Claires Eltern zu groß. Nicht erst seit diesem Geständnis hat Claire das Gefühl, falsch zu sein. Bereits als Kind glaubt sie, vertauscht oder adoptiert worden zu sein.[175] Anstatt sich mit ihr intensiv über ihre Entscheidung auszutauschen, warum sie sich damals für einen Samenspender entschieden haben, ignorieren die Eltern das

---

174 Golombok, S.; Slutsky, J.; Jadva, V.; Freeman, T.; Persaud, S.; Steele, H.; Kramer, W.: Integrating donor conception into identity development: adolescents in fatherless families. 21.03.2016. https://www.fertstert.org/article/S0015-0282(16)30004-8/fulltext (eigene Übersetzung; abgerufen am 06.06.2021)

175 Vgl. Schiller, H.: Ich hatte schon als Kind das Gefühl, falsch zu sein. Interview mit Spenderkind Claire. https://www.solomamapluseins.de/spenderkind-claire-interview-schon-als-kind-falsch-gefuehlt/ (abgerufen am 06.06.2021)

Thema bis heute. Mehr noch: Ihre Mutter bereut sogar, Claire die Wahrheit gesagt zu haben. »Sie unterstellt der Gesellschaft, dass es eine Art von Zweitklassigkeit ist, ein Spenderkind zu sein. Und im Grunde genommen sind wir ja auch die zweite Wahl«, sagt Claire. »Die erste wäre das eigene gemeinsame Kind und nicht das mit dem fremden unbekannten Dritten gewesen.«[176]

Wenn ich meinen Sohn anblicke, habe ich nicht das Gefühl, dass er mir fremd ist. Oder ein Kind zweiter Klasse. Seine Entstehungsgeschichte allein definiert nicht, wer er ist. Vielmehr sind es meine eigenen leiser werdenden, aber immer noch vorhandenen Enttäuschungen, die ab und zu aufflackern, weil ich es nicht geschafft habe, meinem Sohn eine »richtige« Familie zu geben. Aber es wäre sicherlich keine gute Idee, meine Sorgen und Befürchtungen auf meinen Sohn zu übertragen. Denn es ist nicht seine Aufgabe, mich davon zu überzeugen, dass unsere nichttraditionelle Familie völlig okay ist. Am Ende möchte ich, dass mein Sohn selbstbewusst und stolz mit unserer Familiengeschichte umgehen kann. Und sich niemals schlecht fühlen muss deswegen.

Ambivalenzen

Sunny, die mit zehn Jahren erfahren hat, dass ihr sozialer Vater nicht ihr biologischer Vater ist, findet: »Wenn das ein ungutes Gefühl in einem auslöst, dann soll man nicht zu diesem Weg greifen. (…) Ein Kind zu kriegen, soll nicht mit einem schlechten Gefühl verbunden sein.«[177] Henriette Cranil empfiehlt Frauen, die in ihrer Entscheidung gelegentlich ambivalent sind, gründlich die eigenen Unsicherheiten anzugehen. Damit sie niemals ans Kind weitergegeben werden. Auch wenn das sicherlich leichter

---

176 ebenda

177 *Ich mach mir ein Kind – Mutterglück ohne Sex.* https://vimeo.com/160536176 (abgerufen am 14.07.2021)

gesagt ist als getan. Es gehe nicht darum, die eigene Entscheidung mit allem, was wir haben, zu verteidigen. Stattdessen, so Cranil weiter, »ist es in Ordnung, wenn [die] Entscheidung sowohl gute als auch schlechte Seiten hat.«[178] Cranil weiß aber auch, dass die Gespräche mit dem Kind über seine Entstehungsgeschichte nicht immer einfach sind. Ihr Vorschlag: zunächst in einfachen Worten erklären, wie Babys entstehen. Und danach erklären, wie das geschieht, wenn man einen Samenspender oder eine Eizellspenderin verwendet. Wichtig sei, keine Angst davor zu haben, dass die Beziehung zum Kind bei schwierigen Gesprächen einen Knacks bekommen könnte. Vielmehr wird es die Bindung zwischen Mutter und Kind stärken. »Kinder haben oft eine viel einfachere und geradlinigere Sicht auf die Welt.«[179]

Aufklärung des Spenderkindes nach Alter

Henriette Cranil hat einige Empfehlungen, um das eigene Kind, das durch einen Samenspender gezeugt wurde, aufzuklären:

Spenderkinder von 0-2 Jahren

In diesem Alter kann dem Kind schrittweise, beispielsweise beim Spielen oder in ruhigen Momenten, wenn keinerlei Verpflichtungen anstehen, erklärt werden, wie Kinder auf die Welt kommen. Hierfür bieten sich Kinderbücher oder Zeichnungen an, damit sich bereits die ersten Fragmente der Geschichte in

---

178 Tyllesen, H.: Here's How to Tell the World that You're a Solo Mum. https://www.europeanspermbank.com/blog-en-int/blog-posts/telling-the-world-that-you-had-a-baby-on-your-own-6-tips-for-solo-mums (eigene Übersetzung; abgerufen am 14.07.2021)

179 Hansen, M.: Telling Your Child That They're Donor-Conceived: The Full Guide to Parents. https://www.europeanspermbank.com/blog-en-int/blog-posts/telling-your-child-that-theyre-donor-conceived-the-full-guide-to-parents (eigene Übersetzung; abgerufen am 14.07.2021)

seinem Kopf festsetzen können. Das Kind wird noch nicht alles ganz verstehen, aber der Grundstein ist gelegt.

Spenderkinder im Alter von 2-5 Jahren

Das Kind verfügt nun über immer bessere kognitive und sprachliche Fähigkeiten, sodass man bereits erklären kann, warum man sich dafür entschieden hat, das Kind mithilfe eines Spenders zu bekommen. Auch können mehr Details zum Samenspender erzählt werden. Hier bieten sich ebenfalls Kinderbücher, Bilder oder andere visuelle Hilfsmittel an, damit das Kind sich ermuntert fühlt, Fragen zu stellen oder laut zu denken.

Weil sich Kinder in dieser Altersspanne noch nicht lange auf ein einziges Thema konzentrieren können, empfiehlt es sich, bei anderen Gelegenheiten erneut das Gespräch mit dem Kind zu suchen, ohne darauf zu warten, dass es selbst die Initiative ergreift.

Möglicherweise kommen nun auch Sätze von anderen Kindern wie »Ist dein Papa tot?«, weil sie in dem Alter zunächst nur unterscheiden können, ob jemand an- oder abwesend ist. Gibt es keinen Papa, ist er abwesend, also aus Kindersicht tot. Wichtig an dieser Stelle: dem eigenen Kind zu erläutern, dass der Vater nicht tot ist. Stattdessen zum Beispiel erklären, dass sein Vater ein Mann ist, der seinen Samen gespendet hat. Dadurch fühlt sich das Kind nicht ohnmächtig den Fragen anderer ausgeliefert. Es kann die Frage nach dem Vater dann beispielsweise so beantworten: »Ich habe keinen Papa. Meine Mutter hat einen Spender gefunden, der ihr ein paar Samenzellen gegeben hat, damit sie mich bekommen konnte.«

Spenderkinder im Alter von 5-9 Jahren

In dieser Altersstufe stellen Kinder viele Fragen und können Informationen, die sie bekommen, verknüpfen. Üblicherweise sind für Sechs- oder Siebenjährige Themen rund um Leben und Tod spannend. Woher kommen wir? Wann sterben wir?

Cranil zufolge gibt es jetzt viele Möglichkeiten, Gespräche über den Samenspender anzustoßen. Welche Details kennt man selbst vom Spender, welche kann das Kind erfahren? Darf es seinen biologischen Vater eines Tages treffen? Gibt es Halbgeschwister?

Fühlt sich das Kind verstanden und gut aufgehoben, kommen viele Fragen sicher von ganz allein. Falls nicht, sollte das Gespräch immer mal wieder von der Mutter initiiert werden.

Spenderkinder im Alter von 9-13 Jahren

In dieser Altersspanne stellen die meisten Kinder komplexe Fragen, verstehen Sachverhalte und ziehen logische Schlussfolgerungen, auch wenn diese nichts mit ihren persönlichen Erfahrungen zu tun haben. Das Kind setzt sich nun deutlich intensiver mit seiner Herkunft auseinander. Auch damit, wie es ihm damit geht, durch einen Samenspender gezeugt worden zu sein und keine traditionelle Familie zu haben. Bei jeder seiner Überlegungen sollte das Kind unterstützt werden. Auch wenn es sich um negative und kritische Gedanken handelt. Wichtig ist es, dem Kind zu vermitteln, dass es alle Gedanken und Gefühle haben darf, weil sie wichtig sind. Sie sollten keinesfalls ignoriert und abgetan werden.

»Ein erwachsenes Spenderkind sollte alle Informationen über sein biologisches Erbe und die Überlegungen, die zu seiner Entstehung geführt haben, besitzen.«[180]

Kindermund

Die Gedanken meines Sohnes als Dreijähriger …

»Mama, warum bin ich auf der Welt?«

»Weil …«

»Weil du so gern ein Baby wolltest?«

---

[180] ebenda

… und als Dreieinhalbjähriger

»Manche Kinder haben zwei Mamas, mein Schatz.«

»Und manche haben zwei Papas … Und manche haben auch zwei Vögel.«

»Ich vermisse meinen Papa«, sagt die siebenjährige Bella, als wir gemeinsam Waffeln essen. Ihr Vater liegt seit ein paar Tagen im Krankenhaus, und sie darf ihn nicht besuchen. Stattdessen ist ihre Mutter jetzt bei ihm, und ich habe angeboten, so lange auf Bella aufzupassen. Schließlich wohnt sie nicht weit von uns entfernt.

»Ich habe keinen Papa. Ich habe nur meine Mama.« Mein Sohn schiebt sich eine Waffelecke in den Mund.

»Wo ist denn dein Papa?« Sie blickt meinen Sohn neugierig an.

»Ich hab keinen«, wiederholt er.

»Das interessiert mich jetzt. Ist er tot? Oder was ist denn mit ihm passiert?«

»Mama?«, fragt er in meine Richtung.

»Es gab einen Mann, der hat mir geholfen, dass ich dich bekommen konnte.« Inzwischen habe ich diese Worte oft geübt. Probiert, wie sie sich anfühlen, und mich dafür entschieden, dass sie am unverfänglichsten sind.

»Ja!« Mein Sohn schaut zufrieden zu Bella.

Sie hingegen ist äußerst verwirrt. »Aber man muss doch verheiratet sein, wenn man ein Kind hat.«

»Nein«, sage ich, und mit Blick zu meinem Sohn: »Oder bin ich verheiratet?«

»Nein«, bestätigt er.

Bella kann noch immer nicht ganz glauben, was ich hier gerade erzähle. »Aber ich will unbedingt mal wissen, wie dein Papa aussieht. Und wo ist denn dein Papa jetzt?«

Meine bisherige Erklärung hat ihr offenbar nicht gereicht. »Er lebt in Dänemark. Das ist ein ganz anderes Land«, sage ich, inzwischen deutlich selbstsicherer als noch zu Beginn des Gesprächs.

»Aber man muss doch immer zusammenwohnen«, wundert sich Bella.

»Nein, das muss man nicht. Es gibt ja auch Papas, die leben woanders als die Mama. Und manche Eltern trennen sich, und da leben auch nicht alle zusammen.«

»Na gut … Aber wie sieht er denn jetzt aus?«

Ich glaube, dass Bella und ich noch viele spannende Gespräche führen werden. Und ich jede Menge von ihren Fragen lernen kann. Auch wie sehr die Welt der Erwachsenen die von Kindern formt. Dass sie das, was ihnen vorgelebt wird, zunächst als die einzige Möglichkeit sehen und erst dann, wenn sie merken, dass andere Menschen anders sind, andere Familien und andere Vorstellungen haben, erkennen, dass das Anderssein dazugehört.

Kinder sind auf jeden Fall lernfähiger als so mancher Erwachsene.

»Ein Junge braucht einen Vater«

»Ich darf doch?«

Ohne meine Antwort abzuwarten, lässt sich die grauhaarige Dame auf die Sitzbank neben mir plumpsen. In einiger Entfernung wirbelt mein Sohn bunte Blätter durch die Luft.

»Ich mach das ja gern.« Sie deutet auf einen rothaarigen Wonneproppen, der in einen unbequem wirkenden Jumpsuit gewickelt ist und Eicheln in einen Eimer sortiert. »Aber manchmal wird's mir auch zu viel … Sagt man nur als Oma nicht … Kann man nicht machen.« Sie schnauft geräuschvoll.

Ich lächle ihr wissend zu.

»Und Sie? Sein Papa arbeitet sicher auch viel?« Sie nickt in Richtung meines Sohnes, der noch immer freudig Blätter regnen lässt.

»Er hat keinen Papa.« Ich setze mich aufrechter hin.

»Schrecklich ... Früher oder später stehlen sie sich alle aus der Verantwortung.« Sie streicht den Viskosestoff ihres Webrocks glatt und wickelt sich eine Decke um ihre Beine.

»Nein. Bei uns gibt es ihn gar nicht. Ich bin allein von Anfang an.«

»Oh ... Wie grausam ... Besonders für den kleinen Mann ... Der braucht doch seinen Vater.«

Es sind Unterhaltungen wie diese, die mich verunsichern. Und gleichzeitig wütend machen, weil ich Wildfremden etwas so Persönliches über mich erzähle und nicht die Reaktion bekomme, die ich mir wünsche. Dabei könnte mir diese alte Dame mit ihrer lächerlichen Patchwork-Decke auf dem Schoß egal sein. Ihre Lebenshaltung, ihre Ansicht, dass Kinder, vielleicht Jungs ganz besonders, einen Vater brauchen. Wir sind heute schließlich weiter als zur Zeit Sigmund Freuds. Seiner Ansicht nach würde jeder Junge, der ohne Vater und nur mit einer Mutter aufwächst, schwul und weibisch werden. Und das war für ihn nichts Gutes.

Aber ist das wirklich so? Dr. Peggy Drexler ist Psychologin und vergleicht in einer Langzeitstudie Jungen aus nichttraditionellen Familien ohne Vater mit Jungen, die während ihrer Kindheit einen Vater hatten. In ihrem Buch »Raising Boys Without Men: How Maverick Moms are Creating the Next Generation of Exceptional Men«[181] kommt sie zu einem

---

181 Drexler, Dr. P.; Gross, L.: Raising Boys Without Men: How Maverick Moms are Creating the Next Generation of Exceptional Men. Rodale Books. 2006

überraschenden Ergebnis: Söhne, die lediglich eine Mutter als Hauptbezugsperson haben, wachsen emotional gestärkter auf und stehen viel mehr im Einklang mit ihren eigenen Gefühlen als Söhne, die im klassischen Mutter-Vater-Modell groß werden. Erstere zeigen eine Mischung aus gesunder Aggression und Empathie – Drexler prägt hierfür den Begriff »Boy Power – eine raffinierte Kombination aus Körperlichkeit und Sensibilität für die Bedürfnisse und Gefühle anderer«.[182] Jungs aus Familien mit einem heterosexuellen Elternpaar gelinge dieser Spagat nicht immer.[183]

Das bedeutet allerdings nicht, dass männlicher Einfluss unbedeutend ist. Ich halte ihn sogar für sehr wichtig für meinen Sohn. Weil er die Welt dadurch aus einer anderen Perspektive kennenlernt, sich seine eigene Identität als Junge schaffen kann. Neue Ideen bekommt, eine andere Meinung, sich Dinge abschauen kann, die ihm besonders gefallen. Und die mich nerven, wie beispielsweise »I like to ärgern, Mama. I like to ärgern, Mama. I like to ärgern, Mama. I like to ÄRGERN« zu schmettern, eine Neuinterpretation von »I Like to Move It«. Oder beim Kartenspielen zu schummeln und spontan Regeln fürs Toreschießen beim Fußball so zu modifizieren, dass er auf jeden Fall gewinnt. Meine weibliche Sichtweise sollte eben nicht das Maß aller Dinge für meinen Sohn sein.

Nur, wer sagt, dass es unbedingt ein Vater sein muss, der ihm zeigt, wie es geht, männlich zu denken und zu handeln?! Der ihm beibringt, Risiken einzugehen, sich zu vergleichen und

---

182 Drexler, P.: Raising confident sons who have respect for others. Psychology Today. 15.03.2012. https://www.psychologytoday.com/us/blog/our-gender-ourselves/201203/raising-confident-sons-who-have-respect-others?amp (eigene Übersetzung; abgerufen am 06.06.2021)

183 Vgl. France, L.: Do boys need fathers? This woman says no. The Guardian. 09.07.2006. https://www.theguardian.com/lifeandstyle/2006/jul/09/familyandrelationships.features (abgerufen am 06.06.2021)

gegenseitig herauszufordern. Der mit ihm Seilbahnen hinuntersaust, in Autowaschanlagen düst, trampolinwetthüpft und sich gemeinsam gegen mich verbündet, die manchmal »doofe Mama«. Es könnte doch auch ein Onkel, ein Nachbar, ein Kindergärtner sein?! Oder ein guter Freund wie Paul.

»Mama stört uns nicht«

»Aua.« Als ich mir meinen Hinterkopf an einem Metallgeländer stoße, sinke ich benommen aufs Sofa. Kurz zuvor haben wir vegetarische Burger bei Paul gegrillt, und ich habe gerade meine Schuhe übergestreift, um mit meinem Sohn nach Hause zu radeln. Solange es noch hell ist.

»Tut es noch weh, Mama?« Mein Sohn reicht mir eine Eispackung, die ihm Paul für mich in die Hand gedrückt hat.

»Ja, ziemlich doll.« Ich lege mir die kalten Würfel auf den Hinterkopf und lehne mich zurück.

»Wie toll«, jauchzt er. »Jetzt können wir ganz allein auf den Spielplatz, Paul. Mama hat Schmerzen. Sie stört uns nicht.«

Natürlich merkt mein Sohn, dass Spaßhaben bei mir etwas anders aussieht als bei Paul. Während ich auf jede noch so kleine Gefahrenquelle achte – »Könnte er von der zwei Meter hohen Hängeseilbrücke mit den weit auseinanderstehenden Hartholzsprossen fallen?«, »Hält er rechtzeitig an, bevor er die Kreuzung überquert?«, »Ist das ferngesteuerte Rennauto auch wirklich kindersicher?« –, geht der Spaßfaktor flöten. Ich bin weder so unbekümmert wie Paul noch habe ich das technische Verständnis meines Bruders, der seinem Neffen zeigt, wie er Ultraleichtdrohnen steuern kann und Mähroboter über eine Smartphone-App bedient.

Und ich widme meinem Sohn auch nicht immer meine einhundertprozentige Aufmerksamkeit beim Spielen, wie es sein Opa tut.

»Mama, ich hab eine Idee. Unterhalte dich doch mit dem Baum«, schlägt er mit dreieinhalb Jahren vor, als ich kurz mit meinem Vater spreche, während er mit meinem Sohn Fahrradfahren übt.

Ich schmunzle über seine charmante Art, mir zu sagen: »Bitte geh weg, Mama. Ich möchte die Zeit nur mit Opa verbringen.« Und es ist schön zu wissen, dass er so viele fürsorgliche und zuverlässige Männer in seiner kleinen Welt hat, die ihm als Vorbild dienen. An die er sich wenden kann, wenn er Hilfe, Rat oder eine Umarmung braucht.

Also ja. Männlicher Einfluss ist gut und wichtig, solange mein Sohn sich in dieser Umgebung sicher aufgehoben und geliebt fühlt. Schließlich können Männer viele tolle Sachen. Außer eine Gartenkreuzspinne aus dem Badezimmer tragen. Dafür gibt's die Oma.

Ausgeglichene Kinder grossziehen

Der Kinder- und Familienpsychologe Richard Weissbourd hält die folgenden Merkmale für wichtig, um ein ausgeglichenes Kind großzuziehen:

- Ordnung und Beständigkeit
- eine stabile Beziehung zu einem fürsorglichen Erwachsenen, der das Kind als etwas Besonderes sieht
- Interaktion mit einem Erwachsenen, der fördert, engagiert, herausfordert und einen Kompass bietet, um soziale und moralische Erwartungen zu erfüllen
- starke Freundschaften und soziale Bindungen

- Schutz vor Ausbeutung und Diskriminierung sowie Gerechtigkeitssinn und die Möglichkeit, sich weiterzuentwickeln
- Berücksichtigung besonderer gesundheitlicher, sozialer und pädagogischer Bedürfnisse[184]

---

[184] Morrissette, M.: Choosing Single Motherhood: The Thinking Woman's Guide. 2008. S. 318.

Kapitel 12:

Was ist mit der Liebe?

»Und? Hast du einen Freund?«

Marta, die Mutter eines Spielkameraden meines Sohnes, schuckelt ihr Neugeborenes im Kinderwagen.

»Nein, er ist ein Spenderkind. Er hat keinen Vater«, sage ich, während mein Vierjähriger mit dem gleichaltrigen Rudi spielt. Ich bin ein bisschen stolz darauf, wie schnell mir diese Information inzwischen über die Lippen rutscht.

»Aber du kannst ja trotzdem einen Freund haben.« Sie kramt ein Milchfläschchen aus ihrer Wickeltasche hervor.

Peinlich. Da habe ich mich monatelang darauf vorbereitet, lässig und entspannt zu wirken, wenn ich unsere Familie in Kurzform erklären will – und es dabei nicht in Erwägung gezogen, dass das oftmals gar nicht sonderlich interessant für andere ist. Nur ich habe ständig im Hinterkopf, mich rechtfertigen zu müssen.

»Ach so, hast du recht«, stimme ich ihr zu. »Nein, ich habe aktuell niemanden.«

»Ich glaub, mit Partner ist vieles leichter. Finanziell natürlich. Oder wenn es um die Aufteilung der Care-Arbeit geht«, ergänzt sie. »Aber einiges ist auch schwieriger. Sich beispielsweise zu einigen, wer der *Good Cop* und wer der *Bad Cop* ist«, sagt sie schmunzelnd. »Ich bin am liebsten der *Bad Cop.* Aber da macht mein Mann nicht mit.«

Als ich den Weg der Solomutterschaft gewählt habe, bin ich nicht davon ausgegangen, dass ich nach meinem Kind auch den Traumpartner finden muss. Meine Prioritäten haben sich gewandelt. Partnerschaft hat für mich einen anderen Stellenwert. Es besteht auch kein Grund zur Eile, jemanden kennenzulernen. Und traurig darüber, dass es mit Jonas damals nicht geklappt hat, bin ich auch nicht mehr. Trotzdem ist es eine berechtigte Frage: Gibt es wieder jemanden für mich? Irgendwann? Oder bleibe ich allein?

Ein Mal verspüre ich die Sehnsucht nach innigen Küssen und zärtlichen Streicheleinheiten auf meiner Haut. Mein Sohn ist gerade zwei Jahre alt, und ich fühle mich bereit für ein Herzflattern. Dieses Gefühl hält etwa eine Stunde an.

»Ich date keine Mutter«

Und dann ist da der nächste Punkt: Wo und wann kann ich jemanden kennenlernen? Online ist der bequemste Weg, wenn auch nicht gerade der, den ich mir wünsche. Ich kann mein Gegenüber weder beschnuppern noch ihn wirklich fühlen, seine Wirkung auf mich einschätzen. Umgekehrt klappt das genauso wenig. Das Durchstöbern von Dating-Profilen, das Schreiben und Lesen von Nachrichten kostet Zeit und Energie. Wie viel davon bin ich bereit, für einen Unbekannten zu investieren? Für jemanden, der mein Profil eventuell nicht richtig liest, wie bei einer alleinerziehenden Freundin, die in ihres klar geschrieben hat »Mutter eines dreijährigen Sohnes« und nach mehreren Nachrichten hin und her mit den Worten abserviert wird: »Ich date keine Mutter.« Als wäre sie nicht viel mehr als »nur«

Mutter. So etwas kann passieren, dass ich als Mutter abgestempelt und abserviert werde. Und eventuell ist das ein Gedanke, der mir ein bisschen Angst macht. Abgelehnt zu werden, weil ich ein Kind habe.

Warten auf den Richtigen

Es könnte auch so laufen wie bei Solomutter Viktoria. Bereits wenige Monate nach der Geburt ihrer Tochter hat sie sich verliebt. In einen ebenfalls alleinerziehenden Vater. »Damals habe ich von meiner besten Freundin den Ratschlag bekommen, mir einen Single-Vater zu suchen. Weil er schon weiß, wie es mit Kind ist. Und nicht erwartet, dass er immer die erste Geige spielt. Hab erst noch gedacht, das kann ja wohl kein Kriterium bei der Partnerwahl sein. Aber es ist großartig.« Für Viktoria und ihren Freund passt das Modell. Beide wissen, dass er mit keinem biologischen Vater konkurrieren muss. Nur manchmal um die Aufmerksamkeit mit ihrer Tochter. Aber auch die lernt dadurch, dass ihre Mama eben nicht nur Mama ist, sondern auch noch Frau und Freundin. Dass sie eigene Bedürfnisse hat, die sie stillen will. Ob sie ihn eines Tages »Papa« nennen wird? »Das ergibt sich von allein«, ist sich Viktoria sicher.

Auch Single Mom by Choice Kay LiCausi, die ihre Tochter mit 39 Jahren mithilfe eines Samenspenders bekommen hat, erklärt *ABC News* gegenüber: »Die Entscheidung, freiwillig alleinerziehende Mutter zu werden, bedeutet nicht, auf ewig single zu bleiben. Es bedeutet, auf den richtigen Mann warten zu können.«[185] Kay trifft diesen Mann, als ihre Tochter acht Jahre alt ist.

---

[185] *Single mothers by choice: I am the CEO of my own operation.* YouTube. Ab Minute: 07:25. 2019. https://www.youtube.com/watch?v=rouPhsG86dU (eigene Übersetzung; abgerufen am 18.07.2021)

Neuer Partner?

»Möchtest du wieder einen Partner haben? Oder ist das Kapitel erst mal durch?«

Als hätte Marta meine Gedanken gelesen.

»Vermutlich schon. Eines Tages.«

»Du musst dir auch gar nicht solchen Druck machen. Er muss ja nicht sofort eine Vaterrolle übernehmen. Vielleicht startet er als dein Freund und ist für deinen Sohn erst Spaßmacher, Tröster, Beschützer. Und dann, vielleicht irgendwann ist er bereit, sich auf dich und deinen Sohn mit Haut und Haaren einzulassen.«

So jemanden habe ich ja schon, überlege ich schmunzelnd. Und denke an Paul.

Nein, das hier ist kein Ende, wie man es von einer Liebeslektüre erwarten würde. Im Grand Finale gibt es keinen Mann, für den ich alles stehen und liegen lasse, um ihm in Zeitlupe um den Hals zu fallen. Der mit mir in den Sonnenuntergang reitet, um meinen Sohn von der Kita abzuholen.

Es ist ein etwas anderes Happy End. Für das ich alles habe, was ich mir gerade in meinem Leben wünsche.

Und was ist nun mit der Liebe? Ich bin mir ganz sicher: Wenn ich irgendwann wieder für sie bereit bin, ist sie es auch.

Schlusswort

Die schönsten Äußerungen meines Vierjährigen

»Schön, wenn man nur ein Bein hätte. Dann muss man nur eine Socke hochkrempeln.«

»Mama, es gibt einen Planeten, der hat einen Ring.«
»Das stimmt.«
»Und auf dem ist es ganz kalt.«
»Genau!«
»Da kann ich einen Schneemann bauen.«

»Echt leckere Fleischbällchen, Mama.«
»Das sind Quarkbällchen.«
»Aber Fleischbällchen kann ich leichter aussprechen.«

»Weißt du, was verheiratet bedeutet?«
»Ich dachte, wenn man verheiratet ist, schiebt man den einen Menschen in salziges Wasser, und dann ist da ein Hai, und der frisst den anderen Menschen auf.«

»Mama, du kannst auch mal ein Profi sein.«
»Oh, super.«

»Früher waren Paul und ich auch ein Mensch. Aber dann sind wir Profis geworden.«

»Mama, das wäre ja verrückt, wenn ich eine Allergie gegen Kellergänge hätte.«

»Können Mamas und Papas ein Baby im Bauch haben?«
»Nein. Nur Frauen. Männer nicht.«
»Niemals?«
»Nein.«
»Ist ja langweilig.«

»Es gibt auch Papas, die aussehen wie Mamas.«

»Ich frag mich, warum die Wellen hier im Meer so wild sind. Haben die zu viel Zucker gegessen?«

»Mama, die Natur hat auch ein Herz. Das versteckt sie aber heimlich unter den Wurzeln.«

»Du hast mir einen Schrecken eingejagt. Ich habe dich hier draußen die ganze Zeit gesucht und nicht gefunden.«
»Das war ja auch Level Nummer 3, Mama.«

»Gibt es auch Eltern, die ihre Kinder niemals umarmen, Mama?«
»Ja.«
»Aber umarmen ist doch ganz einfach.«
»Das stimmt.«
»Dann ist das Herz der Kinder ganz zerbrochen.«

»Mama, wenn man kuscheln möchte, muss man dann auch manchmal dafür bezahlen?«

»Am liebsten will ich noch eine Mama mit der gleichen Frisur. Wenn du dann gestorben bist, habe ich noch eine zweite Mama.«

»Früher, als ich noch nicht auf der Welt war, habe ich mir dich ausgesucht. Und da wollte ich nur dich als Mama haben.«

Während mir der Nordseewind um die Ohren rauscht und feiner Sand auf meine Laptoptasten rieselt, tippe ich diese letzten Zeilen. Mein Sohn spielt mit einem Gleichaltrigen am Meeresstrand. Seine Mama, die ich hier auf unserer ersten Mutter-Kind-Kur kennengelernt habe, passt auf unsere Kleinen auf. Und ich überlege, was ich dir, meiner Leserin, mitgeben möchte.

Falls du noch am Anfang deiner Reise stehst, kann es überwältigend sein, überhaupt eine Entscheidung zu treffen.

- Möchte ich allein Mama werden?
- Habe ich realistische Erwartungen an meine Rolle als alleinerziehende Mutter?
- Habe ich die notwendigen finanziellen, emotionalen und physischen Ressourcen für ein Kind und mich?
- Gibt es zumindest eine Person in meinem Umfeld, die hinter meiner Entscheidung steht und mit der ich mich austauschen kann?
- Weiß ich, wie ich Selbstfürsorge betreiben kann, wenn es stressig wird und wenn ich überfordert bin?
- Gefällt mir die Vorstellung, die nächsten Jahre komplett allein verantwortlich für ein kleines Lebewesen zu sein?
- Bin ich bereit, meine bisherigen Freiheiten so einzuschränken, dass mein Kind die notwendige Aufmerksamkeit, Fürsorge und Liebe von mir bekommt, die es braucht?

Du und ich, wir haben das Glück, in einer Zeit zu leben, in der keine Frau aus dem Dorf verjagt wird, weil sie alleinerziehend ist. Es ist eine gute Zeit, um allein ein Kind zu bekommen. Es ist eine Zeit, in der sich Beziehungen und Familien auch außerhalb der Norm bilden. Eine Zeit, in der wir uns mit Gleichgesinnten vernetzen und austauschen können. Um weniger allein zu sein.

Warum also nicht solo Mama werden?

Das sagt sich so leicht, Hanna, magst du dir denken. Ich habe leicht reden, weil ich den Weg schon gegangen bin. Aber vielleicht helfen dir meine Erfahrungen aus meinem Leben als Solomutter. Damit du auch leichter eine Entscheidung treffen kannst.

Der Weg, wie du dein Kind bekommen hast, verliert an Bedeutung. So überwältigend die Entscheidung auch ist, ganz allein ein Baby zu bekommen, so unwichtig wird sie, wenn dein Kind auf der Welt ist. Die Fragen verschieben sich. Und irgendwann rücken die Sorgen und Bedenken, die du vorab in Bezug auf deinen Weg hattest, in den Hintergrund. Weil andere Themen auftauchen, die dich beschäftigen. Es geht nicht mehr darum, ob du das Leben allein mit Kind schaffst. Sondern darum, wie du Job und Kind vereinbarst. Wie du dein Kind erziehen möchtest. Wie du einen Urlaub mit Baby gestaltest. Wie du Zeit für dich findest. Die Entscheidung für oder gegen ein Kind allein, so mächtig sie in dem Moment auch wirken mag, ist nur ein klitzekleiner Teil dieser Reise.

Kritiker gibt es überall. Ob du als Frau kinderlos bleibst oder ein Kind allein bekommst. Ob du zusammen mit einer Partnerin Eltern wirst oder auf ganz klassischem Weg. Es gibt immer Menschen, die für sich andere Maßstäbe ansetzen und deine Wahl infrage stellen. Lass sie nicht Herrscher über deine Entscheidung werden. Das sind nicht diejenigen, die dein Leben führen.

Du wirst dich einsam fühlen. Weil du ein Mensch bist. Nicht weil du Solomutter bist. Ja, es kann sein, dass du dir an weniger guten Tagen vorstellst, wie es wäre, jemanden an deiner Seite zu haben. Genauso wie sich eine Mutter mit nervigem Ehemann gelegentlich wünscht, endlich getrennt zu sein. Wir sehen unser Leben aus unserer Perspektive. Als ich anfangs heitere Elternpaare mit Kind beobachtete, beneidete ich sie um diese heile Welt. Bis mir bewusst wurde: Hinter verschlossenen Türen kann es ganz anders aussehen. Eine Partnerschaft ist keine Garantie für nichts, auch nicht für Ent-Einsamung. Mir hilft dieses Wissen dabei, mich auf das zu besinnen, was ich habe. Nicht auf das, was mir angeblich fehlt.

Du musst nicht perfekt sein. Wie andere (Solo-)Mütter habe auch ich eine Vorstellung, wie ich als Mutter sein sollte. Ausgeglichen, immer für mein Kind da, voller Energie und in jeder noch so anstrengenden Situation den Humor bewahrend. Das sind meine Wünsche an mein Mama-Ich. Die setzen mich allerdings auch ganz schön unter Druck an Tagen, an denen es mal nicht rundläuft. Und davon gibt es viele im Leben als Solomutter. Genauso wie im Leben einer jeden anderen Mutter, eines Vaters oder von Kinderlosen. Es ist wichtig, mir zuzugestehen, dass ich Fehler machen und Schwäche zeigen darf; es darf mir auch mal alles zu viel werden. Wir alle sind nicht dafür da, um perfekte Mütter zu sein. Mittelgut zu sein, sein Kind zu lieben und das Beste zu geben, was in dem Moment möglich ist, genügt vollkommen.

Immer mal wieder fragen mich Menschen, ob ich es bereue, Solomutter geworden zu sein. Mal abgesehen davon, dass sich sicherlich die wenigsten Frauen in einer traditionellen Konstellation diese Frage anhören müssen, kann ich aus meiner heutigen Perspektive sagen: Ich hatte es mir nicht so herausfordernd, emotional, kräftezehrend, bereichernd und lebensverändernd vorgestellt. Nie zuvor habe ich so viel über mich gelernt und erfahren wie in der Zeit mit meinem Sohn. Seine Mama zu sein, ist eine der besten Entscheidungen, die ich in meinem Leben getroffen habe.

Wenn mein Sohn meine Hand nimmt und mir sagt: »Mama, ich liebe dich soooooo doll«, weiß ich: Ich habe alles richtig gemacht.

Ich wünsche dir, dass du für dich auch den richtigen Weg findest.

Danksagungen

Bevor ich angefangen habe, dieses Buch zu schreiben, war mir nicht klar, wie viel Arbeit in einem solchen Prozess steckt und wie viele Menschen daran beteiligt sind. Deswegen möchte ich diese Seite denjenigen widmen, die im Hintergrund dazu beigetragen haben, dass dieses Buch entstehen konnte.

Mein ganz besonderer Dank gilt **Laura Weber**, die auf mich und meinen Blog aufmerksam geworden ist und daran geglaubt hat, dass meine Geschichte und das Thema Solomutterschaft spannend genug sind, um ein ganzes Buch damit zu füllen. Sie hat mich auch maßgeblich beim Feinschliff meines Exposés unterstützt.

Vielen Dank auch an **Dr. Hanna Leitgeb**, die mich als Autorin in ihrer Agentur Rauchzeichen unter Vertrag genommen hat.

Dann gehört mein Dank **Fabian Knecht** (Leitender Redakteur bei Amazon Publishing), der mich den kompletten Prozess – vom Schreiben des ersten Buchentwurfs bis hin zum Korrektorat – begleitete. Und der sich meine gelegentlichen Zweifel und Sorgen angehört, sie ernst genommen hat und immer eine Lösung dafür parat hatte.

Außerdem möchte ich **Dr. Corinna Mann** und **Dr. Christian Stoll** dafür danken, dass sie mir mit ihrem Fachwissen im Bereich der Reproduktionsmedizin zur Seite gestanden haben.

Bereits beim Groblektorat habe ich gemerkt, wie viel meine Erstlektorin **Marketa** aus meinen teilweise ungeordneten Kapiteln rausholen konnte. Es mussten zwar auch ein paar lieb gewonnene Passagen gehen, aber ich bin sehr dankbar dafür, dass sie auch nach meiner zweiten großen Überarbeitung so viel Geduld mit mir bewiesen hat.

Auch von meiner Zweitlektorin, **Monika**, die sich ums Feinlektorat gekümmert hat, gab es wertvolle Hinweise und Anmerkungen, die mich zum Nachdenken, Umformulieren und Streichen von kompletten Absätzen gebracht haben. Auch sie hatte jede Menge Durchhaltevermögen nach meiner Komplettüberarbeitung (inzwischen die vierte).

Für diese letzte Überarbeitung waren meine Testleserinnen mitverantwortlich, die sich viel Zeit für ihr reflektiertes und kritisch-konstruktives Feedback genommen haben. Namentlich sind das: **Anne, C., Catrin, Christine, Jenny, Katharina, Katja, Kirstin, Leni, Nina, Nora, Sabine, Sandra, Ursula.**

Weil es für mich kaum möglich gewesen wäre, neben meinem Hauptjob noch ein Buch zu schreiben und einen ordentlichen Job als Mama zu machen, bin ich **Jörg, Rainer und Thomas** unendlich dankbar dafür, dass sie mich für meine Schreibphasen von der Arbeit freigestellt haben. Ich bin mir sehr sicher, dass das nicht jeder Arbeitgeber machen würde.

Als Allerletztes danke ich **meiner Familie und Paul** dafür, dass sie sich in sehr stressigen Phasen des Schreibens so wunderbar um meinen Kleinen gekümmert haben, sodass ich immer wusste, dass es ihm gut geht. **Meinem Sohn** kann ich auch nur danke sagen für seine wahnsinnige Geduld mit mir. Endlich kann ich ihm auf seine Frage »Mama, wann bist du endlich fertig mit deinem Buch? Und wann hast du wieder mehr Zeit für mich?« sagen: Jetzt!

Sollte ich jemanden in meiner Auflistung vergessen haben, handelt es sich um ein Versehen und ist nicht mit böser Absicht geschehen.

Weiterführende Quellen

Beim **Beratungsnetzwerk Kinderwunsch Deutschland (BKiD)** (https://www.bkid.de) findest du Fachkräfte, die dich vor deiner Kinderwunschbehandlung beraten können. Achte darauf, dass diese Fachkräfte zertifiziert sind für Gametenspende.

Die folgenden Samenbanken akzeptieren Singlefrauen (Auswahl): Bevor du dich für eine Samenbank entscheidest, solltest du klären, ob die Kinderwunschklinik beziehungsweise gynäkologische Praxis, bei der du dich behandeln lassen möchtest, mit dieser Samenbank kooperiert. Mehr Samenbanken und weitere Details zu allen findest du auch auf meiner Website www.solomamapluseins.de.

Deutsche Samenbanken

- BSB Berliner Samenbank (https://www.berliner-samenbank.de)
- Cryobank München (https://www.cryobank-muenchen.de)
- SEJ Samenbank Berlin (https://www.samenbank-berlin.de)

Dänische Samenbanken

- Cryos International (https://www.cryosinternational.com)
- European Sperm Bank (https://www.europeanspermbank.com/)
- SellmerDiers Sperm Bank (https://www.sellmerdiers.de)

Kinderwunschkliniken, die Singlefrauen behandeln (Auswahl, sortiert nach Bundesland): Jede Kinderwunschklinik beziehungsweise gynäkologische Praxis hat unterschiedliche Voraussetzungen, die du erfüllen musst (z. B. psychosoziales Beratungsgespräch, Vorhandensein einer Garantieperson), damit du dort behandelt werden kannst. Kläre das im Vorfeld mit der Klinik. Da es vorkommt, dass sich die Behandlungspolitik von Kinderwunschkliniken ändert, gebe ich keine Garantie dafür, dass die aufgelisteten Kinderwunschkliniken auch noch zum Erscheinen dieses Buchs Singlefrauen behandeln. Weitere Details zu den Kinderwunschkliniken erfährst du auf meiner Website www.solomamapluseins.de.

Baden-Württemberg

- Kinderwunschzentrum Aalen (https://kinderwunsch-aalen.de/)
- IVF Baden-Baden (https://ivf-badenbaden.com/)

Bayern

- Kinderwunschärztin Dr. med. Corinna Mann (https://kinderwunschaerztin.de/)
- Kinderwunschzentrum an der Oper (https://www.kinderwunschzentrum-an-der-oper.de/de/)
- Kinderwunschzentrum A.R.T. Bogenhausen (http://www.ivf-muenchen.com/)
- Kinderwunsch-Zentrum Fertility Center Bayreuth (https://www.fertility-center-bayreuth.de/cms/)
- MainKid – Kinderwunschzentrum am Theater (https://www.mainkid-kinderwunsch.de/)
- Praxis für Frauengesundheit (https://www.frauengesundheit-solln.de/)
- Universitäts-Fortpflanzungszentrum Franken (http://www.reproduktionsmedizin.uk-erlangen.de/)

Berlin

- Ceres Kinderwunschzentrum (https://www.kinderwunschzentrum.de/)
- Fertility Center Berlin (https://fertilitycenterberlin.de)
- Kinderwunsch Ärzte Berlin® (https://kinderwunsch-arzt.berlin/)
- Kinderwunschzentrum an der Gedächtniskirche (https://www.kinder-wunsch.org/)

- Kinderwunschzentrum Dres. Hoffmann (https://www.praxisklinik-dres-hoffmann.de/)
- Praxis für Fertilität (https://www.fertilitaet.de/)
- Wunschkinder Kinderwunschzentrum am Ku'damm (https://www.wunschkinder-berlin.de)

Hamburg

- amedes experts (https://www.amedes-experts-hamburg.de/kinderwunsch.html)
- Kinderwunschzentrum Altonaer Straße (https://www.ivf-hamburg.de/)
- Praxis für Kinderwunsch & Hormone (https://ivf-hh.de/kinderwunsch-hormone-hamburg.html)

Hessen

- Viernheimer Institut für Fertilität (https://www.vif-kinderwunsch.de/kinderwunschpraxis.html)

Mecklenburg-Vorpommern

- Praxis für Fertilität MVZ GmbH Rostock (https://www.ivf-rostock.de/praxis-fuer-fertilitaet/)

Niedersachsen

- Kinderwunschzentrum Langenhagen Wolfsburg MVZ (https://www.kinderwunsch-langenhagen.de/)

Nordrhein-Westfalen

- amedes Kinderwunschzentrum Köln (https://www.kinderwunschzentrum-koeln.de)
- Freyja IVF Hagen (https://kinderwunsch-hagen.de/)
- FROG Bielefeld (https://frog-bielefeld.de/)
- kiwup – Kinderwunschpraxis in Bonn (https://kiwup.de)

- Praxis für Gynäkologie und Ästhetik in Düsseldorf-Mörsenbroich Dr. med. Figen Moustafa-Oglou (https://www.frauenaerztin-dr-moustafaoglou.de/)

Sachsen-Anhalt

- Universitäres Kinderwunschzentrum Bereich Reproduktionsmedizin und Gynäkologische Endokrinologie Magdeburg (http://www.krep.ovgu.de/)

Schleswig-Holstein

- Fertilitycenter Kiel und Flensburg (http://www.fertilitycenter.de)
- Kinderwunsch Holstein Zentrum für Reproduktionsmedizin (https://kinderwunsch-holstein.de/)

Finanzierung der Kinderwunschbehandlung

Nicht jede Frau kann sich eine Kinderwunschbehandlung leisten; besonders dann, wenn es nicht so schnell klappt mit dem Schwanger-Werden wie gewünscht. Ist es für dich vielleicht eine Option, deine Kinderwunschbehandlung durch einen Kredit zu finanzieren? An dieser Stelle der Hinweis, dass ich nicht zu einem Kredit rate, aber dennoch auf diese Option hinweisen möchte. Denn aus der bisherigen Erfahrung weiß ich, dass diese Möglichkeit der Finanzierung für einige Frauen (und Paare) interessant ist. Du kannst dich ganz unverbindlich auf dieser Seite über den **LEILA Kinderwunschkredit** informieren: https://www.leila-fertility.com.

Hinweis: Ich liste keine Quellen auf, die sich mit der alleinigen Finanzierung des Lebens mit Kind befassen. Hierzu kannst du aber auf mehreren Webseiten (besonders auf denen für Alleinerziehende) Tipps und Unterstützungsmöglichkeiten finden.

Vernetzungsmöglichkeiten (Auswahl deutschsprachiger Seiten)

Als (künftige) Solomutter kann die Vernetzung mit anderen wesentlich dazu beitragen, dass du dich nicht so allein fühlst. Gerade in der Phase der Entscheidungsfindung, aber auch später als Solomutter können hierfür Frauen in einer ähnlichen Situation eine große Unterstützung sein. Unabhängig davon solltest du dir auch Menschen in deinem Umfeld suchen, die dich im Alltag mit Kind begleiten können (z. B. Freunde, Familie). Unter den folgenden Adressen findest du Frauen, die in einer ähnlichen Situation sind wie du.

- **Forum für Single-Frauen mit Kinderwunsch** (http://sfmk-forum.de): Von der Gründerin Anya Steiner stammt auch das weiter unten empfohlene Buch »Mutter, Spender, Kind«.
- **Selbsthilfeinitiativen Alleinerziehender (SHIA) e. V. Bundesverband** (https://www.shia.de): Hier werden verschiedene regionale Beratungs- und Veranstaltungsangebote für Alleinerziehende aufgelistet.
- **Single Mothers by Choice – Germany, Austria, Switzerland, Luxembourg** (https://www.facebook.com/groups/251649318196815 0/): Facebook-Gruppe für (werdende) Solomütter und diejenigen, die noch nicht sicher sind, ob der Schritt der richtige für sie ist.
- **Verband alleinerziehender Mütter und Väter** (https://www.vamv.de/): Hier kannst du dir hilfreiche Informationen herunterladen, etwa das Taschenbuch für Alleinerziehende, das unter anderem über mögliche finanzielle Unterstützung aufklärt. Beim VAMV in Berlin werden außerdem regelmäßig Vernetzungstreffen für Schwangere sowie Solomütter angeboten.

Weitere hilfreiche Webseiten

- **Arbeitskreis Donogene Insemination** (https://www.donogene-insemination.de): Der Arbeitskreis ist ein Zusammenschluss von Fachkräften mit verschiedenen Schwerpunkten (z. B. Reproduktionsmediziner, psychosoziale Beratungsfachkräfte, Wissenschaftler) und klärt über die Behandlung mit Spendersamen (donogene bzw. heterologe Insemination) auf.
- **Choicemoms.org** (http://www.choicemoms.org): Englischsprachige Website mit Informationen für Frauen, die darüber nachdenken, allein ein Kind zu bekommen, oder die den Schritt bereits gegangen sind. Gegründet wurde diese Organisation von Mikki Morrissette, die ihre beiden Kinder mithilfe einer Samenspende bekommen hat.
- **DI-Netz e. V.** (https://di-netz.de): Deutsche Vereinigung von Familien nach Samenspende. Hier gibt es auch einen separaten Bereich für Solomütter.
- Facebook-Gruppe **Donorbarn – sæddonor – ægdonor** (https://www.facebook.com/groups/32375015775/): In dieser dänischsprachigen Gruppe habe ich bisher alle uns bekannten Halbgeschwister meines Sohnes gefunden. Mitglied dieser Gruppe, die mehrere Tausend Teilnehmer umfasst, kannst du frühestens werden, wenn du schwanger bist. Betreiberin der Seite ist Jasmin Sommer, ein Spenderkind, das erst als Erwachsene von diesem Umstand erfahren hat.
- **Donor Conception Network** (https://www.dcnetwork.org): Englischsprachige Organisation mit überwiegend in Großbritannien lebenden Familien, deren Kinder über eine Samen- oder Eizellspende beziehungsweise über eine Doppelspende (Samen- und Eizellspende) gezeugt wurden.
- **Donor Sibling Registry** (https://donorsiblingregistry.com): Diese gemeinnützige US-amerikanische Organisation wurde von Wendy Kramer und ihrem durch Samenspende entstandenen

Sohn Ryan gegründet. Sie ist als Anlaufstelle für Spenderkinder (und deren Eltern), Samenspender und Eizellspenderinnen gedacht und dient unter anderem der Vernetzung. Du kannst kostenlos nach einem Spender und der Klinik suchen, in der die Behandlung stattgefunden hat. Erst wenn du dich mit einem »Match« austauschen möchtest, fällt eine Gebühr an.

- **Planningmathilda** (https://planningmathilda.com): Jennifers Blog beschäftigt sich mit allen Themen rund um die Co-Elternschaft.
- **Single Mothers by Choice** (https://www.singlemothersbychoice.org): Englischsprachige Website mit Blogbeiträgen und einem geschlossenen Forum. Hier findest du Informationen rund um die Erfüllung des Kinderwunsches als Singlefrau (durch eigene Schwangerschaft oder Adoption). Gründerin Jane Mattes zählt zu den »frühen« Single Mothers by Choice (SMC).
- **Spenderkinder** (http://www.spenderkinder.de): Ehrenamtlich arbeitender Verein, dessen Mitglieder überwiegend durch Samenspende gezeugte Erwachsene sind, die meist erst spät im Leben erfahren haben, dass ihr sozialer Vater nicht ihr biologischer Vater ist.

Hilfreiche Seiten für verwaiste Eltern

- **Bundesverband Verwaiste Eltern und trauernde Geschwister in Deutschland e. V.** (https://www.veid.de): Netzwerk von Familien für Familien, die ein Kind verloren haben. Hier gibt es vielfältige Unterstützungsmöglichkeiten, von einem gegenseitigen persönlichen Austausch über die Trauerbegleitung bis hin zu Ratgebern und Broschüren.
- **Initiative Regenbogen »Glücklose Schwangerschaft« e. V.** (http://initiative-regenbogen.de): Zusammenschluss von Eltern, die ein oder mehrere Kinder vor, während oder kurz nach der Geburt verloren haben. Die Initiative richtet sich an betroffene Familien, Freunde und Menschen, die Trauernde unterstützen wollen.

- **Gedenkseiten** (https://www.gedenkseiten.de): Auf dieser Gedenkseite kannst du mit anderen betroffenen Eltern in Kontakt kommen und einen virtuellen Gedenkstein für dein Sternenkind anlegen.

Hilfreiche Seiten bei ungewollter Kinderlosigkeit

- **Die Kinderwunsch-Seite** (https://www.wunschkinder.net/): Hier gibt es auch ein Kinderwunschforum, das sich mit medizinischen Fakten zur ungewollten Kinderlosigkeit befasst. Gegründet wurde die Seite vom Reproduktionsmediziner Dr. Elmar Breitbach.
- **klein-putz.net** (http://www.klein-putz.net/): Privat betriebene Kinderwunschseite von Betroffenen ungewollter Kinderlosigkeit. Hier kannst du dich in einem geschlossenen Forum mit Gleichgesinnten austauschen. Für medizinische Fragen stehen mehrere Reproduktionsmediziner zur Verfügung.

Unterstützung in der ersten Zeit mit Kind

Besonders die erste Zeit als Solomutter kann dich vor ungeahnte Herausforderungen stellen. Neben den Einschränkungen bei alltäglichen Dingen, falls du einen Kaiserschnitt hast, kann es sein, dass du trotz einer guten Vorbereitung überfordert bist und dich erst langsam ans Muttersein gewöhnst. Auch brauchst du sicherlich mal eine kleine Auszeit als Mama, um dich ein wenig um dich selbst zu kümmern, und wenn es nur fürs Duschen ist. Für solche Fälle kannst du dich an die folgenden Organisationen wenden.

Tipp: Da sich diese Stellen auch bei Nicht-Alleinerziehenden großer Beliebtheit erfreuen (seit Corona noch viel mehr als sonst), lohnt es sich, dass du dir bereits vor der Geburt deines Kindes Unterstützung organisierst.

- **Babylotsen** (https://www.seeyou-hamburg.de): Präventionsprogramm zur psychosozialen Unterstützung von Familien mit Säuglingen und Kleinkindern (z. B. bei Überforderung).
- **Bundesstiftung Frühe Hilfen** (https://www.fruehehilfen.de/grundlagen-und-fachthemen/grundlagen-der-fruehen-hilfen/bundesstiftung-fruehe-hilfen/): (psychosoziale) Unterstützung von Familien mit Säuglingen und Kleinkindern.
- **Bundesverband der Familienzentren e. V.** (https://www.bundesverband-familienzentren.de): Die regionalen Familienzentren sind unter anderem eine Anlaufstelle für Veranstaltungen und Kurse für Eltern und ihre Kinder. Hier werden Familienfrühstück-Events genauso angeboten wie Krabbelkurse oder gemeinschaftliche Ausflüge. Wenn dich das interessiert, schau am besten mal, ob es ein Familienzentrum direkt in deiner Nähe gibt.
- **Notmütterdienst** (https://www.notmuetterdienst.de): Angebot von haushaltsnahen Dienstleistungen für Familien in belasteten Situationen (z. B. im Wochenbett).
- **Supermamas** (https://supermamasberlin.wordpress.com): Freiwilligen-Netzwerk von Müttern, die frischgebackene Mütter unterstützen (z. B. einkaufen, kochen, einfach mal reden).
- **Wellcome** (https://www.wellcome-online.de): Ehrenamtliche Hilfe nach der Geburt. Es fällt für die Unterstützung ein symbolischer Betrag an, den du in der Höhe selbst mitbestimmen kannst.
- Außerdem kannst du im Internet nach **Leihgroßeltern** suchen. Es gibt verschiedene Seiten mit überregionalen Angeboten von Senioren, die sich um ein Kind kümmern möchten, aber selbst kein Enkelkind haben beziehungsweise keines, das in der Nähe lebt.

Empfehlenswerte Bücher zum Weiterlesen

- Hertz, R.: »Single by Chance, Mothers by Choice: How Women are Choosing Parenthood without Marriage and Creating the New American Family«. Oxford University Press, U.S.A., 2008

- Morrissette, M.: »Choosing Single Motherhood: The Thinking Woman's Guide«. Mariner Books. 2008
- Mundlos, C.: »Dann mache ich es halt allein. Wenn Singlefrauen sich für ein Kind entscheiden und so ihr Glück selbst in die Hand nehmen«. mvgverlag. 2017
- Steiner, A.: »Mutter, Spender, Kind. Wenn Singlefrauen Familien gründen«. Ch. Links Verlag. 2015
- Thorn, P.: »Familiengründung mit Samenspende: Ein Ratgeber zu psychosozialen und rechtlichen Fragen (Rat & Hilfe)«. W. Kohlhammer. 2005

Verwendete Literatur und Quellen

In alphabetischer Reihenfolge

Achtsamkeit in Deutschland: Kommen unsere Kinder zu kurz? 27.07.2017. https://www.bepanthen.de/sites/g/files/vrxlpx36091/files/2021-01/achtsamkeitsstudie_2017_pk.pdf

Amtsgericht Hannover, Urteil vom 17.10.2016 – 432 C 7640/15. https://www.kostenlose-urteile.de/AG-Hannover_432-C-764015_Reproduktionsklinik-muss-einem-durch-Samenspende-gezeugten-Kind-Namen-des-biologischen-Vaters-nennen.news23303.htm

Amtsgericht Wedding, Urteil vom 27.04.2017 – 13 C 259/16. https://www.kostenlose-urteile.de/AG-Wedding_13-C-25916_Samenbank-muss-minderjaehrigem-Kind-Auskunft-ueber-Daten-des-Samenspenders-erteilen.news24212.htm

Anzahl der In-vitro-Fertilisationen in Deutschland nach Art der Behandlung in den Jahren von 2002 bis 2019. Statista. 19.02.2021. https://de.statista.com/statistik/daten/studie/656455/umfrage/in-vitro-fertilisationen-in-deutschland-nach-art-der-behandlung

Asbrock, F.: Die Systematik diskriminierenden Verhaltens gegenüber unterschiedlichen gesellschaftlichen Gruppen. Juni 2008. https://pub.uni-bielefeld.de/download/2305380/2305383/asbrock_dissertation.pdf

Bachner, Frank (14.09.2020). Frauen eigenes Sperma injiziert. Wenn Ärzte Vertrauen missbrauchen. Der Tagesspiegel. https://www.tagesspiegel.de/politik/frauen-eigenes-sperma-injiziert-wenn-aerzte-vertrauen-missbrauchen/26183324.html

Baetzgen, A.: Das Männerbild in der Werbung wandelt sich. swr2. 17.08.2018 https://www.swr.de/swr2/wissen/article-swr-17990.html

Berlin unterstützt lesbische Paare bei Kinderwunsch. 02.07.2021. https://www.rnd.de/politik/berlin-unterstuetzt-lesbische-paare-bei-kinderwunsch-UON4RZQVVDLWUV7W6C2AEJXCEY.html

Bernard, A.: Kinder machen. Neue Reproduktionstechnologien und die Ordnung der Familie. Samenspender, Leihmütter, künstliche Befruchtung. S. Fischer. 2015.

Bock, J. D.: Doing the Right Thing? Single Mothers by Choice and the Struggle for Legitimacy. Gender and Society, vol. 14, no. 1, 2000, pp. 62–86. JSTOR, www.jstor.org/stable/190422

Boothby, E.; Clark, M.; Bargh, J.: Shared Experiences Are Amplified. 2015. https://www.researchgate.net/publication/266570345_Shared_Experiences_Are_Amplified

Bossart, R.: Verliebtheit macht tatsächlich blöd. Tagblatt. 16.09.2014. https://www.tagblatt.ch/panorama/verliebtheit-macht-tatsaechlich-bloed-ld.936734

Boyd, S. B.; Chunn, D.E.; Kelly, F.; Wiegers, W.: Autonomous Motherhood?: A Socio-Legal Study of Choice and Constraint.

Bücker, T.: Ist es radikal, die Ehe abschaffen zu wollen? Süddeutsche Zeitung. 04.12.2019. https://sz-magazin.sueddeutsche.de/freie-radikale-die-ideenkolumne/ehe-abschaffen-buecker-88096

Bundesgerichtshof, Urteil vom 28.01.2015 – XII ZR 201/13. https://www.kostenlose-urteile.de/BGH_XII-ZR-20113_Kinder-haben-Anspruch-auf-Auskunft-ueber-Identitaet-des-anonymen-Samenspenders.news20537.htm

Bürgerliches Gesetzbuch (BGB). §1686a Rechte des leiblichen, nicht rechtlichen Vaters. https://www.gesetze-im-internet.de/bgb/__1686a.html

Carroll, H.: »I slept with a stranger for his sperm … now we're engaged!« Daily Mail. 26.06.2021. https://www.dailymail.co.uk/femail/article-9727049/Helen-Carroll-Hes-fathered-150-children-hired-pregnant.html

Cerullo, M.: »Femme Fatale effect«: Attractive businesswomen perceived as less trustworthy. CBS News. 04.04.2019. https://www.cbsnews.com/news/femme-fatale-effect-attractive-businesswomen-deemed-less-trustworthy/

Cheng, A.: Spain to pay for fertility treatment for lesbians, bisexual women and some transgender people. 06.11.2021. https://www.washingtonpost.com/world/2021/11/06/spain-fertility-treatment-women-transgender/
Child allowance in Denmark. https://lifeindenmark.borger.dk/family-and-children/family-benefits/child-allowance
Cohen, R.: The Clock Is Ticking For the Career Woman. The Washington Post. 16.03.1978.
Connor, R. A.; Fiske, S. T.: Warmth and competence: A feminist look at power and negotiation. ResearchGate. Januar 2017. https://www.researchgate.net/publication/320149179_Warmth_and_competence_A_feminist_look_at_power_and_negotiation
Custers, I.M. et al.: Immobilisation versus immediate mobilisation after intrauterine insemination: randomised controlled trial. BMJ 2009;339:b4080. http://www.bmj.com/content/339/bmj.b4080
Das Recht auf Kenntnis der eigenen Abstammung. 10.03.2017. https://www.bpb.de/gesellschaft/digitales/persoenlichkeitsrechte/244846/das-recht-auf-kenntnis-der-eigenen-abstammung
DePaulo, B.: Housing Discrimination Against People Who Are Single: 4 Studies. Psychology Today. 19.10.2010. https://www.psychologytoday.com/us/blog/living-single/201010/housing-discrimination-against-people-who-are-single-4-studies
DePaulo, B.: Research Shows Life-Threatening Bias Against Single People. Psychology Today. 07.07.2019. https://www.psychologytoday.com/us/blog/living-single/201907/research-shows-life-threatening-bias-against-single-people
DePaulo, B.: Singled Out: How Singles Are Stereotyped, Stigmatized, and Ignored, and Still Live Happily Ever After. Griffin. 2007.
DePaulo, B.: Singlism, a Word I Coined, Is in the Dictionary. Psychology Today. 19.12.2020. https://www.psychologytoday.com/us/blog/living-single/202012/singlism-word-i-coined-is-in-the-dictionary
DePaulo, B.: Singlism: How Serious Is It, Really? Psychology Today. 09.09.2018. https://www.psychologytoday.com/us/blog/living-single/201809/singlism-how-serious-is-it-really

Diabaté, S.: Partnerschaftsleitbilder heute: Zwischen Fusion und Assoziation, in: Schneider, N. u. a. (Hrsg.). Familienleitbilder in Deutschland. Kulturelle Vorstellungen zu Partnerschaft, Elternschaft und Familienleben. 2015. https://www.bib.bund.de/Publikation/2015/pdf/Familienleitbilder-in-Deutschland.pdf?__blob=publicationFile&v=3. Bundesinstitut für Bevölkerungsforschung (BiB)

Die Ehe aus Liebe steht hoch im Kurs. mdrfragt. 14.02.2020. https://www.mdr.de/nachrichten/mitmachen/mdrfragt/umfrage-ergebnis-valentinstag-liebe-100.html

Die Rechtliche Situation. Was genau ist das Recht auf Kenntnis der eigenen Abstammung? https://www.spenderkinder.de/infos/dierechtlichesituation/

DIR Jahrbuch 2019 des Deutschen IVF Register. Sonderheft 1/2020. https://www.deutsches-ivf-register.de/perch/resources/dir-jahrbuch-2019-de.pdf.

Dolan, P.: Singled out: why can't we believe unmarried, childless women are happy? The Guardian. 04.06.2019. https://www.theguardian.com/lifeandstyle/2019/jun/04/singled-out-why-cant-we-believe-unmarried-childless-women-are-happy

Drexler, Dr. P.; Gross, L.: Raising Boys Without Men: How Maverick Moms are Creating the Next Generation of Exceptional Men. Rodale Books. 2006

Drexler, P.: Raising confident sons who have respect for others. Psychology Today. 15.03.2012. https://www.psychologytoday.com/us/blog/our-gender-ourselves/201203/raising-confident-sons-who-have-respect-others?amp

Eckart von Hirschhausen intelligente Frauen. YouTube.com. https://www.youtube.com/watch?v=quZ5v5T6G88

European Society of Human Reproduction and Embryology. A short period of bed rest after intrauterine insemination makes no difference to pregnancy rates: No reason why patients should stay immobolized after IUI. ScienceDaily. 05.07.2016. https://www.sciencedaily.com/releases/2016/07/160705085728.htm

Familienformen. Destatis. https://www.destatis.de/DE/Themen/Gesellschaft-Umwelt/Bevoelkerung/Haushalte-Familien/Glossar/familienformen.html

Feiger, Leah. Single Orthodox Women In Israel Choose Motherhood – Thanks To IVF. Forward. 12.05.2019. https://forward.com/life/424166/single-orthodox-women-in-israel-choose-motherhood-thanks-to-ivf/

Fiske, S. et al.: A Model of (Often Mixed) Stereotype Content: Competence and Warmth Respectively Follow From Perceived Status and Competition. 2002.

Foote, R. H.: 1808 PD: The history of artificial insemination. 09.12.2008. https://www.progressivedairy.com/topics/a-i-breeding/1808-pd-the-history-of-artificial-insemination

Fragen und Antworten – Samenspenderregistergesetz. https://www.bundesgesundheitsministerium.de/service/begriffe-von-a-z/s/samenspenderregister/faqs-samenspenderregistergesetz.html

France, L.: Do boys need fathers? This woman says no. The Guardian. 09.07.2006. https://www.theguardian.com/lifeandstyle/2006/jul/09/familyandrelationships.features

Friedman, D.: Why Some Women Don't Want Kids, Childless by Choice. TheDailyBeast. 19.09.2010. https://www.thedailybeast.com/why-some-women-dont-want-kids-childless-by-choice

5 überraschende Dinge, die Männer unattraktiv finden. freundin.de. https://www.freundin.de/liebe-dinge-finden-maenner-unattraktiv

German singles flocking to Denmark…to get pregnant. 01.06.2017. https://www.thelocal.de/20170601/german-singles-coming-to-denmark-to-get-pregnant/

Gerstlauer, A.-K.: Der Gender Dating Gap und die Liebe. https://akgerstlauer.de/?page_id=1509

Gesetz zum Schutz von Embryonen (Embryonenschutzgesetz (ESchG)). https://www.gesetze-im-internet.de/eschg/BJNR027460990.html

Golombok, S. et al.: Children: The European study of assisted reproduction families: family functioning and child development. https://academic.oup.com/humrep/article/11/10/2324/570059

Golombok, S. et al.: Children's thoughts and feelings about their donor and security of attachment to their solo mothers in middle childhood. 10.02.2017. https://www.ncbi.nlm.nih.gov/pmc/articles/PMC5400065/

Golombok, S. et al.: Integrating donor conception into identity development: adolescents in fatherless families. 21.03.2016. https://www.fertstert.org/article/S0015-0282(16)30004-8/fulltext

Golombok, S.; Murray, C.: Solo mothers and their donor insemination infants: follow-up at age 2 years. Human Reproduction. 25.06.2005. https://doi.org/10.1093/humrep/deh823

Griffith, K.: Ex-con sperm donor with schizophrenia. Daily Mail.11.09.2020. https://www.dailymail.co.uk/news/article-8723761/Prolific-sperm-donor-Chris-Aggeles-lied-schizophrenia-speaks-Donor-9623-podcast.html

Gronostay, S.: Können Singles auch ohne Partner glücklich sein? Augsburger Allgemeine. 11.11.2019. https://www.augsburger-allgemeine.de/panorama/Koennen-Singles-auch-ohne-Partner-gluecklich-sein-id55910181.html

Haarhoff, H.: Die Kinder-Frau. Taz Archiv. 16.11.2006. https://taz.de/Die-Kinder-Frau/!351711/

Haas, M.: Einsame Spitze. Süddeutsche Zeitung Magazin 26.03.2009. https://sz-magazin.sueddeutsche.de/gesellschaft-leben/einsame-spitze-76254

Hansen, M.: Telling Your Child That They're Donor-Conceived: The Full Guide to Parents. 08.10.2020. https://www.europeanspermbank.com/blog-en-int/blog-posts/telling-your-child-that-theyre-donor-conceived-the-full-guide-to-parents

Hein, D.: Singles fühlen sich in der Werbung unterrepräsentiert. Horizont. 29.03.2017. https://www.horizont.net/marketing/nachrichten/Yougov-Studie-Singles-fuehlen-sich-in-der-Werbung-unterrepraesentiert-156910

Hillmert, S.: Familiale Ressourcen und Bildungschancen: Konsequenzen eines frühzeitigen Elternverlustes. 2014. https://www.researchgate.net/publication/27263345_Familiale_Ressourcen_und_Bildungschancen_Konsequenzen_eines_fruhzeitigen_Elternverlustes

Hintergrund, Kernpunkte, Ergebniszusammenfassung der DELTA-Studie über Ungewollte Kinderlosigkeit 2020. https://www.deutsches-ivf-register.de/perch/resources/delta-studieeinleitung-kernaussagen9.9.2020.pdf

Home Insemination: Why does Cryos recommend two MOT10 sperm straws? 18.09.2018. https://blog.cryosinternational.com/usa/cryos-recommended-mot-levels-home-insemination/

Ich mach mir ein Kind – Mutterglück ohne Sex. 12.03.2016. https://vimeo.com/160536176

Im Gespräch mit Line Oetzmann von der Samenbank SellmerDiers. Podcast Solomama Plus Eins. https://anchor.fm/solomamaplus-eins/episodes/006--Im-Gespraech-mit-Line-Oetzmann-von-der-Samenbank-SellmerDiers-eehrq3

Impact of female daily coffee consumption on successful fertility treatment: a Danish cohort study. 28.04.2019. https://www.fertstert.org/article/S0015-0282(19)30287-0/fulltext

Interview: Jennifer Aniston's Thoughts On Marriage | Today. YouTube. 27.08.2014. https://www.youtube.com/watch?v=bBRrpd7LOpQ

Intrauterine Insemination. https://www.kinderwunschzentrum-an-der-oper.de/de/kinderwunsch/behandlung/insemination.html

Kinderlose Frauen und Männer. BMFSFJ. https://www.bmfsfj.de/blob/94130/bc0479bf5f54e5d798720b32f9987bf2/kinderlose-frauen-und-maenner-ungewollte-oder-gewollte-kinderlosigkeit-im-lebenslauf-und-nutzung-von-unterstuetzungsangeboten-studie-data.pdf

Klassische Familie Wunschbild Nummer eins. Pro. Das christliche Medienmagazin. 19.05.2015. https://www.pro-medienmagazin.de/klassische-familie-wunschbild-nummer-eins/

Konsumausgaben von Familien für Kinder. https://www.destatis.de/DE/Themen/Gesellschaft-Umwelt/Einkommen-Konsum-Lebensbedingungen/Konsumausgaben-Lebenshaltungskosten/Publikationen/_publikationen-innen-konsumausgaben-familien.html

Kruttschnitt, C.: Achtlingsmutter Nadya Suleman. Verrückt nach Kindern. Stern. 28.02.2009. https://www.stern.de/panorama/wissen/mensch/achtlingsmutter-nadya-suleman-verrueckt-nach-kindern-3424370.html

Kryokonservierung von Ei- und Samenzellen. Gemeinsamer Bundesausschuss. https://www.g-ba.de/themen/methodenbewertung/ambulant/kryokonservierung-von-ei-und-samenzellen/

Künkler, T. et al.: Forschungsbericht zur Empirica Singlestudie 2020. Lebensweisen christlicher Singles. https://www.cvjm-hochschule.de/fileadmin/2_Dokumente/5_Forschung/empirica/2020_Forschungsbericht_Singlestudie.pdf

Künstliche Befruchtung. Kosten – Methoden – Beste Krankenkassen. https://www.krankenkassen.de/gesetzliche-krankenkassen/leistungen-gesetzliche-krankenkassen/geburt-kinder/kuenstliche-befruchtung/

Leduc, A.: Tout pour plaire … et toujours célibataires. marie claire. März 2012. https://www.marieclaire.fr/,femme-cherche-homme-femme-celibataire,20255,458479.asp

Lees, P.: From The Archive: Emma Watson On Being Happily »Self-Partnered« At 30. Vogue. 15.04.2020. https://www.vogue.co.uk/news/article/emma-watson-on-fame-activism-little-women

Lochte, P.: Samenspender klagt erfolgreich Sorgerecht ein. L.Mag. 27.02.2018. https://www.l-mag.de/news-1010/samenspender-klagt-erfolgreich-sorgerecht-ein.html

Lov om kunstig befrugtning i forbindelse med lægelig behandling, diagnostik og forskning m.v.. https://www.retsinformation.dk/eli/lta/1997/460

LSG Baden-Württemberg, Urteil vom 25.05.2016 – L 5 R 4225/15. https://openjur.de/u/892407.html

Maßzahlen zu Eheschließungen 2000 bis 2019. Destatis Statistisches Bundesamt. https://www.destatis.de/DE/Themen/Gesellschaft-Umwelt/Bevoelkerung/Eheschliessungen-Ehescheidungen-Lebenspartnerschaften/Tabellen/masszahlen-ehescheidungen.html. Stand: 12.08.2021.

Meyer, A.: Zytomegalie in der Schwangerschaft. »Ich hätte Ihnen das wirklich gern erspart.« Deutschlandfunk. 13.03.2020. https://www.deutschlandfunk.de/zytomegalie-in-der-schwangerschaft-ich-haette-ihnen-das.740.de.html?dram:article_id=474065

Miscarriage matters: the epidemiological, physical, psychological, and economic costs of early pregnancy loss. The Lancet. 26.04.2021. https://www.thelancet.com/journals/lancet/article/PIIS0140-6736(21)00682-6/fulltext

Moorhead, J.: The man who may have secretly fathered 200 children. The Guardian. 15.07.2017. https://www.theguardian.com/lifeandstyle/2017/jul/15/the-man-who-may-have-secretly-fathered-200-children

Morrissette, M.: Choosing Single Motherhood: The Thinking Woman's Guide. 2008.

Mroz, J.: The Case of the Serial Sperm Donor. The New York Times. 01.02.2021. https://www.nytimes.com/2021/02/01/health/sperm-donor-fertility-meijer.html

Mroz, Jacqueline. Their Mothers Chose Donor Sperm. The Doctors Used Their Own. The New York Times. 21.08.2019. https://www.nytimes.com/2019/08/21/health/sperm-donors-fraud-doctors.html

Mundlos, C.: Dann mache ich es halt allein. Wenn Singlefrauen sich für ein Kind entscheiden und so ihr Glück selbst in die Hand nehmen. mvgverlag. 2017.

(Muster-)Richtlinie zur Durchführung der assistierten Reproduktion. Novelle 2006. Deutsches Ärzteblatt. https://cdn.aerzteblatt.de/pdf/103/20/a1392.pdf. Stand: 19.05.2006.

Oberlandesgericht Hamm, I-14 U 7/12. https://www.justiz.nrw.de/nrwe/olgs/hamm/j2013/I_14_U_7_12_Urteil_20130206.html

Orief, Y. et al: The effect of bed rest after intrauterine insemination on pregnancy outcome. Middle East Fertility Society Journal. Volume 20, Issue 1, March 2015, S. 11 ff. http://www.sciencedirect.com/science/article/pii/S1110569014000430?via %3Dihub

Partnersuche, Strand und Gurken: Profilbild-Studie 2021. ZU-ZWEIT.de. https://www.zu-zweit.de/studien

Pearce, D.: I'm so desperate for a baby I grab strangers for sex on nights when I am most fertile. The Scottish Sun. 26.10.2016. https://www.thescottishsun.co.uk/archives/news/39539/im-so-desperate-for-a-baby-i-grab-strangers-for-sex-on-nights-when-i-am-most-fertile/

Petersen et al.: Family intentions and personal considerations on postponing childbearing in childless cohabiting and single women aged 35–43 seeking fertility assessment and counselling, in: Human Reproduction, Vol. 30, No. 11, pp. 2563–2574.

11.11.2015. https://academic.oup.com/humrep/article/30/11/2563/2385311?login=true
Pflüger-Scherb, U.: Kasseler Psychologie-Professorin: »Verliebte sind ein bisschen gaga«. HNA.de. 14.02.2014. https://www.hna.de/kassel/interview-psychologie-professorin-heidi-moeller-kassel-3364519.html
Piazena, Frieder. »Kinderwunsch mit Anschubhilfe.« S. 10 ff. Tagesspiegel Mutter & Kind. Ausgabe: 2018/2019.
Pränataldiagnostik: Würden Sie dieses Kind zur Welt bringen? 31.05.2015. https://www.profil.at/wissenschaft/praenataldiagnostik-wuerden-sie-dieses-kind-zur-welt-bringen-5581699
Prantl, H.: Unterhaltsforderungen. Wie der Staat säumige Väter entwischen lässt. Videokolumne Süddeutsche Zeitung. 2019. https://www.sueddeutsche.de/politik/unterhalt-kinder-vaeter-zahlen-nicht-1.4337514
Rheinland-Pfalz fördert Kinderwunsch-Behandlung. 26.02.2021. https://www.aerztezeitung.de/Nachrichten/Rheinland-Pfalz-foerdert-Kinderwunsch-Behandlung-417493.html
Richtlinie zur Entnahme und Übertragung von menschlichen Keimzellen im Rahmen der assistierten Reproduktion. Bundesärztekammer. https://www.bundesaerztekammer.de/fileadmin/user_upload/downloads/pdf-Ordner/RL/Ass-Reproduktion_Richtlinie.pdf
Rieger, L. et al.: In-Vitro-Fertilisation: Ein ethisches Dilemma. Ärzteblatt. https://www.aerzteblatt.de/archiv/55395/In-Vitro-Fertilisation-Ein-ethisches-Dilemma
Righetti, F.; Impett, E.: Sacrifice in close relationships: Motives, emotions, and relationship outcomes. Soc Personal Psychol Compass. 2017. https://doi.org/10.1111/spc3.12342
Romy, K.: Ehe für alle: Die Schweiz überholt ihre Nachbarn. 27.09.2021. https://www.swissinfo.ch/ger/schweiz-abstimmung-ehe-fuer-alle-presseschau-internationale-medien/46982674
Samenspende und Vaterrechte: Mütter sind biologischem Vater gegenüber zur Auskunft über persönliche Verhältnisse des gemeinsamen Kindes verpflichtet. 07.03.2014. https://www.kostenlose-urteile.de/OLG-Hamm_13-WF-2214_Samenspende-und-Vaterrechte-Muetter-sind-biologischem-Vater-gegenueber-zur-Auskunft-

ueber-persoenliche-Verhaeltnisse-des-gemeinsamen-Kindes-verpflichtet.news18217.htm

Sample, I.: The biological clock also ticks for fathers. The Guardian. 03.11.2005. https://www.theguardian.com/science/2005/nov/03/genderissues.medicineandhealth

Scheiwe, Prof. Dr. Kirsten et al.: Macht und Ohnmacht der Mutterschaft. Die geschlechterdifferente Regulierung von Elternschaft im Recht, ihre Legitimation und Kritik aus gendertheoretischer Sicht. https://www.uni-hildesheim.de/media/fb1/sozialpaedagogik/Forschung/MOM/Projektbeschreibung_MOM_Kurzfassung.pdf

Schilddrüse und Kinderwunsch. https://www.deutsches-schilddruesen-zentrum.de/wissenswertes/schilddruese-und-kinderwunsch/

Schiller, H.: »Der Bedarf und der Mut, als Singlefrau alleine eine Familie zu gründen, steigen rapide.« Solomamapluseins. 09.03.2019. https://www.solomamapluseins.de/interview-constanze-bleichrodt-cryobank-muenchen-bedarf-als-singlefrau-familie-zu-gruenden-steigt-rapide/

Schiller, H.: »Es ist wichtig klarzustellen, dass man Samenspender ist und kein Vaterersatz.« https://www.solomamapluseins.de/interview-european-sperm-bank-samenspender-kein-vaterersatz/

Schiller, H.: »Es war nie verboten, alleinstehende Frauen in Deutschland zu behandeln.« 10.03.2020. https://www.solomamapluseins.de/samenspende-spenderkinder-berliner-samenbank-bsb-ann-kathrin-klym/

Schiller, H.: »Ich halte überhaupt nichts von dem Totschlagargument Alter«. 11.08.2019. https://www.solomamapluseins.de/halte-nichts-vom-totschlagargument-alter-dr-joerg-puchta-kinderwunschzentrum-an-der-oper-muenchen/

Schiller, H.: »Ich hatte schon als Kind das Gefühl, falsch zu sein«. https://www.solomamapluseins.de/spenderkind-claire-interview-schon-als-kind-falsch-gefuehlt/

Schiller, H.: 7 Dinge, über die du nachdenken solltest, bevor du dich für einen Samenspender entscheidest. Solomamapluseins. 23.08.2018. https://www.solomamapluseins.de/privater-samenspender-oder-spender-von-samenbank/

Schindele, E.; Heider, M.: Zählen Zahlen? Juni 2016. https://www.netzwerk-praenataldiagnostik.de/praenatal-diagnostik/pdf/2016__-_10_Zaehlen-Zahlen_Fehlbildungs-Statistik_2016-10_02.pdf

Schriftliche Anfrage des Abgeordneten Thomas Mütze. Bayerischer Landtag. 10.10.2017. http://www1.bayern.landtag.de/www/ElanTextAblage_WP17/Drucksachen/Schriftliche%20Anfragen/17_0017677.pdf

Schwanger zum Zahnarzt. 5.3.2020. https://www.zahn.de/zahn/web.nsf/id/pa_schwanger_zum_zahnarzt.html

Sehnsucht nach einem Kind. Möglichkeiten und Grenzen der Medizin (Februar 2017). Broschüre der BZgA. https://www.informations-portal-kinderwunsch.de/resource/blob/147212/ef1f2934aa5f-88ca3e56104aa011557c/broschuere-sehnsucht-nach-einem-kind-moeglichkeiten-und-grenzen-der-medizin--data.pdf

7 Fakten zu freiwillig alleinerziehenden Müttern. 22.02.2021. https://www.cryosinternational.com/de-de/dk-shop/privatpersonen/blog/7-fakten-zu-freiwillig-alleinerziehenden-muttern/

Single and double donor sperm intrauterine insemination cycles: Does double IUI increase clinical pregnancy rates? https://www.ncbi.nlm.nih.gov/pmc/articles/PMC4149942/. 2014; Double intrauterine insemination (IUI) of no benefit over single IUI among lesbian and single women seeking to conceive. https://pubmed.ncbi.nlm.nih.gov/31410635/. 2019.

Single Moms by Choice – freiwillig alleinerziehend. Gesprächsreihe »Recht, und gerecht?« YouTube. 04.03.2021. https://www.youtube.com/watch?v=MDo8pSRcYEo

Single mothers by choice: »I am the CEO of my own operation«. YouTube. 2019. https://www.youtube.com/watch?v=rouPhsG86dU

Spender oder Vater? https://www.spenderkinder.de/spender-oder-vater/

Spenderkinder Suchkampagne. https://www.spenderkinder.de/unsere-suchkampagne/

Springer, A.: Der väterliche Kontakt zum Kuckuckskind. Deutschlandfunk. 18.01.2014. https://www.deutschlandfunk.de/umgangs-und-sorgerecht-der-vaeterliche-kontakt-zum.724.de.html?dram:article_id=274955

Steinbach, A.: Mutter, Vater, Kind: Was heißt Familie heute? Bundeszentrale für politische Bildung. 21.07.2017. https://www.bpb.de/apuz/252649/mutter-vater-kind-was-heisst-familie-heute?p=all
Stewart, J.: We Looked Into Whether »Baby Fever« Is a Real Thing. Vice. 02.10.2018. https://www.vice.com/en/article/xwpvb4/psychology-of-baby-fever-is-it-real
Strömquist, L.: Der Ursprung der Liebe. 2018. https://www.avant-verlag.de/comics/der-ursprung-der-liebe/
Studie: Eine von zehn Frauen erleidet Fehlgeburt. 27.04.2021. https://www.aerzteblatt.de/nachrichten/123344/Studie-Eine-von-zehn-Frauen-erleidet-Fehlgeburt
Sutholt, J.: *Menschenskind!* Ein Film über alternative Familienmodelle. https://planningmathilda.com/menschenskind-ein-film-ueber-alternative-familienmodelle/
Taupitz, J.: Künstliche Befruchtung bei gleichgeschlechtlichen Paaren und alleinstehenden Frauen – die geltende Rechtslage. In: Journal für Reproduktionsmedizin und Endokrinologie. 2021; 18 (3): S. 10f. https://www.kup.at/kup/pdf/14978.pdf.
The decision between a Non-ID Release and an ID Release Sperm Donor. 28.02.2018. https://www.cryosinternational.com/en-gb/dk-shop/private/blog/choosing-non-id-release-id-release-sperm-donor/
The Effect of Single Mothers' Marital Status on Sympathy, Character Evaluations, and Maternity Leave Support. https://digitalrepository.trincoll.edu/cgi/viewcontent.cgi?article=1697&context=theses
The Turkey Baster Method 101: Making A Baby. https://mosiebaby.com/blogs/conception-101/the-turkey-baster-method-101-making-a-baby
Two-day IUI treatment cycles are more successful than one-day IUI cycles when using frozen-thawed donor sperm. https://www.ncbi.nlm.nih.gov/m/pubmed/9796621/
Tyllesen, H.: Here's How to Tell the World that You're a Solo Mum. https://www.europeanspermbank.com/blog-en-int/blog-posts/telling-the-world-that-you-had-a-baby-on-your-own-6-tips-for-solo-mums

Umgangsrecht des leiblichen Vaters nach Adoption des Kindes. 19.07.2021. https://www.bundesgerichtshof.de/SharedDocs/Pressemitteilungen/DE/2021/2021134.html

University of Delaware. Bias against single people affects their cancer treatment. ScienceDaily. 09.09.2019. https://www.sciencedaily.com/releases/2019/09/190909121243.htm

Unterhaltsvorschussgesetz (UVG) – Einnahmen, Ausgaben und Rückgriffsquoten. https://www.daten.bmfsfj.de/daten/daten/unterhaltsvorschussgesetz-uvg-einnahmen-ausgaben-und-rueckgriffsquoten--134716. Stand: 05.03.2021

Unterstützung von Bund und Ländern für Paare mit unerfülltem Kinderwunsch. https://www.informationsportal-kinderwunsch.de/kiwu/finanzielle-foerderung/finanzielle-unterstuetzung

Valentinstag für Singles: Kirche mit eigener Feier. Süddeutsche Zeitung. https://www.sueddeutsche.de/panorama/kirche-stuttgart-valentinstag-fuer-singles-kirche-mit-eigener-feier-dpa.urn-newsml-dpa-com-20090101-210214-99-433441.

Wagner, S.: Baby, bis später! Deutschlandfunk. 26.03.2018. https://www.deutschlandfunk.de/social-freezing-baby-bis-spaeter.676.de.html?dram:article_id=413996

Waisen in Deutschland – kein Thema mehr? https://johannes-kuhn-stiftung.de/waisen-in-deutschland/

Warum ausgerechnet kluge und erfolgreiche Frauen oft Singles sind. Deutschlandfunk Nova. 25.06.2021. https://www.deutschlandfunknova.de/beitrag/erfolgreich-und-single-warum-maenner-sich-schwer-damit-tun-kluge-frauen-zu-daten

Was ist Reproduktionstourismus? Kosten, Nutzen und Länder. https://www.invitra.de/reproduktionstourismus/

Wegner, J.: »Die Ressource ›gebildeter Mann‹ wird knapp.« Zeit Magazin. 28.04.2016. https://www.zeit.de/zeit-magazin/2016-04/partnerboerse-parship-elite-online-digitales-kennenlernen-liebe/komplettansicht

Wendt Jensen et al.: Nina Stork har hjulpet over 4.000 børn af enlige og lesbiske til verden. https://www.alt.dk/artikler/nina-stork-forst-kvinde-bag-privat-fertilitetsklinik-der-hjalper-enlige-og-lesbiske

Wennberg, A-L.: Social freezing of oocytes: a means to take control of your fertility. ResearchGate. 14.01.2020. https://www.researchgate.net/publication/338583307_Social_freezing_of_oocytes_a_means_to_take_control_of_your_fertility.

Wie lange dauert die durchschnittliche Übungszeit, bis die Schwangerschaft eintritt? https://schwangerschaftswochen.ch/wie-lange-dauert-die-durchschnittliche-uebungszeit-bis-die-schwangerschaft-eintritt/

Wimmer, B. »Porsche statt Unterhalt« tz. 18.07.2018. https://www.kloster-harz.de/2012/wp-content/uploads/2019/01/porsche_statt_unterhalt-tz_interview-18-07-18.pdf

Windmüller, G.: Weiblich, ledig, glücklich – sucht nicht. Eine Streitschrift. Rowohlt. 2019.

Wir sollten offener über Fehlgeburten sprechen. 20.05.2021. https://www.quarks.de/gesellschaft/psychologie/wir-sollten-offener-ueber-fehlgeburten-sprechen/

Wisdorff, F.: Das gefährliche Verhätscheln der Mitarbeiter. Welt. 21.10.2014. https://www.welt.de/wirtschaft/article133487093/Das-gefaehrliche-Verhaetscheln-der-Mitarbeiter.html

Zitelmann, R.: Wer erfolgreich, schön oder besonders intelligent ist, muss anderswo eine Macke haben: über Vorurteile und Diskriminierung der anderen Art. Neue Zürcher Zeitung. 10.08.2020. https://www.nzz.ch/feuilleton/diskriminierung-von-schoenen-schlauen-und-reichen-ja-das-gibt-es-ld.1569776